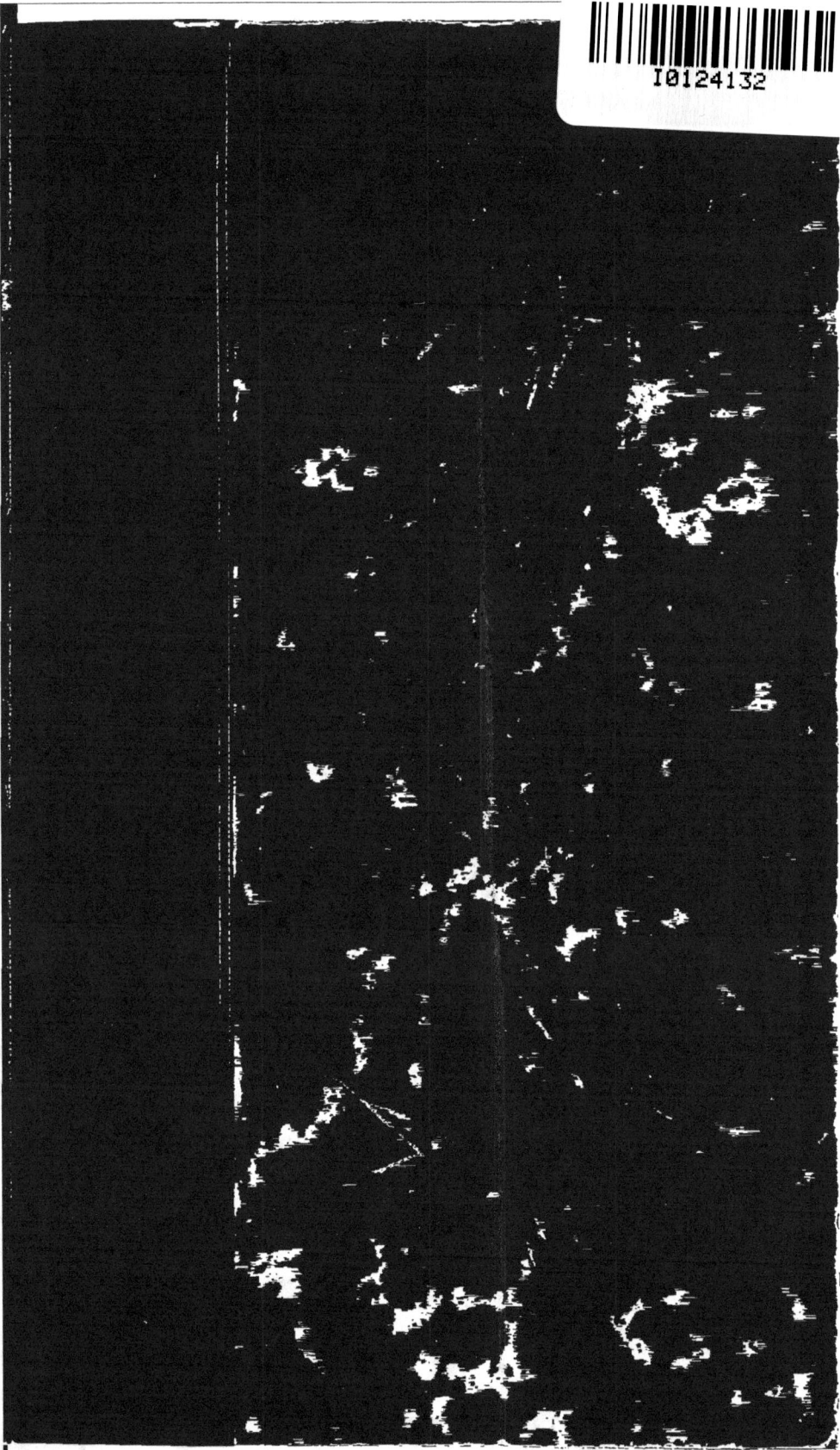

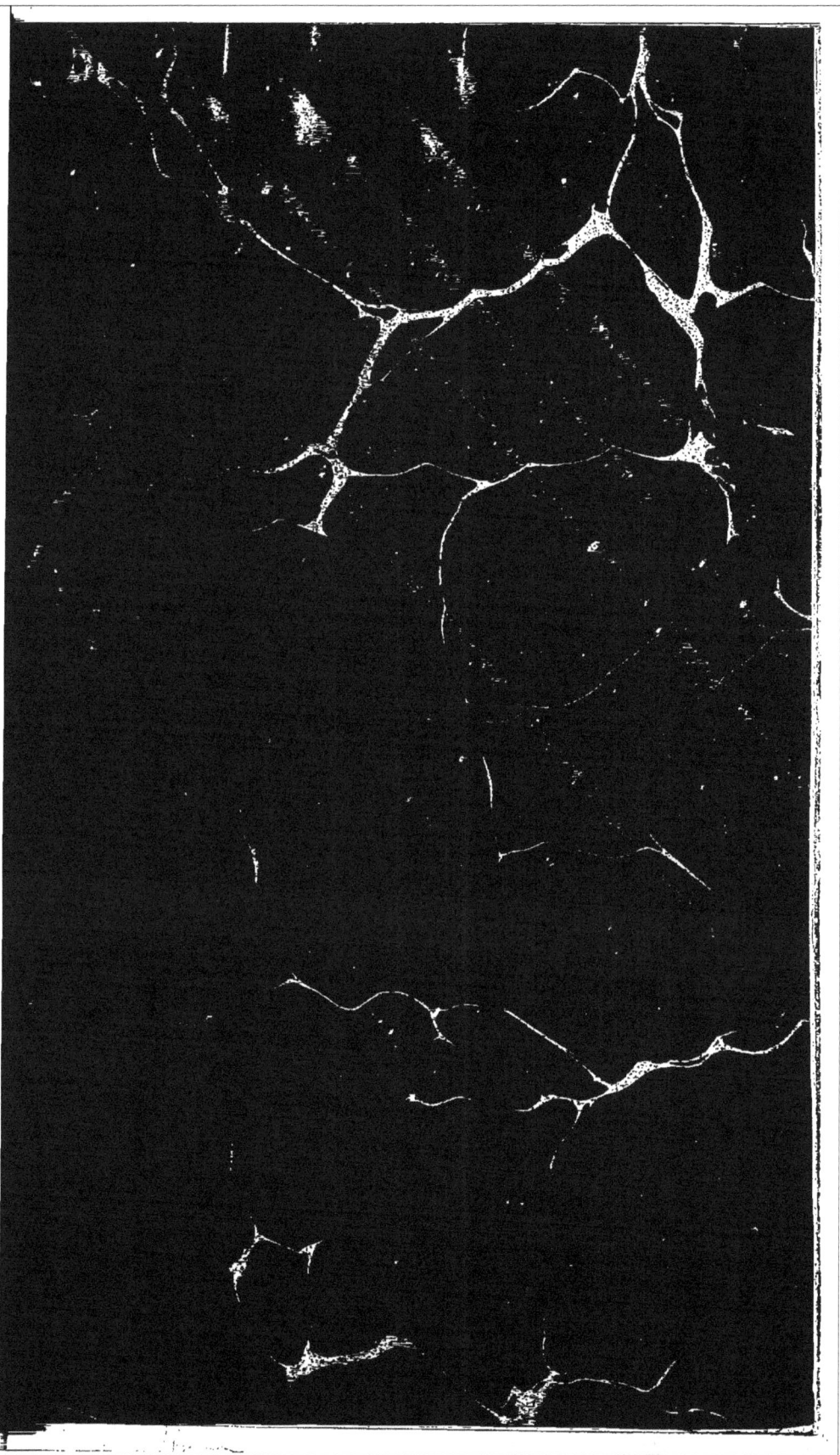

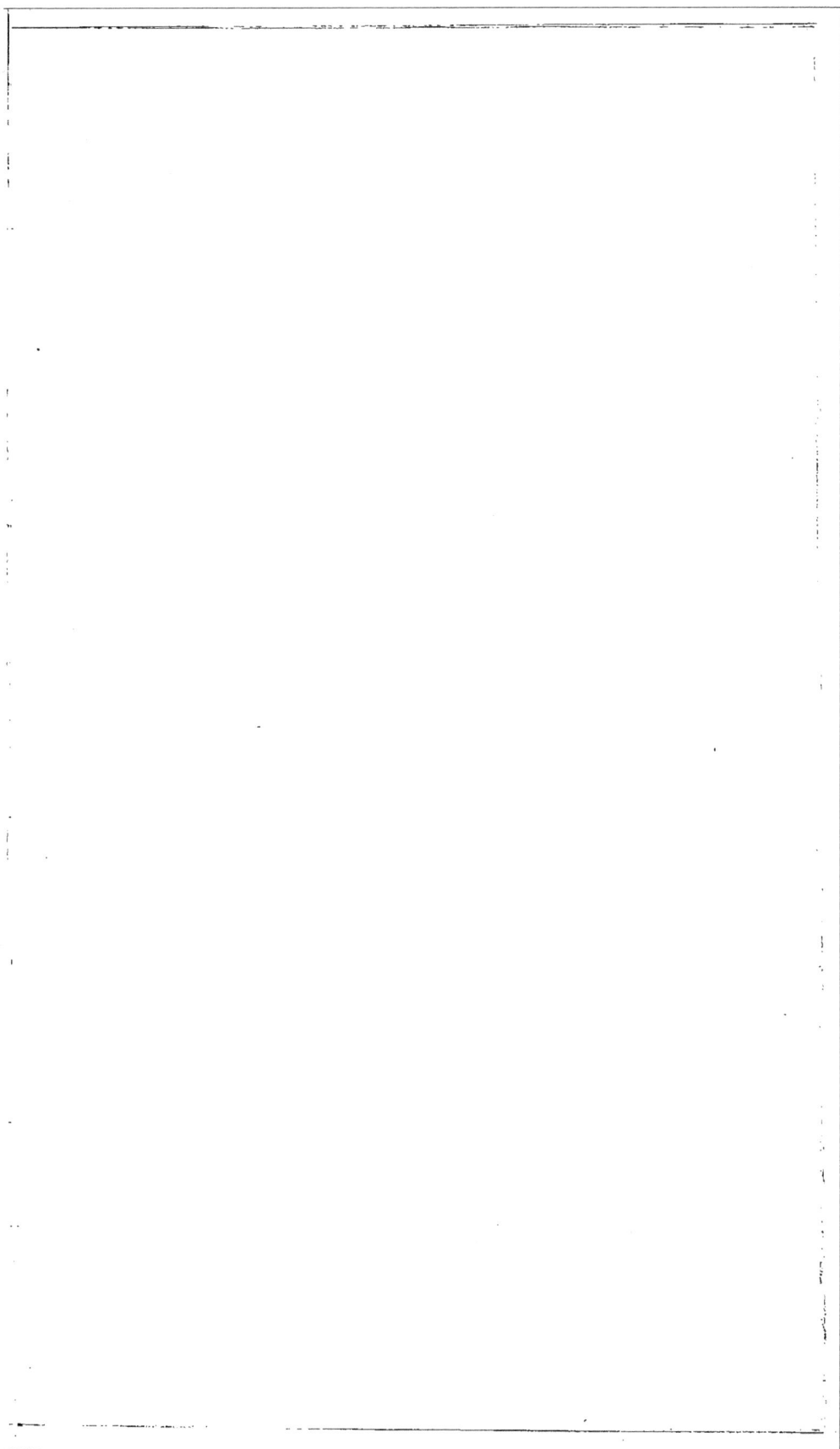

PHRÉNOLOGIE

SPIRITUALISTE

Paris. — Imprimerie P.-A. BOURDIER et Cᵉ, rue Mazarine, 30.

PHRÉNOLOGIE
SPIRITUALISTE

NOUVELLES ÉTUDES

DE PSYCHOLOGIE APPLIQUÉE

PAR

M. A. CASTLE

DOCTEUR MÉDECIN.

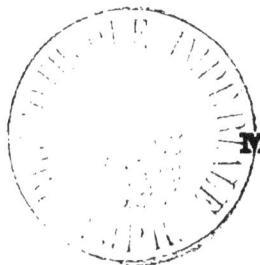

PARIS

LIBRAIRIE ACADÉMIQUE

DIDIER ET Cᵉ, LIBRAIRES-ÉDITEURS

35, QUAI DES AUGUSTINS

—

1862

LUNDI, 7 AVRIL, À 8 HEURES DU SOIR

Le Docteur CASTLE ouvrira, chez lui, 8, rue des Pyramides

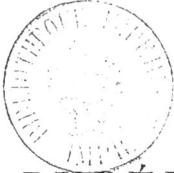

UN COURS

DE

PHRÉNOLOGIE PRATIQUE

EN 10 LEÇONS

Les LUNDI et les VENDREDI

On peut s'inscrire chez le Dr CASTLE, aux heures de ses consultations phrénologiques,
de midi à 3 heures.

Paris. — Imp. de P.-A. Bourdier et Cie, 30, rue Mazarine.

PRÉFACE

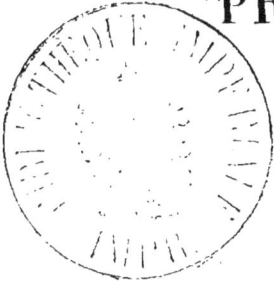

En 1854 j'ouvris, à l'Athénée de Paris, une première série de conférences sur la Phrénologie. Depuis cette époque, j'ai continué, chaque année, mon enseignement, qui a porté successivement sur la théorie générale de la science phrénologique, sur l'analyse des facultés fondamentales de l'esprit, et enfin, sur les applications de la phrénologie à l'étude des caractères, à l'éducation, à la médecine et à l'art.

Mes élèves m'ayant souvent exprimé le désir que nos entretiens fussent publiés, j'offre au public, dans ce volume, la substance d'une première série d'études.

On n'y trouvera, j'ose le croire, aucun indice d'une aveugle partialité pour une science qui, pendant de longues années, a occupé une grande partie de mon temps. Je n'ai tiré mes conclusions que de faits consciencieusement observés. En Italie et en

Allemagne, de 1839 à 1850, j'ai fait plus de dix-
huit cents monographies phrénologiques, plus ou
moins détaillées, d'enfants et d'adultes. En outre,
pendant deux de ces années, j'ai eu, presque chaque
jour, l'occasion d'observer, au point de vue purement cranioscopique, un grand nombre de soldats
des diverses nationalités qui composent l'armée au-
trichienne. A côté des faits qui confirmaient les
observations de Gall et de Spurzheim, j'ai dû en
noter qui paraissaient les infirmer. Cependant j'ai
pu graduellement me convaincre de l'exactitude de
l'organologie phrénologique, sauf dans le cas de
quelques organes que je ne puis encore regarder
comme absolument déterminés. J'ai constaté plus
tard que beaucoup de faits qui paraissent être
en contradiction avec l'organologie phrénologique
peuvent, sans subterfuge aucun, s'expliquer au
moyen des données de la physiologie et de la psychologie. Ces deux sciences nous permettent même
fréquemment de signaler *à priori*, dans l'examen
d'une tête, ces anomalies apparentes.

J'ai donc été fondé à considérer la phrénologie
comme une science positive, quant à ses principes
et à ses applications générales, et comme pouvant,
même dans ses détails, être d'une haute utilité
lorsqu'on l'applique avec prudence.

A mesure que les études morales acquièrent plus

d'importance, il devient plus nécessaire de leur donner une base inébranlable, et, pour découvrir cette base, nous avons encore besoin de nombreuses et patientes observations des faits psychiques. C'est donc un devoir pour tous ceux qui s'occupent de ces études — à quelque école philosophique qu'ils appartiennent — de lire les ouvrages de leurs adversaires mêmes avec une entière impartialité, afin que chacun puisse contribuer, dans la limite de ses forces, à constituer la plus importante de nos connaissances, la science de l'âme.

PHRÉNOLOGIE
SPIRITUALISTE

CHAPITRE PREMIER

CRITIQUE DES PRINCIPES DE LA PHRÉNOLOGIE

Système de Gall. — Examen des principes fondamentaux de la phrénologie. — Modifications que lui ont fait subir Spurzheim et quelques autres phrénologistes. — Nécessité d'une nouvelle méthode en
phrénologie.

Pour commencer cette étude avec ordre et simplicité,
pour porter tout d'abord la clarté dans le sujet que je
vais développer, je trouve naturellement à poser cette
première question :

Qu'entend-on par la phrénologie?

Le sens communément attribué à ce mot est bien
éloigné de sa véritable portée. Pour le vulgaire, ce sens
est restreint à une division systématique de la surface
du crâne, sur lequel, à l'aide de la carte-type d'un buste

phrénologique, on prétend lire à première vue, sur une tête quelconque, les penchants, les vertus, les vices, les talents, etc., sans autre effort que celui d'une inspection des protubérances ou des creux qui existent à la surface du crâne soumis à l'examen.

Sans doute il est du ressort de la phrénologie de reconnaître les tendances primitives de l'âme par la conformation du crâne ; mais l'énumération des instincts, des passions, ou des facultés intellectuelles, simplement déduite des saillies plus ou moins proéminentes du crâne, est loin de constituer une science sérieuse, ou une méthode propre à concilier les faits cranioscopiques avec les lois qui régissent la dynamique de l'esprit.

C'est par un procédé beaucoup moins élémentaire qu'on ne le croit communément, qu'il est possible d'arriver à la détermination phrénologique d'un caractère.

De même qu'un géographe qui veut être complet étudie chaque lieu qu'il doit décrire sous vingt aspects différents : géologie, topographie, produits naturels, population, mœurs, religion, sciences, arts, ethnographie, industrie, etc.; de même qu'il a recours à toutes les sources d'information qui lui sont accessibles; de même aussi le phrénologiste, pour connaître à fond les tendances naturelles indiquées sur le crâne, a besoin de les considérer sous tous leurs aspects, et de systématiser rigoureusement et avec beaucoup d'art des notions aussi profondes que variées.

Quel sera donc le champ de notre étude?

Entre les phrénologistes eux-mêmes l'accord est loin d'être établi sur l'étendue que l'on doit assigner à la phrénologie. La plupart la limitent à l'étude de l'anatomie et de la physiologie du cerveau; d'autres, en très-petit nombre, admettent que la physiologie du cerveau a besoin, pour se compléter, de s'allier à une branche plus élevée des sciences, à la psychologie; reculant ainsi à une très-grande distance les limites de la phrénologie.

C'est de cette étude connexe de la physiologie du cerveau et de la psychologie, que nous allons nous occuper.

Cette étude, envisagée comme elle doit l'être, est rigoureusement celle *de l'homme* — la plus élevée dont il soit donné à notre esprit de s'occuper, puisqu'elle embrasse, directement ou indirectement, toutes les branches de connaissances, dans toutes leurs applications et combinaisons possibles.

L'on a considéré l'homme comme un microcosme par rapport aux créations supérieures à lui, et comme un macrocosme par rapport à tout ce qui lui est inférieur.

Reconnaître et démontrer la vérité de cette proposition est une des sublimes et grandioses missions de l'intelligence humaine, et à mesure qu'elle la remplira, les obstacles à son perfectionnement et au bonheur terrestre diminueront; par là aussi, les horisons de la foi et l'espérance dans une destinée ultramondaine s'agrandiront de toute la puissance d'une conviction intellectuelle.

Me limitant pour le moment à une partie de cette proposition, je rappellerai qu'on voit nettement se dessiner dans l'homme, depuis la conception jusqu'à l'apo ée de la vie, toutes les lois des divers règnes antérieurs à lui.

Tout d'abord, c'est la loi minérale qui est active; plus tard c'est la loi végétale; à l'époque de la naissance, et probablement avant, les lois de la vie animale se manifestent; car c'est dans le règne animal que l'inst ict proprement dit prend son évolution, et cet instinct existe dès que l'être est susceptible de souffrance et de jouissance.

Mais la véritable vie humaine, *le règne hominal,* ne s'établit qu'à mesure que les instincts sont dirigés par les facultés morales, et celles-ci éclairées par les facultés intellectuelles. C'est ainsi que se forme la conscience de la justice, dont le domaine embrasse tout ce qu'on peut concevoir comme responsabilité sociale et religieuse.

L'homme intégral se présente donc tout d'abord à l'analyse comme un être instinctif, moral et intellectuel.

Cette manière de l'envisager le distingue, dans son ensemble, d'avec les animaux inférieurs à lui. Mais il ne faut point en conclure que l'homme s'en sépare tout d'abord et nettement par une faculté quelconque. Cette idée, très-répandue, ne s'accorde ni avec les faits, ni avec le principe de l'unité dans la création. Cette unité ne comporte pas l'idée d'une interruption dans la chaîne des êtres.

Non-seulement il n'y a pas d'interruption dans le développement ou l'évolution des instincts et facultés, depuis les animaux inférieurs jusqu'à l'homme, mais il n'y a pas même de démarcation *perceptible* entre le premier mouvement dans les existences inorganiques et les mouvements les plus subtils, les plus éthérés et les plus grandioses de notre esprit.

Je ne veux pas dire que l'homme n'obéisse à aucune loi qui ne se trouve dans les créations inférieures, j'entends seulement que le développement des lois qui lui sont propres ne s'effectue pas brusquement, et que cette évolution s'opère par une transition régulière et imperceptible. Ainsi, les attributs qui paraissent le plus distinguer l'homme de la brute — la conscience morale et intellectuelle — sont imperceptibles dans les races humaines inférieures. Dans l'esprit, comme dans l'organisation physique, chaque évolution ascendante, soit d'espèce, soit de race, paraît n'être que le développement des germes latents qui attendaient des circonstances propices pour une formation supérieure. Ainsi, nous avons les plus fortes raisons de croire que la conscience morale et intellectuelle, telle que nous la connaissons, n'existe que dans l'homme; mais aussi, comme nous venons de le dire, il y a des races d'hommes et des individus de notre race qui ne la manifestent jamais d'une manière spontanée. En remontant l'échelle animale, nous ne pouvons pas plus préciser à quel degré commence une faculté additionnelle, que nous ne pouvons déterminer dans l'individu, à quel moment du passage de l'enfance à la maturité une faculté cesse d'être latente pour devenir sensible. Ainsi, nous ne voyons pas, dans ces premières manifestations d'une faculté, l'indice de l'apparition d'une nouvelle puissance, mais simplement l'expansion d'un germe que rien n'avait fait éclore jusque-là.

Je ne chercherai pas à établir la transition entre les facultés des animaux et les nôtres; mais je ne puis passer outre sans faire remarquer que la classification qu'on trouve dans les ouvrages phrénologiques n'admet pas, à beaucoup près, toutes les facultés que les animaux possèdent en commun avec nous. Pour vous en assurer, vous n'avez qu'à observer les instincts et l'intelligence des animaux les plus voisins de l'homme, et vous verrez qu'en fait de facultés ils possèdent, à une ou deux exceptions près, les mêmes que les nôtres, mais seulement à une puissance différente de manifestation. La répulsion qu'inspire cette idée d'une relation entre l'esprit des êtres inférieurs et le nôtre a sa source dans l'ignorance et dans un faux orgueil; car, quelle que puisse être notre affinité avec les autres créatures animales, elle ne peut nuire en rien à la dignité humaine, puisque la supériorité de l'homme (ainsi que celle de chaque espèce dans la série zoologique) consiste, non dans une ligne de démarcation par rapport à tout ce qui est au-dessous de lui, mais dans le lien de transition entre lui et les créations supérieures. D'ailleurs, la

science n'a point à se préoccuper des répulsions irré-
fléchies; son principe essentiel est l'investigation impartiale; la Nature est son domaine, et la Vérité indépendante, son but.

En l'absence d'une faculté élémentaire qui permette
de distinguer l'homme de la brute, nous cherchons en
vain à le définir scientifiquement.

On a dit que l'homme est un être pensant; mais les
animaux inférieurs ont aussi la faculté de penser. Une
telle définition est donc trop étendue. Nous ne pouvons pas non plus distinguer l'homme comme un être
social, car beaucoup d'animaux vivent en société.
Toutes les autres définitions connues ne satisfont pas
davantage.

Je désignerais volontiers l'homme comme un être
religieux, sa capacité de sentir religieusement étant le
fait le plus distinctif que nous voyions en lui [1]. Je crois,
en effet, que c'est par le pressentiment et l'induction
d'une existence future, et par les aspirations qui en résultent; par la conscience de sa responsabilité devant un
tribunal placé en dehors de ce monde; que l'homme
se distingue, en définitive, du reste de la création
animale.

1. Cette définition peut paraître inexacte, puisqu'il y a des
hommes qui, selon toute apparence, manquent du sentiment religieux. Mais je crois qu'on pourrait facilement démontrer que la
plupart de ces exceptions sont plutôt apparentes que réelles.
Quand un pareil cas existe positivement, on doit le regarder
comme exceptionnel.

Mais remarquez bien que ce trait distinctif ne provient pas directement d'une faculté élémentaire seule, qu'il résulte de la combinaison puissancielle de plusieurs, et qu'il a toute la supériorité d'un effet composé.

Cependant tout en plaçant l'homme à un rang si élevé, en constatant l'expansion illimitée de ses facultés, la délicatesse de sentiment et la puissance d'intelligence dont il est susceptible; tout en le jugeant par induction capable de manifester une supériorité encore plus grande, quelque foi enfin que nous ayons en son essence spirituelle, il nous faut reconnaître, comme point de départ de nos investigations, que sa pensée s'exerce au moyen d'une organisation nervo-cérébrale.

Ici s'offrent à nous les premiers principes de la physiologie du cerveau, tels qu'ils ont été donnés par Gall, savoir :

1° Le cerveau est l'organe de l'esprit;

2° Le cerveau est composé de plusieurs organes, dont chacun est affecté à une fonction spéciale.

Il semblerait superflu d'établir qu'il existe un rapport entre le cerveau et les manifestations de l'esprit. Mais, quoique cette vérité soit généralement admise, on trouve des opinions contraires consignées non-seulement dans des écrits philosophiques, mais dans quelques ouvrages de physiologie. Ces opinions reposent sur divers fondements, parmi lesquels s'introduit un scrupule moral à l'égard du matérialisme et du fatalisme.

Comme je l'ai dit, le scrupule moral ne saurait avoir rien de commun avec la recherche scientifique;

il peut même, en beaucoup de cas, ne mériter que
le nom de préjugé. En outre, cette objection qu'on
aboutirait au matérialisme ou au fatalisme, doit être
écartée tout d'abord, par cette seule considération qu'on
ne doit jamais subordonner les faits aux besoins des
théories spéculatives ; mais comme la vraie moralité
et la vraie science ne sauraient être en opposition l'une
avec l'autre, il sera aisé de prouver que les propositions
phrénologiques que nous avons énoncées ne soutiennent pas plus la doctrine de la fatalité ou du matérialisme, que ne le fait aucun système de philosophie, sans
exception. Je puis ajouter que la phrénologie, *largement interprétée*, enseigne la théorie et la pratique de
la liberté individuelle et sociale, et montre avec une
logique irréprochable le pouvoir que possède l'homme,
individuellement et collectivement, d'éliminer le mal et
de produire le bien.

Comme fait général, la tête est plus grosse, et le cerveau est plus volumineux et plus lourd chez les hommes
énergiques et intelligents, que chez les gens faibles
d'esprit ou idiots.

Cependant il faut convenir que parfois un cerveau
volumineux corespond à des manifestations mentales
moindres que celles que l'on observe dans un cerveau
plus petit. Mais ces exceptions ne prouvent rien, sinon
que la puissance mentale ne dépend pas *uniquement*
du volume du cerveau.

Le cerveau, bien qu'il soit l'organe immédiat de l'esprit, n'est pas, dans ses fonctions, indépendant des

autres parties du corps, qui toutes sont solidaires de lui, et ont une influence réciproque.

L'activité du cerveau peut être soutenue, sollicitée ou entravée, suivant les différents états des organes du corps et suivant le tempérament. Ce n'est donc pas seulement d'après le développement du cerveau qu'on doit apprécier la puissance effective des forces mentales.

Cette proposition, *Le cerveau est l'organe de l'esprit*, est implicitement acceptée, et l'a toujours été par tout homme de bon sens, et même par ceux qui la nient en s'appuyant sur des principes métaphysiques. Pas un homme ne suppose qu'*il pense* au moyen d'une autre partie du corps que le cerveau ; c'est même de là que sont venues ces expressions populaires : « forte tête, faible tête, tête bien organisée, » etc., qui s'emploient aussi ordinairement que : « esprit fort, esprit faible,» etc. On sait qu'un coup qui produit une violente secousse à la tête peut apporter plus ou moins de perturbations dans les fonctions mentales. Les lésions des autres parties du corps n'affectent pas l'esprit de la même manière.

Dans l'enfance, le cerveau est mou, et il n'acquiert de la consistance qu'avec l'âge ; ce n'est qu'en suivant des phases correspondantes que les facultés mentales se dessinent. L'extrême petitesse du cerveau est toujours accompagnée d'idiotisme, et on peut apporter beaucoup d'autres exemples à l'appui de notre première proposition. J'ajouterai seulement que, pour le physiologiste, la perte de la perception du goût, de l'odorat, etc., par suite de la section de certains nerfs qui communiquent au cerveau, prouve suffisamment que le cerveau est le centre où les impressions transmises par les sens aboutissent et se combinent, pour produire des effets supérieurs ; en d'autres termes, que le cerveau est le siége de toute sensibilité, de toute intelligence.

Quant à la seconde proposition , que le cerveau est complexe, c'est-à-dire divisé en plusieurs organes, si elle a été entrevue ou même adoptée par un certain nombre d'auteurs connus, avant et après Gall, elle est loin d'être à l'abri de toute controverse. Même parmi ceux qui admettent que le cerveau est l'organe de l'esprit, il en est beaucoup qui nient que dans son unité il embrasse une multiplicité d'organes correspondants à la multiplicité des facultés, bien que le fait ne soit pas moins indiqué par la logique que corroboré par l'observation.

Le principal argument qu'on oppose à cette seconde proposition s'appuie sur certains points contestés de l'anatomie humaine et comparée, et sur certaines opinions pathologiques. Ainsi on observe que les circonvolutions du cerveau ne sont séparées entre elles par aucune ligne absolue de démarcation, ni par aucune différence de structure; qu'elles passent imperceptiblement l'une dans l'autre, constituant simplement, avec le reste du cerveau, une masse homogène — ce qui exclurait, dit-on, l'idée qu'elles sont des organes affectés à différentes fonctions.

A l'objection que le cerveau présente une apparente homogénéité dans sa matière grise et sa matière blanche, on peut répondre que l'apparente homogénéité de la substance des nerfs n'est pas pour les physiologistes une objection à la diversité des fonctions; par conséquent, rien n'empêche d'admettre la diversité des fonctions des parties du cerveau. Ce qu'on nomme le tronc d'un nerf est composé de plusieurs filaments, qui, à l'œil, ont entre eux une entière ressemblance, mais qui, nous le savons, remplissent des offices distincts. Ainsi, les nerfs moteurs et sensitifs sont, dans toute leur longueur, recouverts d'une même tunique, et se perdent dans une même substance grise, quoiqu'en différents cordons de la moelle épinière. C'est précisément cette substance grise qu'on regarde généralement comme la source de toute force nerveuse, et nous ne trouvons pas moins cette matière dans les parties du cerveau, sans lesquelles l'intelligence ne se manifeste jamais, que dans celles admises pour d'autres fonctions. Mais quelque apparence d'homogénéité que puisse avoir cette substance grise, il serait bien difficile de ne pas admettre au moins *à priori*, dans sa structure, une variété correspondante à la diversité des forces nerveuses qu'elle met en action.

Cette induction, purement logique, a déjà reçu une sorte de confirmation par les expériences microscopiques des anatomo-physiologistes. Les recherches du professeur Jacowbowski, de Saint-Pétersbourg, en démontrant que les cellules nerveuses diffèrent en différentes parties des centres nerveux, paraissent jeter un rayon de lumière sur cette partie de la physiologie, et indiquer une nouvelle époque dans l'histoire de la connaissance du système nerveux.

Loin de nous de vouloir préjuger la constitution réelle et intime du cerveau ; mais si pour l'instant nous admettons qu'un jour, à la suite de recherches plus avancées, on vienne à reconnaître que parmi les cellules, il en est qui sont propres à un même système de mouvements, d'autres à un autre, suivant la fonction à produire, il est bien évident qu'alors le second principe de Gall se trouverait pleinement justifié.

Eh bien ! si les travaux scientifiques les plus récents n'autorisent pas encore cette supposition, ils ne laissent pas que de nous mettre sur la voie de quelque chose d'analogue.

D'ailleurs, à d'autres points de vue, le principe de la pluralité des organes phrénologiques est corroboré par la division, universellement admise, de l'encéphale en *cervelet* et en *cerveau* proprement dit, en lobes et en hémisphères, en cavités, etc., etc. La diversité même des fonctions cérébrales n'est l'objet d'aucune contestation de la part des physiologistes, quoiqu'il y ait parmi eux les plus grandes divergences d'opinion sur la relation des organes et de leurs fonctions.

Donc, si des fonctions distinctes peuvent être attribuées à différentes parties du cerveau, le principe phrénologique ne diffère de celui des physiologistes que par le nombre et la fonction des organes. Selon nous, l'étude de la divisibilité du cerveau exige une méthode toute différente de celle qu'on a employée avant Gall.

Maintenant, à ceux qui nient l'organologie phrénologique, par la raison qu'il n'existe pas de démarcation bien nette entre les circonvolutions, on peut répondre que ces circonvolutions affectent néanmoins une forme distincte, bien qu'elles diffèrent dans les deux hémisphères du même cerveau. Cette disparité de forme est souvent présentée comme une preuve qu'elles ne sauraient remplir le même rôle organique pour les mêmes facultés; mais tant que ce fait ne sera pas expliqué, on ne doit pas oublier que la différence de forme dans les organes des sens extérieurs, les yeux ou les narines, ne s'oppose en aucune façon à l'unité de leurs fonctions respectives.

Il est très-vrai qu'on ne peut dire : Ici commence une circonvolution, ici finit l'autre. Mais si elles étaient plus nettement séparées, ne rencontrerait-on pas plus de difficulté à les admettre comme organes de l'esprit, qu'on n'en trouve dans leur connexion? Ne pourrait-on pas demander alors comment des organes ainsi séparés remplissent des fonctions mentales si intimement liées?

En somme, ce que nous connaissons de l'organisation du cerveau est d'accord avec le mécanisme de l'esprit. En effet, toutes les facultés sont solidaires et réagissent les unes sur les autres. De même, les circonvolutions communiquent entre elles dans leur substance grise et leur substance blanche; elles étendent leurs fibres longitudinales et croisées, de manière

à établir des relations réciproques entre toutes les parties du cerveau.

Enfin, tout ce que j'ai dit jusqu'à présent sur cette
question va tirer un grand surcroît de force d'une considération très-importante, et tout à fait propre à établir
que les circonvolutions sont bien réellement les organes
spéciaux de nos facultés. C'est que le cerveau, soit dans
les individus, soit dans les races, hommes ou animaux,
ne présente ni le même nombre de circonvolutions, ni
la même profondeur d'anfractuosités, et que ces différences correspondent précisément à celles qui existent
dans les manifestations de l'esprit.

Cette corrélation n'a pas échappé aux naturalistes.
Chez les poissons, les reptiles et les oiseaux, on n'aper-
çoit point de circonvolutions; dans les classes inférieures
de mammifères, elles sont peu visibles; mais elles le deviennent davantage à mesure que l'on remonte l'échelle
zoologique.

Desmoulins affirme que « chez les animaux, l'intelligence disparaît à mesure que les circonvolutions
diminuent. La différence la plus frappante existe, dit-il,
entre les singes du monde ancien et ceux du nouveau.
Les premiers sont, pour la plupart, aptes à être dressés
et employés utilement, tandis que les derniers ne sont
susceptibles d'aucune instruction et sont à peine supérieurs aux écureuils pour le degré de l'intelligence.
Cela correspond à l'état de leurs circonvolutions. Chez
certains chiens, spécialement chez ceux qu'on emploie
à la chasse, les circonvolutions ne sont guère moins

nombreuses ni moins étendues que chez les races supérieures de singes ; tandis que chez les chiens les moins intelligents et chez les loups, elles sont beaucoup moins développées [1]. » Cet auteur estime que les circonvolutions du chien sont six ou huit fois plus nombreuses que celles du chat ; il est notoire aussi que le chien est plus affectueux, plus docile et plus intelligent que le chat. L'anatomie comparée offre beaucoup d'autres exemples semblables.

Dans l'homme, considéré par rapport à lui-même, on peut remarquer, depuis la naissance jusqu'à la maturité et suivant une progression graduelle, un frappant parallélisme du développement des circonvolutions et de l'accroissement des anfractuosités, avec l'évolution successive des facultés mentales.

Les faits que je viens d'alléguer sont accessibles à tout observateur impartial.

On tire encore de l'anatomie comparée des objections pour nier qu'il y ait un organe correspondant à chaque faculté ; mais ces objections, sans force contre cette proposition, ne concernent directement que la localisation des organes.

A supposer qu'on connût bien dans l'homme et dans les races inférieures le rapport de la fonction organique avec la faculté mentale, et qu'on trouvât, ce qui n'est pas conforme à la réalité, que ce rapport n'est pas

---

1. Voir le *Système de Phrénologie* de Combe, tome I, p. 110, 5ᵉ édition.

le même dans les deux cas, les faits bien observés à l'égard de l'homme ne seraient nullement invalidés par ce défaut de concordance. L'exactitude ou l'inexactitude des rapports entre une fonction particulière et une certaine portion du cerveau de l'homme, ne doit pas se démontrer par une analogie entre l'homme et les races inférieures, mais par l'observation faite directement sur lui-même.

C'est avec raison que les phrénologistes, cherchant le rapport entre la conformation et les fonctions du cerveau, se font une loi de limiter tout d'abord leurs observations à une même race ou espèce. Ce n'est qu'après avoir parcouru ce premier champ d'études que l'on est à même de rechercher utilement les analogies et les différences : d'un côté, entre le cerveau de l'homme et le cerveau des différents animaux ; de l'autre, entre leurs fonctions respectives. Et cette recherche est d'autant plus difficile que le terme de comparaison est, relativement à l'homme, plus bas dans l'échelle zoologique. Car la difficulté de connaître la nature réelle d'un animal augmente à mesure qu'il s'éloigne de la race humaine.

Toutefois, pour établir une comparaison exacte entre une race supérieure et une race inférieure, il tombe sous le sens qu'on a besoin de connaître les deux termes. Le seul moyen d'acquérir cette connaissance consiste à tirer, de l'observation des habitudes des races inférieures, des inductions touchant leurs tendances primitives, par le rapprochement de ces tendances avec notre propre nature.

2

Après avoir reconnu par ce procédé les qualités mentales d'une race inférieure, on est à même de rechercher quel peut-être, dans cetre race, le rapport spécial des facultés avec la substance nervo-cérébrale.

Mais ici je dois appeler l'attention sur une distinction tout à fait indispensable. Si l'on se réfère simplement à ce principe que, dans toute organisation animale, la structure physique et les manifestations mentales sont dans un rigoureux rapport de concordance, on risque de conclure à faux, ainsi que l'ont fait beaucoup de détracteurs de la phrénologie. En effet, toute manifestation mentale chez une brute doit faire supposer l'existence d'un organe correspondant à cette manifestation, et si la même manifestation lui est commune avec l'homme, il faudra admettre chez l'un et l'autre le même organe. Mais il ne s'ensuit en aucune façon que lorsqu'on trouve dans telle ou telle pensée du cerveau de la brute, une analogie avec telle ou telle partie du cerveau de l'homme, on doive s'attendre à des résultats absolument semblables. En voici la raison : l'organisme cérébral de l'homme se compose d'un plus grand nombre d'éléments ; l'action de ces éléments est plus multiple dans son unité et produit des effets nécessairement plus complexes ; et comme chaque faculté appartient à un système dont toutes les parties sont solidaires, elle ne peut être mise en jeu sans être affectée plus ou moins par le système intégral dont elle dépend ; ce qui en fait dans l'homme une faculté tout autre que dans les espèces inférieures.

On a complétement oublié cette différence si caractéristique, lorsqu'on a fait certaines objections, très-
graves en apparence, contre le principe de la localisation des facultés. On affirme, par exemple, qu'il y a des
animaux inférieurs qui possèdent les organes correspondants aux facultés morales et religieuses, sans donner
lieu aux manifestations qui s'y rapportent chez l'homme.

Le mouton, entre autres, présente des circonvolutions très-prononcées à la même place où se trouve l'organe de la vénération dans l'homme. Ce fait, exact ou
non, n'entraîne nullement l'identité des fonctions dans
l'homme et dans cet animal. Cela est facile à démontrer.

C'est un axiome en logique que les effets semblables
ne dérivent que de causes semblables. Mais ici nous
sommes dans le domaine des causes complexes ; or
analysons rigoureusement l'acte ou le phénomène mental de la vénération. Nous trouvons dès l'abord qu'il
y entre deux éléments : 1° la tendance abstraite au
respect ; 2° l'idée qui représente l'objet auquel il s'a-
dresse. Tout acte de vénération humaine s'accomplit de
cette manière et dérive de l'action combinée de circonvolutions dont plusieurs n'existent pas dans le mouton.
Chez celui-ci, l'organe ne peut avoir qu'un effet restreint
et proportionné à la valeur de son cerveau tout entier ;
mais cet effet n'en est pas moins réel, et si nous ne pouvons pas le préciser d'une manière claire et satisfaisante, il ne faut nous en prendre qu'à notre propre
ignorance. Pour moi, je vois dans la douceur et la sou-

mission du mouton un des effets essentiels à l'instinct de la vénération.

Nous pouvons donc légitimement admettre que le fait phrénologique observé dans l'homme n'est pas invalidé par cet autre fait que, dans le cerveau du mouton, une circonvolution analogue ne produit pas les mêmes phénomènes.

Cette conclusion, on le comprend sans peine, s'applique rigoureusement à toutes les objections tirées de cas semblables.

Si le mouton montrait de la vénération sans avoir d'organe analogue à celui de la même faculté dans l'homme, la difficulté serait bien plus grande ; cependant elle ne serait pas concluante, puisque la méthode, en anatomie comparée, est de juger définitivement les effets pareils, seulement dans les créations pareilles.

Non-seulement le principe phrénologique de la diversité d'organes dans le cerveau est souvent réfuté par les considérations plus ou moins scientifiques que nous venons d'examiner, mais encore il est des physiologistes et des métaphysiciens qui pensent qu'il doit y avoir plus de mystère dans le rapport des facultés avec leurs organes que dans le reste de l'économie animale avec ses fonctions. Ils croient comprendre pourquoi le cœur bat, pourquoi les poumons remplissent leurs fonctions, pourquoi le foie secrète la bile et le sucre, etc., parce qu'ils connaissent quelques-unes des conditions de l'activité de ces viscères ; mais, en réalité, on ne connaît pas plus la raison dernière de leurs effets, que les physiologistes qui étudient le cerveau ne connaissent les rapports de l'esprit avec cet organe. Nous savons que la lumière est nécessaire à la vision — le mouvement de l'air à la production du son — les sucs gastriques, la bile, à la digestion; mais nous ignorons comment ces faits s'accomplissent en dernière analyse. La nature des rapports de l'esprit avec la matière nerveuse est pourtant considérée comme si particulièrement mystérieuse, que s'il faut en croire deux physiologistes anglais bien connus [1], c'est le secret de Dieu, « secret digne d'être approfondi par les anges. »

Ce renvoi de la question à des esprits supérieurs n'est au fond qu'un signe de découragement, contre lequel nous devons protester. Car il ne s'agit pas, dans la matière qui nous occupe, de rechercher les causes premières dans leur essence, mais de les connaître par leurs lois. Doit-on s'abstenir d'avancer lorsqu'on a encore devant soi des terres inexplorées? Beaucoup restent en arrière, et j'en puis citer surtout parmi ceux qui se montrent les plus ardents adversaires de la phrénologie. M. Jobert (de Lamballe), par exemple, termine ainsi son argumentation contre la localisation des facultés :

« Je me demande ce qui se passe dans mon cerveau, quand un rayon lumineux, frappant mon œil, me fait éprouver une sensation, et lorsqu'il part de cet organe mystérieux (remarquez le mot) une mystérieuse in-

---

1. Todd et Bowman. — *The Physiological Anatomy and Physiology of man*, part. II, p. 262.

fluence qui fait mouvoir mon bras. Je ne puis répondre. Comment la science ne serait-elle pas plus impuissante encore pour dire quelle est la part du cerveau dans la production de nos pensées ou de nos déterminations[1] ? »

S'il est vrai que le mystère des causes premières soit impénétrable, et que nous ne puissions espérer de comprendre jamais comment un organe remplit sa fonction, que cet organe appartienne à la vie animale ou à la vie mentale, il n'est pas moins vrai que nous pouvons, par l'observation et l'induction, apprendre à déterminer d'une manière précise les conditions et l'ordre dans lesquels s'exercent les fonctions mentales, de la même façon que le physiologiste peut le faire à l'égard des fonctions de la vie végétative et animale. Ne commettons donc pas l'erreur de croire que l'action intime du cerveau nous soit plus cachée que celle d'aucun autre organe du corps.

Nous venons de trouver dans l'ordre des faits anatomiques et physiologiques une série de preuves établissant que le cerveau se compose de plusieurs organes ayant des fonctions différentes. Nous allons voir maintenant si l'analogie ne nous fournira pas de nouvelles raisons à l'appui de cette proposition.

Nulle part dans l'économie on ne rencontre une fonction spéciale sans un organe qui lui soit spécialement approprié. Ainsi on a pour la sécrétion de la bile, le

---

1. *Études sur le Système nerveux*, page 524.

foie; pour l'élaboration du suc gastrique, l'estomac; pour la respiration, les poumons; pour les sens externes, leurs nerfs, et ainsi de suite.

Est-ce que les fonctions mentales ne présentent pas des différences aussi marquées et aussi nettement évidentes que les fonctions purement corporelles? Est-ce qu'elles peuvent plus facilement que celles-ci se passer d'organes spéciaux? Est-ce qu'il serait possible d'en concevoir autrement l'exercice?

Énumérons quelques faits. L'amitié se distingue de l'amour des enfants, pour le moins autant que le goût se distingue de l'odorat. Le sentiment de sa propre supériorité ou l'estime de soi-même se différencie encore plus nettement du respect pour les autres et de la bienveillance. Le procédé mental par lequel on descend d'une proposition générale à des propositions particulières, ou celui par lequel on arrive en sens inverse à la synthèse, diffère bien sûrement de la perception de la mélodie ou de celle de l'harmonie des couleurs.

Cette induction, fondée sur une irrésistible analogie, ne suffit-elle pas à nous convaincre que si, dans tous les autres cas, spécialité de fonction correspond à spécialité d'organe, les manifestations de l'esprit ne peuvent pas former une exception à la règle générale?

On s'étonne vraiment que cette vérité, qui a presque la simplicité et l'évidence d'un axiome, ait pu être non-seulement révoquée en doute, mais même niée par des hommes intelligents, ce qui montre combien les préjugés ou les tendances systématiques peuvent aveugler même les bons esprits. Je vais en prendre pour exemple le plus ardent peut-être des adversaires du système de Gall, M. Flourens.

Dans sa réfutation de la doctrine phrénologique, cet auteur dit : « Dès qu'une sensation est perdue, toutes le sont; dès qu'une faculté disparaît, toutes disparaissent. Il n'y a donc pas de siéges divers pour les diverses facultés, ni pour les diverses sensations. La faculté de sentir, de juger, de vouloir une chose, réside dans le même lieu que celle d'en sentir, d'en juger, d'en vouloir une autre; et conséquemment cette faculté, essentiellement une, réside essentiellement dans un seul organe[1]. »

M. Flourens a le mérite de la clarté. Ses propositions sont fermes, sans ambages, comme celles d'un philosophe qui se croit sûr de posséder la vérité. On n'a pas toujours le bonheur, dans la discussion, de rencontrer des affirmations aussi saisissables, ni aussi franchement posées. Quant à nous, nous allons tâcher de ne pas être en reste de netteté dans notre réponse à la citation que nous venons de faire.

D'abord, serait-il bien vrai, comme le dit M. Flourens, que dès qu'une sensation est perdue, toutes le sont, que dès qu'une faculté disparaît, toutes disparaissent? Si ces prémisses étaient en défaut, que de-

---

1. *Examen de la Phrénologie*, par P. Flourens, page 23.

viendrait la conclusion par laquelle M. Flourens assigne à toutes les facultés un seul siége et un seul organe? Eh bien, les faits contre lesquels le raisonnement ne peut rien infirment complétement ces prémisses. Il est de science vulgaire que l'on peut perdre la mémoire sans perdre le jugement, et *vice versâ;* donc, lorsqu'une faculté disparaît, toutes ne disparaissent point. Il n'est pas de médecin qui ne sache qu'une lésion du cerveau peut avoir pour effet d'anéantir un ordre de sensations, laissant cependant subsister toutes les autres : par exemple, la cécité quand l'ouïe reste intacte, la surdité quand la vue, l'odorat, le toucher, etc., ne sont nullement affectés.

Donc, dès qu'une sensation est perdue, toutes ne le sont point.

Nos preuves, certes, sont concluantes, et il n'est pas de subtile argumentation qui puisse faire que ce qui est ne soit pas. Mais lors même que nous n'aurions pas eu ces raisons péremptoires, il nous serait resté encore à tirer les plus fortes inductions de notre propre conscience en faveur de la doctrine phrénologique. Il nous aurait suffi de considérer l'ensemble des phénomènes normaux et anormaux de l'action mentale.

En effet, si on se livre à l'étude des mathématiques, par exemple, et que, fatigué, on passe à une autre occupation, il arrivera souvent qu'on sentira sa fatigue se dissiper au lieu d'augmenter. Il en sera de même après une étude musicale de longue durée, suivie d'un travail d'un tout autre ordre que la musique. La même chose se répétera dans un grand nombre de cas, non-seulement dans l'exercice des facultés intellectuelles, mais encore dans l'activité des instincts.

Or, si le cerveau n'était qu'un organe unique, actif en toutes ses parties lorsqu'il fait des mathématiques, de la musique, de la peinture, etc., ne s'ensuivrait-il pas que la fatigue due à la tension de l'organe entier ne devrait cesser que par un repos complet de ce même organe? Comment concevoir que le changement d'occupation pût, au lieu d'augmenter la fatigue, donner lieu à un effet contraire, à moins qu'on n'admette que des occupations différentes mettent eu jeu des organes différents?

Le cerveau n'est jamais absolument à l'état de repos; il faut qu'il soit toujours actif pour présider à l'exercice permanent des fonctions végétatives. Son repos le plus complet suppose encore cette activité. Et ce repos, à y regarder de près, est lui-même susceptible de division. En effet, dans l'état de sommeil profond, où tout écho de la veille a complétement disparu, la vie du cerveau ne correspond plus qu'à des phénomènes végétatifs, tels que la respiration, la circulation, etc. Il y a alors absence complète de rêves. Mais si nous rêvons, que se passe-t-il? Le repos du cerveau est-il toujours le même? Qui oserait prétendre que tout ce qui s'effectue alors ne tient à aucune intervention du cerveau? Et cependant c'est la conclusion à laquelle on aboutit forcément si l'on refuse d'admettre que dans le rêve certaines parties du cerveau soient seules en activité. Rentrez en vous-même, rappelez-vous les phénomènes vagues, bizarres, fantastiques, étranges de vos songes. Voyez s'ils concordent avec les affirmations de M. Flourens, plutôt qu'avec cette activité partielle, irrégulière, imparfaite, du cerveau, qui seule peut leur servir d'explication.

Tous ceux qui ont soigné les fous savent que l'esprit peut se présenter comme sain et maladif à la fois. Lisez Pinel, Esquirol et autres, et vous trouverez des cas de ce genre qui démontrent clairement, selon moi, la pluralité des organes du cerveau. Je cite quelques exemples. Gall lui-même raconte ce qui suit [1].

A Berlin, le chirurgien d'un régiment lui montra, en présence de plusieurs médecins, un soldat à qui le chagrin d'avoir perdu sa femme qu'il aimait tendrement, avait beaucoup affaibli le corps, et occasionné une irritabilité excessive. Il finit par avoir tous les mois un accès de convulsions violentes. Il s'apercevait de leur approche, et comme il sentait par degrés un penchant immodéré à tuer, à mesure que l'accès était près d'éclater, il suppliait alors avec instance qu'on le chargeât de chaînes. Au bout de quelques jours, l'accès et le penchant diminuaient, et lui-même fixait l'époque à laquelle on pourrait, sans danger, le remettre en liberté.

Moi-même j'ai vu, il y a quelques années, un jeune homme qui, à la vue d'un instrument tranchant, était saisi du besoin de s'en servir, soit contre lui-même, soit contre les autres. Il me disait souvent : Tenez, main-

---

1. *Sur les fonctions du cerveau*, tome I, page 445.

tenant j'éprouve le désir de frapper sur quelqu'un! Son état, contre lequel il luttait, le rendait chagrin et mélancolique.

A Lausanne, un jeune homme de bonne éducation me fit une visite et s'exprima ainsi : Il y a quelques jours, en me levant le matin, j'ai repoussé, comme malgré moi, les caresses de mon enfant ainsi que celles de ma femme. A ce moment je pensais être simplement de mauvaise humeur, mais je me suis aperçu avec étonnement, par la continuation de cet état, et par le vif regret que j'éprouvais de ne plus aimer les miens, que quelque chose était changé en moi, enfin que j'étais malade! Il était malade en effet, et mes inductions phrénologiques m'aidèrent à le guérir en moins de trois semaines. De semblables états de l'esprit paraîtraient d'eux-mêmes indiquer l'existence de parties différentes du cerveau, fonctionnant en même temps, les unes à l'état de santé, les autres à l'état de maladie. Car, encore une fois, comment concevrait-on qu'un homme puisse être en même temps sain d'esprit et fou, entraîné à mal faire en même temps qu'il résiste à ce penchant, si c'est toujours *dans le même lieu, dans le même organe, que les facultés et les sentiments divers se produisent,* comme le prétend M. Flourens?

Maintenant j'aborde l'une des objections les plus graves qu'on ait cru élever contre la phrénologie, à savoir, qu'elle détruit l'unité du moi.

Qu'est-ce que le moi? C'est le sentiment de l'identité personnelle, la conscience de l'identité de toute impression, de toute sensation, de toute pensée, avec soi-même. Le sentiment de cette identité n'existe pas moins dans le passé, par la mémoire des faits accomplis, que dans le présent par la conscience des faits actuels.

Qu'il y ait identité entre les actes de l'esprit et le moi, personne ne saurait le nier, aucun raisonnement ne pourrait le combattre ; mais je ne vois pas comment on porterait atteinte à cette identité, en admettant la pluralité des organes du cerveau. Certes, cette pluralité n'est pas plus incompatible avec l'unité du moi, que ne l'est la division métaphysique des facultés mentales en perception, attention, mémoire, jugement, raisonnement, imagination, etc.

Lorsqu'on s'est appesanti sur la valeur des arguments opposés par les adversaires de la phrénologie, on est, malgré soi, tenté de croire qu'ils ont oublié toute observation positive ; qu'ils dédaignent les inductions les plus logiques, ou qu'ils ne possèdent que les plus vagues notions, tant des principes qu'ils veulent soutenir que de ceux qu'ils prétendent réduire à néant. Ne peut-on pas admettre la multiplicité des effets de la gravitation, sans être en contradiction avec l'unité que nous croyons découvrir dans cette loi? La variété des fonctions de la vie végétale est-elle en contradiction avec l'idée de l'unité du principe vital? Bien que ce principe soit généralement reconnu comme un agent simple et un, il n'en produit pas moins la poire sur le poirier, l'orange sur l'oranger, la rose sur le rosier. Par analogie et par induction, le principe phrénologique de la pluralité des organes et des fonctions du cerveau ne laisse-t-il pas intact le principe métaphysique de l'unité du moi ?

Je répète que l'unité du moi doit très-certainement exister, et j'ajoute qu'elle est une des plus sûres preuvse de l'immortalité de l'âme. Mais si l'unité du moi est un fait établi par notre conscience intime, la multiplicité dans cette unité n'en est pas moins un fait. Et ce fait atteste en nous l'existence d'une loi qui se révèle partout. Cette conscience multiple est pour la majorité plus saisissable que l'unité même du moi, qui exige, pour être bien comprise, une plus grande puissance et une plus grande habitude d'abstraction.

Nous nous occuperons plus d'une fois encore de la question du moi. J'ai voulu seulement montrer, quant à présent, que la doctrine phrénologique n'est point inconciliable avec ce principe d'unité que les métaphysiciens ont cru nous opposer victorieusement.

Ainsi, dans cet exposé, aussi succinct que le comportaient les besoins de mon sujet, je viens d'asseoir les deux principes fondamentaux du système de Gall. Si ces premières bases sont vraies, ce système a droit de cité dans la science.

CHAPITRE II

Les deux principes fondamentaux de la doctrine de Gall, principes que nous venons d'examiner, avaient été très-anciennement admis. Ils n'échappèrent pas plus aux physiologistes qu'aux métaphysiciens. La critique a même reproché à Gall d'avoir prétendu à une complète originalité sur ces matières, bien qu'il n'y eût pas droit. Vimont, entre autres, a dit que « Gall a mis de l'adresse dans sa manière de présenter les faits de ses devanciers[1]. » Cependant Gall a si peu cherché à jeter le voile sur les opinions analogues aux siennes, émises avant lui, qu'il les a toutes relatées dans ses ouvrages, où on peut les consulter.

Il n'entre pas dans mon plan de les passer en revue. J'aborde sans transition l'histoire des premiers principes de la phrénologie.

La philosophie antique se préoccupa souvent de déterminer le siége de l'esprit. Elle ne trouva pas dans l'âme une unité suffisante pour ne lui attribuer qu'un

---

1. *Traité de Phrénologie humaine et comparée,* page 8.

seul siége. Des philosophes, distinguant deux âmes,
l'une rationnelle et l'autre irrationnelle ou végétative,
mirent la première dans le cerveau, et la seconde, soit
dans le cœur, soit dans d'autres viscères inférieurs.
L'opinion, par exemple, de Pythagore, de Démocrite et
de Platon fut que le cerveau est le siége de l'âme rationnelle. Ces grands penseurs s'accordèrent aussi pour
placer dans le corps les émotions et les passions, qu'ils
considéraient comme les attributs de l'âme irrationnelle
ou sensitive. Cette doctrine a traversé les siècles, trouvant toujours, d'intervalle en intervalle, de nouveaux
partisans, parmi lesquels nous remarquons Descartes et
certains physiologistes plus rapprochés de nous, Bichat,
Richerand, etc. Aristote croyait que l'homme était le
plus intelligent des animaux, parce qu'il était celui qui
avait la plus petite tête par rapport au reste du corps ;
il pensait en outre que, de deux hommes, celui qui avait
la plus petite tête devait avoir le plus d'intelligence.
Cette proposition n'était pas trop conforme aux principes phrénologiques, mais, ainsi que l'a très-bien dit
Broussais, elle avait un certain fondement, en ce que
les rachitiques, qui ont la tête extrêmement volumi-
neuse, sont souvent frappés d'idiotisme par l'effet d'une
hydropisie du cerveau.

Dans la suite, Aristote, ramené sans doute par une
meilleure observation des faits à des idées plus justes,
modifia grandement son opinion. En comparant plus
attentivement le cerveau de l'homme et celui des autres
espèces animales, il découvrit, ce qui a été confirmé de-

puis, que, sauf une ou deux exceptions, la masse encé-
phalique est, relativement au corps, d'un volume plus
considérable dans l'homme que dans les animaux, et à
cette supériorité de volume il attribua définitivement la
supériorité d'intelligence.

Mais Aristote ne s'arrêta point là, ne se bornant pas à
voir dans le cerveau le siége des facultés mentales, il
entra, de génie, dans la voie phrénologique, et divisa
le cerveau en attribuant à chaque partie des fonctions
distinctes. Dans le ventricule antérieur, qu'il croyait
correspondre au front, il plaça le sens commun. Au second ventricule il attribua l'imagination, le jugement et
la réflexion, et au troisième la mémoire.

Cette phrénologie d'Aristote trouva des continuateurs
au moyen âge. Elle reçut même de remarquables développements aux douzième et treizième siècles. On rencontre déjà à cette époque des têtes sur lesquelles sont
dessinés des compartiments qu'on faisait correspondre
aux diverses facultés de l'esprit. Sans doute la localisation, telle qu'on la présentait alors, laissait beaucoup à
désirer; mais elle constituait déjà cette première ébau-
che que l'on rencontre à l'origine de toutes les sciences,
comme le point de départ d'où l'esprit tire la perfection.

Parmi les auteurs qui ont reproduit ou développé les
idées d'Aristote sur les fonctions du cerveau, se trouvent
plusieurs pères de l'Église. Au treizième siècle, Albert
le Grand, archevêque de Ratisbonne, traça sur une tête,
des divisions indiquant les différentes facultés de l'esprit. Comme Aristote, il plaça le sens commun dans le

premier ventricule, indiqué extérieurement par le front ; le jugement dans le second, et le mouvement dans le troisième.

Saint Thomas d'Aquin reproduisit la même théorie, qui fut adoptée par d'autres écrivains avant et après lui. Ainsi, dans le même siècle, Bernard Gordon, médecin écossais, soutint une doctrine qui modifiait l'idée d'Aristote. On avait même vu s'établir un système de phrénologie bien longtemps avant Gordon, dès l'époque d'Alfred le Grand d'Angleterre, fondateur de l'Université d'Oxford. A une époque plus rapprochée de nous, au seizième siècle, Ludovico Dolci, de Venise, dessina une tête sur laquelle un plus grand nombre de facultés fondamentales de l'esprit se trouvaient indiquées.

Enfin Descartes, ce colosse de génie, qui fait époque dans le monde moderne, et qui étonne jusque dans les conceptions où il a le plus erré, entrevit aussi, du milieu de ses préoccupations métaphysiques, la réalité des grands principes de la phrénologie. En physiologie, bien qu'il se montre supérieur à tous ses devanciers, il est cependant incomplet et même confus dans l'exposition de ses idées. Cela tient évidemment à ce que la science de la vie ne possédait, au siècle de Descartes, qu'un nombre de phénomènes beaucoup trop restreint, tandis que la physique et la géométrie, dans lesquelles il a excellé, lui présentaient des sujets d'observation en bien plus grand nombre.

Je puis, sans attenter au respect dû à ce grand esprit, citer de lui le passage suivant : « Le principal siége des passions, en tant qu'elles regardent le corps, est dans le cœur, parce que c'est le cœur qui en est le plus altéré ; mais leur place est dans le cerveau en tant qu'elles affectent l'âme, parce que l'âme ne peut souffrir immédiatement que par lui[1]. »

Il dit également, avec un grand sens : « L'esprit dépend si fort du tempérament et de la disposition des organes du corps, que, s'il est possible de trouver quelque moyen de rendre communément les hommes plus sages et plus habiles qu'ils ne l'ont été jusqu'ici, c'est dans la médecine qu'il faut le chercher. » Il est évident qu'ici Descartes emploie le mot *médecine* dans cette large acception qui comprend tout à la fois la physiologie, l'hygiène, la gymnastique, la thérapeutique, en un mot toutes les branches de la médecine préventive et de la médecine curative. En somme, il résulte de ses écrits qu'il considérait le cerveau comme organe de nos pensées et de nos passions.

Au siècle dernier, un homme de grande intelligence, Charles Bonnet, de Genève, est allé, en théorie, plus loin même que Gall et les phrénologistes d'aujourd'hui. Pour lui, non-seulement le cerveau est l'organe de l'esprit, mais encore chaque idée a sa fibre propre[2]. Examinée *à priori*, cette théorie du naturaliste genevois

1. Descartes, *Lettre à Regius* (Leroy), tome VIII, page 515, édition de Descartes par M. Cousin.

2. Bonnet, *Palingénésie et Essai philosophique sur les facultés de l'âme.*

Voir aussi, à l'*Appendice,* la note A.

ne répugne point à l'esprit. A chaque fibre du cerveau elle semble faire correspondre une série d'idées simples, variant suivant l'intensité des vibrations de cette fibre, et susceptible de se compliquer indéfiniment par des combinaisons de vibrations de fibres différentes. Mais on ne pourra adopter une telle loi que lorsqu'elle aura reçu la sanction de l'expérience, et que les faits l'auront confirmée. Notons, pour être impartial, qu'il apparaît en cela une certaine lueur de vérité, puisque les émotions et les pensées sont accompagnées d'oscillations et de vibrations de la substance du cerveau.

L'idée de l'organologie cérébrale en était là, ou à peu près, lorsque Gall parut. Il affirme qu'il a puisé la première notion du rapport des diverses parties du cerveau avec les diverses facultés mentales, dans le souvenir d'une observation faite lorsqu'il était encore enfant. Il serait trop long d'exposer ici en détail le développement de cette idée dans son esprit ; il faut lire sur ce sujet intéressant ce qu'il en a écrit lui-même dans son grand ouvrage. En résumé, il avait remarqué que, parmi ses camarades d'école, ceux qui avaient les yeux à fleur de tête, et dont quelques-uns avaient reçu le sobriquet d'*yeux de bœuf*, étaient doués d'une forte mémoire des mots. Plus tard, pendant qu'il étudiait la médecine, il fut frappé de la même coïncidence, et cette double observation le porta à conclure que, puisque un signe extérieur correspondait, dans l'homme, à la faculté du langage, les autres facultés pouvaient aussi avoir les leurs. Après une longue carrière consacrée à ce genre d'observation, appliquée tant aux animaux qu'à l'homme, il laissa en héritage à la postérité la découverte de vingt-sept organes cérébraux localisés, pour autant de facultés de l'âme.

Ainsi Gall, sortant de la voie des simples conjectures et des pures affirmations, donna pour base à ses études une rigueur d'observation inconnue à ses devanciers. C'est pour cela qu'il a droit d'être considéré comme le fondateur d'une science nouvelle. Des détracteurs lui ont refusé ce mérite, en lui reprochant d'avoir disséqué le cerveau par parties, et ensuite attribué arbitrairement à ces parties des fonctions mentales. Mais c'est le contraire qui eut lieu; car Gall ne suivit pas d'autre méthode que celle des physiologistes, notamment de ceux qui se sont occupés de rechercher les fonctions des nerfs : il partit généralement du fait mental, pour découvrir l'organe correspondant.

Nous ne devons pas nous étonner que Gall, comme les autres novateurs, ait été en butte à l'opposition de ceux dont il froissait les doctrines. Les métaphysiciens, les théologiens, les physiologistes et les anatomistes, sauf un très-petit nombre d'honorables exceptions, s'élevèrent bruyamment contre sa doctrine. Au lieu de se borner sur celle-ci à une polémique loyale, ils donnèrent à la discussion une tournure personnelle, attaquant la moralité de l'auteur, le ridiculisant, lui et sa théorie, et représentant sous un faux jour le résultat de ses observations.

Un tel accueil fait à des idées nouvelles et à des efforts de progrès dans la science n'était certes pas une nouveauté dans le monde. Il était plus facile d'agir ainsi que de se rendre à l'appel de Gall, réclamant de toutes ses forces qu'on voulût bien répéter ses expériences et s'appesantir sur ses investigations. Il demanda avec instance qu'on mît à l'épreuve la vérité de sa découverte ; c'est-à-dire qu'on suivît la méthode qu'il pratiquait lui-même, dans la recherche d'une coïncidence entre les tendances de l'esprit et la conformation particulière du crâne. Cette méthode consistait d'abord à choisir des personnes dont la tête se fît remarquer par quelque protubérance ou quelque dépression, et à observer si ces mêmes personnes n'offraient pas dans leur esprit ou leur caractère les tendances fortes ou faibles que Gall avait reconnues coïncider toujours avec une pareille conformation. Elle consistait ensuite, par un procédé inverse, à examiner si, une tendance étant reconnue chez un individu, et se manifestant indépendamment de toute éducation ou autres circonstances, il existait un organe correspondant. Une épreuve analogue pouvait s'appliquer au défaut de tendances et d'organes.

Une fois reconnu dans des cas extrêmes, le rapport entre l'organe et la tendance se présente à nous comme le résultat évident d'une loi. De ce que ce rapport est moins facilement reconnu dans la généralité des têtes, on ne pourrait logiquement infirmer les conclusions tirées des premières observations. Il faut ici tenir compte de la différence dans les conditions des phénomènes observés.

Ces conditions offrent une grande variété, mais je n'aurai besoin que d'appeler l'attention sur un exemple entre mille. Dans la plupart des têtes, il y a rarement prédominance d'un organe seul, mais il s'en trouve presque toujours au moins deux ou trois qui prédominent sur les autres. Alors ces tendances se modifient réciproquement, et modifient en outre les autres tendances. Il y a peu de traits de caractère qui puissent être attribués à une faculté isolée, et c'est d'après la même loi de solidarité que, depuis l'enfance jusqu'à l'apogée de la vie, les instincts et les facultés, les passions et les pensées de l'homme s'élèvent imperceptiblement du simple au composé.

Si l'on veut d'autres preuves d'un rapport entre les tendances et les organes, l'observation ne suffit plus, et il faut avoir recours à des principes qui appartiennent à une branche supérieure de la science phrénologique.

La conviction qu'avait acquise Gall, que chaque faculté mentale a un organe cérébral correspondant, lui fit concevoir une nouvelle méthode de dissection du cerveau. Il est vrai que d'autres avant lui avaient, comme je l'ai dit, affirmé que le cerveau est divisé en parties correspondantes aux différentes tendances mentales. Sömmering, Vicq-d'Azyr et d'autres avaient même regardé les hémisphères comme organes des facultés intellectuelles. Mais, jusqu'à Gall, la dissection du cerveau n'avait jamais pris pour guide le principe d'organes spéciaux afférents à des tendances spéciales. Ce

qui prouve qu'une nouvelle méthode de recherche anatomique était nécessaire, c'est que, malgré des travaux
opiniâtres sur l'anatomie du cerveau, on n'avait obtenu
que peu de résultats sur lesquels les savants fussent
réellement d'accord. Il ne pouvait guère en être autrement, alors que la dissection n'était dirigée ni par une
observation, ni par une conception de la nature réelle
des fonctions cérébrales. Et, bien que l'anatomie du
cerveau laisse encore beaucoup de découvertes à faire,
on est en droit de constater que, sur ce sujet, les divergences d'opinion sont moins nombreuses et moins saillantes qu'avant l'apparition de la méthode de Gall.

L'idée la plus généralement répandue sur la substance
du cerveau en faisait une matière molle de différentes
couleurs, et considérée comme l'origine des nerfs.

A l'endroit de sa structure interne, il n'y avait alors
entre les anatomistes pas plus d'accord qu'on n'en
trouve aujourd'hui sur les fonctions des circonvolutions. Certains anatomistes considéraient la substance
grise comme composée de fibres, et pour les uns la
substance blanche n'était qu'une matière compacte,
tandis que pour les autres cette matière était un composé tubulaire. Quelques-uns enfin pensèrent que le
cerveau n'était qu'un ensemble de globules. Or, bien
que le rapport des parties du cerveau avec des fonctions
correspondantes eût été pressenti, la généralité des anatomistes ne s'en préoccupa point. On se contenta de
constater les divisions les plus faciles et les plus évidentes, sans en tirer d'autres conséquences, et la dis-

section fut plutôt pratiquée mécaniquement qu'en vue
d'une théorie préalable quelconque. On s'était aussi,
pour diverses causes, servi d'un procédé vicieux de
dissection, qui consistait à couper le cerveau en tran-
ches de haut en bas. Gall, au contraire, comprit que la
méthode inverse était la véritable, la seule en rapport
avec la structure du cerveau. Il s'appuyait en cela sur
ce que, dans toutes les séries zoologiques, l'existence
des nerfs précédant celle du cerveau, celui-ci ne doit
pas être le principe des nerfs, mais bien leur dernière
évolution, leur dernier épanouissement. Il disséqua
donc le cerveau de bas en haut, procédant en raison
des rapports réels du cerveau et des nerfs.

Ce mode de dissection cérébrale, éclairé par l'idée
capitale qu'il doit y avoir correspondance exacte entre
l'organisation du cerveau et les facultés de l'esprit, conduisit Gall à d'autres découvertes anatomiques importantes. Il en est une à remarquer particulièrement,
parce qu'elle prouve que la physiologie de Gall repose
sur une base solide : nous voulons parler de sa découverte du véritable développement des circonvolutions et de leur nature fibreuse. Ce fut là son point de
départ scientifique [1]. Il s'en servit pour donner sans

---

1. Il est vrai de dire qu'antérieurement à Gall la matière mé-
dullaire avait été reconnue fibreuse par Leeuwenhoeck, Vieussens
et d'autres; mais cette idée était si peu répandue parmi les anatomistes du temps de Gall et de Spurzheim, qu'elle rencontra la
plus grande opposition lorsque ces derniers voulurent en prouver
l'exactitude par leurs dissections.

peine l'explication d'un fait dont l'interprétation erronée aurait pu ruiner les fondements de sa physiologie. Il s'agit de la conservation intacte de la fonction mentale, ou de son altération presque insensible, dans les cas d'hydrocéphale. On supposait généralement que, dans cette maladie, le cerveau se trouvait en grande partie ou absorbé ou désorganisé ; mais Gall soupçonna tout d'abord que cette manière de voir était fausse, et il le démontra sur le cerveau même, dans plusieurs cas où l'hydrocéphale avait causé la mort.

La première observation qu'il fit en ce genre eut lieu sur le cerveau d'une dame qu'il avait soignée pendant six ans, et qui lui avait légué sa tête par testament : il trouva quatre livres d'eau dans les ventricules. Cependant il n'avait jamais remarqué chez cette dame aucun désordre ni aucun affaiblissement des facultés mentales. Le cerveau présentait beaucoup de ressemblance avec une vessie ; presque toutes les circonvolutions avaient perdu leur forme, mais la substance existait encore parfaitement reconnaissable, uniformément répandue, et les deux matières grise et blanche se formaient entre elles comme une mutuelle doublure. Cet aspect du cerveau n'offrait d'exception qu'en quelques points où les circonvolutions s'étaient maintenues avec leur apparence ordinaire.

Il importait grandement de bien connaître les caractères et les effets de ce renflement anormal ; aussi Gall et Spurzheim s'occupèrent-ils de le reproduire artificiellement, et ce fut par ce moyen qu'ils prouvèrent que le cerveau ne cesse point de fonctionner mentalement, alors qu'il subit une distension graduelle par l'effet de l'accumulation de l'eau dans les ventricules.

Il y a peu d'anatomistes aujourd'hui qui refusent à Gall le mérite d'avoir, plus qu'aucun de ses devanciers, mis en lumière la véritable structure du cerveau. Il en est même un certain nombre qui ont écrit sur ce sujet avec une très-louable impartialité. C'est donc bien à Gall que revient de droit l'honneur d'avoir fait le premier des recherches méthodiques sur le cerveau, et d'avoir pénétré si avant dans ce labyrinthe de filaments nerveux qui montent, descendent, se croisent en tous sens, et n'offrent tout d'abord à l'esprit qu'un mécanisme plein de mystères. L'ensemble de ces agencements dit assez haut que le cerveau tout entier n'est pas affecté à une fonction simple, et que l'idée de Gall n'est pas sans fondement philosophique.

Mais à quelque hauteur qu'on veuille placer l'intelligence de Gall, et il faut bien reconnaître qu'il fut doué de génie, l'impartialité que nous demandons à ses adversaires nous impose à notre tour de déclarer que cet esprit si vigoureux dans l'observation ne fut pas de la même force dans le développement de son système, dans l'enfantement de la synthèse nécessaire pour donner à la phrénologie son rang définitif parmi les sciences. Il y a même lieu de s'étonner que, sachant si bien relever les erreurs des métaphysiciens, il ne vît pas, ou ne sût pas combler les lacunes de ses propres analyses et généralisations. Ses erreurs les plus sensibles portent

beaucoup moins sur ses observations que sur l'appréciation des faits qu'il avait observés. Trop indifférent à
cette partie de la méthode psychologique qui s'enquiert
du but providentiel de nos facultés et en précise la nature et la fonction, il admettait trop facilement, comme
tendances primitives, des phénomènes véritablement
secondaires, phénomènes qui, malgré leur coïncidence
avec l'organisation cérébrale, n'en devaient pas moins
être rangés dans la vaste catégorie des faits dérivés.

Il est vrai que, vers la fin de sa vie, il sembla faire un
retour sur lui-même; on le vit, livré au doute sur quelques-unes de ses analyses, apporter des modifications à
sa nomenclature; mais ces changements n'infirment
point ce que nous venons de dire, et il laissa toujours
énormément à faire sous ces divers rapports. Nous
ajouterons que, malgré de sages critiques contre les
métaphysiciens, et certains éclairs projetés sur le champ
de la vraie psychologie, il laissa cependant à peu près
intacte l'étude si importante de la véritable nature de
nos facultés.

Par exemple, Gall avait remarqué que les hommes ou
les animaux chez lesquels la partie du front qui s'étend
horizontalement au-dessus de la naissance du nez, présentait un fort développement, étaient doués d'une
grande mémoire et d'une grande facilité d'observation
en général. Il considéra la partie correspondante du
cerveau comme l'organe de l'*éducabilité* et de la *perfectibilité*, et il la nomma ainsi. Il avait raison jusqu'à un
certain point; car toute éducation, comme tout perfec-

tionnement intellecluel est étroitement liée avec la facilité d'apprendre les premiers éléments. Cette facilité
d'apprendre les premiers éléments dépend elle-même
de la facilité d'observer, laquelle enfin résulte de l'é-
nergie propre à la seule fonction primitive qu'il soit
logique d'attribuer à l'organe.

Gall avait aussi remarqué que certaines personnes fortement adonnées aux recherches philosophiques avaient
le front très-développé dans la partie supérieure, voisine
de la naissance des cheveux. Il y vit un organe correspondant, dont il désigna la fonction par les expressions
suivantes : *Esprit métaphysique, faculté d'abstraire et
de généraliser.* De ces deux expressions, la première présente une erreur sensible. La nature n'a pas multiplié
nos facultés à l'égal des branches de nos connaissances ;
elle ne nous a point doués d'une faculté spéciale pour
la chimie, d'une faculté spéciale pour la botanique,
d'une faculté spéciale pour l'astronomie, etc. Et certes
nous ne trouverons pas, quelque recherche que nous
entreprenions, qu'il y ait lieu de faire une exception pour
la métaphysique. Gall eût été sur ce point à l'abri de
toute critique, si, au lieu de restreindre, par les termes
mêmes qu'il employa, le sens de la causalité à la métaphysique, il se fût servi d'une désignation unique, claire,
précise, et qui indiquât que cette faculté trouve son application dans tous les ordres de nos connaissances.
Nous avons à faire en partie les mêmes remarques sur
l'expression : *profondeur d'esprit*, que Gall employa
parfois concurremment avec celle d'*esprit métaphy-*

sique. Il est, d'ailleurs, vraisemblable que la pensée de Gall ne fut pas toujours aussi éloignée de la vérité exacte; nous en avons une sorte de preuve dans la seconde expression : *faculté d'abstraire et de généraliser.*

Gall avait aussi, dans le principe, admis un *organe du vol.* Il commettait alors non-seulement une erreur du même genre que celle qui lui faisait accorder, au moins dans les termes, une faculté spéciale pour certaines branches de nos connaissances, puisqu'il faisait d'un vice une faculté; mais cette erreur était encore plus grave, en ce qu'elle érigeait en fonction un vice qui, par le fait, ne peut se présenter que comme une tendance dérivée. Gall changea par la suite cette dénomination en celle de *sentiment de la propriété.* S'il fut amené à ce changement par une plus juste idée de la faculté primitive, on est en droit de s'étonner qu'il ne soit pas revenu de même sur un autre point, sur lequel il s'était au moins aussi gravement trompé, et où son erreur pouvait avoir pour sa doctrine elle-même des conséquences redoutables : je veux parler des dénominations d'*instinct carnassier* et d'*instinct de l'homicide,* sous lesquelles il désigna ce que les phrénologistes ont appelé plus tard la *destructivité,* et ce dont je me réserve de donner ultérieurement une définition, que je crois être exacte.

En admettant qu'il fût vrai que l'homme et certains animaux sont fatalement conduits à tuer, en vertu d'une force primitive, irrésistible, il est évident que l'interprétation de cette force brutale devrait être plus généralisée qu'elle ne l'a été par Gall. C'est bien ce qu'on a senti depuis, et ce qui a fait adopter la dénomination plus étendue de *destructivité*. Ce n'est pas, en effet, seulement sur la chair et la vie des espèces vivantes que porte l'exercice de la force première d'attaque dont est doué tout animal, homme ou brute, mais c'est aussi sur tout ce qui menace ou entrave sa personnalité, et par conséquent sur d'autres objets encore du monde matériel.

Mais il n'est pas vrai que l'homme soit fatalement condamné, pour toute la durée de sa race, à tuer, dévorer et détruire, en vertu d'un instinct qui n'aurait d'autre but que la destruction. S'il est de fait que nulle espèce n'accuse plus que l'espèce humaine la tendance à tuer et à détruire (et notre histoire est là qui en fait foi); s'il arrive constamment que l'on trouve, comme Gall l'avait remarqué, dans les animaux carnivores et dans certains assassins, un grand développement de l'organe qu'il appelait l'instinct carnassier ou du meurtre, cela prouve combien le fondateur de la phrénologie avait été puissant observateur. Partout il a vu exactement le fait, et ses découvertes sous ce rapport sont un bien impérissable dans la science. Mais quand il passe du fait à son interprétation, à sa coordination fonctionnelle, Gall n'offre plus la même puissance, ni la même pénétration. Ce qu'il ne comprend pas toujours c'est la distinction entre le normal et l'anormal, le primitif et le secondaire dans chaque fonction; entre ce qui n'est que manifestation subversive d'un organe et ce qu'on doit considérer comme l'exercice régulier et providentiel de sa fonction.

Cependant il sentit, comme on peut s'en convaincre en se reportant à ses ouvrages, qu'il y avait quelque chose d'horrible et de sacrilége à affirmer l'existence d'un instinct fatal de meurtre. Il dit, au sujet de cette instinct [1] : « Si l'homme avait assez de force d'esprit pour reconnaître la véritable place qui lui est assignée dans la nature, il découvrirait encore ici une sage institution. »

Malheureusement, en poursuivant cette idée, il arriva à la plus déplorable doctrine. « Lorsque l'homme, » ajoute-t-il plus loin, « sortait des mains du Créateur, l'Être suprême avait certainement prévu qu'il vivrait avec ses semblables dans une guerre éternelle. La nature cût-elle été juste en lui refusant les moyens de se délivrer de ses ennemis? Ceux qui condamnent les criminels à la mort, ceux qui détruisent par le fer et par le feu les ennemis de la patrie, n'agissent-ils pas conformément à leur devoir? Et si, pendant quelques siècles seulement, l'espèce humaine vivait dans une paix profonde, elle inonderait à elle seule toute la surface du globe; tous les animaux seraient déplacés, tout équilibre serait rompu dans la nature; son ordre serait complétement interverti. »

Et ainsi il continue, pour dire bientôt que la nature a

---

1. Voyez son ouvrage *Sur les fonctions du cerveau, etc.*, à l'article : *Instinct carnassier.*

placé dans le cœur des grands capitaines « la rage de la destruction de leur propre espèce ; que, sans s'en douter, ils ne sont qu'un instrument qu'elle emploie pour élaguer les populations humaines. C'est ainsi qu'ils figurent à côté des contagions meurtrières et de tous les désastres qui assaillent l'homme au dedans et au dehors. »

On comprendra sans peine que cette opinion et plusieurs autres semblables de Gall doivent être considérées comme tout à fait indépendantes de la base de sa physiologie cérébrale. Ce que je viens de citer est une *opinion* et rien de plus. Le procédé mental par lequel on tire une induction est d'un ordre plus élevé que celui qui a pour but de constater des faits par la simple observation ; il exige en outre des connaissances profondes et variées qui ne sont pas nécessaires pour bien observer. Ainsi nous verrons plus tard que cette opinion de Gall doit être attribuée à une connaissance incomplète des premières lois de l'esprit, ou du but providentiel des facultés, et aussi à un faux raisonnement.

Mais ces conclusions, bien qu'erronées, ne peuvent pas, je le répète, préjudicier à l'exactitude des observations qui ont pour objet le rapport entre la structure et la fonction.

S'il est admis qu'une conséquence vraie peut être tirée de fausses prémisses, il est également certain que des conséquences fausses peuvent-être déduites de principes vrais. C'est ce qu'il ne faut jamais oublier, si l'on veut être juste dans l'appréciation du système de Gall, qu'on ne saurait rendre responsable des abus qu'on en

peut faire. De quel droit, en effet, infirmerait-on la vérité
des observations, parce que les inductions qu'on en a
tirées sont fausses? De quel droit nierait-on les faits parce
que la vraie théorie n'en aurait point encore été donnée,
et que leur explication ne serait point encore satisfaisante,
au point de vue de la science ou de la vérité universelle?

Malheureusement la plupart de ceux qui combattent
la phrénologie et ses applications ignorent ou négligent
trop la méthode *intégrale* dont j'ai parlé, et que je
développerai autant que peuvent me le permettre ces
études préliminaires.

Donc, malgré certaines erreurs de Gall, malgré l'im-
perfection de sa méthode, il faut reconnaître que ses
efforts constants pour établir le rapport de la faculté
mentale avec la structure du cerveau, la nécessité où il
fut d'observer les caractères des hommes sous toutes
leurs faces et dans toutes les circonstances, la somme
énorme de faits dont il meubla son esprit, le placent au
nombre des observateurs les plus originaux qu'on rencon-
contre dans les annales de la science.

Ce que j'ai dit jusqu'ici du système de Gall n'en offre
qu'une faible esquisse, et mes remarques ont porté sur
les erreurs du système, plutôt qu'elles n'ont eu pour
but de donner une juste idée de sa valeur. Mon jugement définitif ressortira nettement, je l'espère du moins,
de l'ensemble de mon exposition.

Déjà de son vivant, Gall avait vu des hommes d'une
intelligence supérieure s'associer à ses travaux. Après
sa mort, les continuateurs ne manquèrent point à son

œuvre. Entre tous, Spurzheim occupe le premier rang.

On a dit que la principale gloire de ce phrénologiste fut d'avoir été le collaborateur de Gall. Ce n'est pas lui rendre justice, et ce jugement partial ne s'explique guère que par un excès d'admiration pour Gall lui-même. Spurzheim a son mérite propre, et qui est loin d'être ordinaire. Comme anatomiste, il est généralement admis qu'il fut supérieur à Gall. Nous devons, à cet égard, cependant, ne pas perdre de vue que Spurzheim fut redevable à Gall de l'idée première et fondamentale d'où il partit pour atteindre aux brillants résultats qu'il obtint dans cette science. A mon sens, la vraie gloire de Spurzheim est d'avoir eu assez de génie pour faire faire un pas en avant au système du maître.

Il eut, non sans quelque raison, la réputation d'être un esprit plus philosophique que Gall. Un de ses premiers soins fut de corriger la nomenclature de ce dernier, après avoir mieux étudié le but primitif de chaque faculté. Ainsi il changea la dénomination de *ruse,* en celle de *sécrétivité,* qui exprime la tendance à voiler ce qui se passe en soi. Il nomma *destructivité* l'organe qui représentait d'abord l'*instinct carnassier* ou du *meurtre,* et *estime de soi* ce qui était désigné sous le nom d'*orgueil* ou de *fierté.* Il remplaça par le mot *vénération* ceux de *Dieu et religion* ou *théosophie,* et par *causalité* les expressions *profondeur d'esprit, esprit métaphysique,* etc., etc. De plus, Spurzheim constata l'existence de certaines facultés omises par Gall, et indiqua leurs siéges respectifs.

Pour Gall, bonté et conscience ne formaient point deux notions distinctes. Il n'y voyait que deux expressions identiques de la même faculté. Spurzheim fut le premier à admettre que la faculté à laquelle on donna d'abord le nom de justice, et plus tard celui de *conscienciosité*, a un organe spécial. Il scinda aussi ce que Gall avait appelé, d'un seul mot, l'*éducabilité*, ou la *perfectibilité*, en deux facultés caractérisées par les objets auxquels elles s'appliquent, savoir : l'*individualité* ou perception des entités, et l'*éventualité* ou perception des événements. A l'exemple de Gall, il rejeta la classification scolastique des facultés. Il ne vit dans la division fautive de l'esprit en entendement ou intelligence, perceptions, mémoire, imagination, etc., que des modes d'activité des facultés fondamentales. Il basa sa classification des facultés sur les deux modes généraux de phénoménalités, qui conduisent à les distinguer en facultés affectives et en facultés intellectuelles. Il subdivisa les premières en facultés particulières à l'homme, et en facultés communes à l'homme et aux animaux ; — subdivision qui, je l'ai déjà dit, est loin d'être irréprochable.

La subdivision des facultés intellectuelles en sens externes et internes ne donne pas autant de prise à la critique, bien qu'elle puisse faire naître aussi des objections. Dans la suite, Spurzheim se rectifia lui-même et remplaça cette subdivision par celle de facultés perceptives et de facultés réflectives. En outre, il fit preuve d'un certain esprit philosophique en ne confondant pas, comme on le faisait avant lui, les facultés fondamentales proprement dites avec certains modes d'action de ces facultés, tels que l'attention, le désir, le plaisir, etc. Cependant ce résultat me parait dû surtout à l'intuition qui, très-souvent, lui tint lieu de méthode philosophique dans certaines parties de son œuvre.

Je dois dire à propos de cette critique, comme de celles que je pourrai faire sur d'autres phrénologistes, que je ne manquerai pas, en temps et lieu, de mettre en lumière les parties de leurs doctrines qui me paraissent mériter des éloges.

Je continue mon examen critique du procédé de Spurzheim, et je vais citer quelques exemples de nature à en faciliter l'appréciation. Selon Spurzheim[1], les meilleurs moyens de rendre l'homme heureux sont : 1° d'éviter tout ce qui peut mettre en jeu de préférence les *facultés animales* (et remarquez que même selon lui ces facultés forment au moins le tiers des facultés de l'homme); 2° de favoriser tout ce qui peut développer la nature humaine proprement dite. Ces moyens sont évidemment déduits d'une théorie qui suppose l'homme réellement composé de deux natures diverses, absolument séparées, et dont l'une pourrait exister sans l'autre : la nature animale d'une part, et de l'autre la nature morale et intellec-

---

1. Voir son *Essai philosophique sur la nature morale et intellectuelle de l'homme*, p. 166 et suiv.

tuelle, autrement dit, la nature humaine. — C'est, en effet, ce que croyait Spurzheim, ou du moins ce qui ressort de son exposition, puisqu'il déclare que les sentiments purement humains n'ont pas besoin de l'action des facultés animales pour satisfaire leurs nobles aspirations. Que conclure de cette doctrine? — Que Spurzheim ignorait ou perdait de vue le principe supérieur de la solidarité, et de l'activité simultanée de toutes les parties d'un système donné. Et il ne faut pas croire que cette erreur n'affecte que la théorie. Si on l'admettait, elle entraînerait les plus fatales conséquences. On peut, par exemple, considérer comme inspiré par cette théorie, ce qu'il a dit à propos du mariage, dans son examen de la législation politique et religieuse. Il attribue à l'État le droit d'interdire le mariage entre gens d'une constitution vicieuse ou maladive. Mais il ne s'apercevait pas, ou ne tenait pas compte de ce fait, que les trois quarts de l'humanité civilisée sont plus ou moins affectés de vices constitutifs, et que par conséquent sa proposition était impraticable. D'un autre côté, on devine la conséquence naturelle d'une telle interdiction : une loi en opposition absolue avec l'un des instincts les plus impérieux de la nature humaine, présenterait d'abord d'insurmontables difficultés dans la détermination des causes de l'empêchement matrimonial; et, en supposant ces difficultés vaincues, la loi serait nécessairement éludée, comme il arrive si souvent lorsque les ascendants contrarient l'inclination de leurs enfants.

Ici Spurzheim ne se sépare guère de Malthus, qui proposait d'interdire aux pauvres le mariage, afin de prévenir les progrès du paupérisme. Une bonne logique et une bonne politique prescrivaient à Spurzheim de chercher la solution du problème dans l'étude seule des moyens propres à perfectionner l'homme au physique et au moral.

Je ne me permettrai plus, quant à présent, qu'une seule observation à l'égard des vues philosophiques de Spurzheim. Elle concerne cet organe phrénologique auquel Gall donna le nom de *penchant au vol*, et qui fit peut-être autant de mal à son système que l'admission d'un organe du meurtre. C'est ce même organe qui reçut ensuite de Spurzheim la dénomination de *convoitise*, et plus tard, d'un phrénologiste anglais, celle d'*acquisivité*. Ici reparaît le sens philosophique de Spurzheim. Il rejette la dénomination de Gall, qui fait d'un vice une faculté, et qui implique nécessairement l'existence de cette fausse faculté comme élément primitif de la nature humaine.

Spurzheim opère la rectification, mais sa pensée s'arrête tout court devant les conséquences qui en sont la suite naturelle. La tendance à acquérir une fois admise, il n'y avait plus lieu de la limiter arbitrairement dans sa manifestation, comme Spurzheim le fit en posant ce principe : Qu'il faut s'opposer à un trop grand accroissement des richesses individuelles. Il n'y a que le communisme absolu et universel qui puisse justifier et permettre d'appliquer l'idée contenue dans ces termes :

trop grand accroissement de richesses individuelles. A
tout prendre, une philosophie qui, dans l'application
pratique, est réduite à ne proposer, comme moyen, que
la répression de nos facultés naturelles, n'indique-t-elle
pas par là même qu'elle est radicalement impuissante, et
qu'on ne doit en attendre aucun bon résultat? Si la phrénologie ne devait aboutir qu'à une pareille impasse, si
elle ne devait surtout nous présenter qu'une servile imitation des nombreux systèmes qui, jusqu'à nous, ont si
vainement répondu à la haute et puissante aspiration de
l'homme vers le bonheur, il faudrait à l'instant et sans
hésitation l'abandonner et porter ailleurs nos tentatives. Disons hardiment que le but de la science n'est
pas d'apprendre à l'homme comment il réprimera ou
annulera ses forces vives, mais de lui enseigner leur
destination véritable et les moyens d'en développer l'essor utilement, pour l'individu comme pour la société
tout entière.

Ces considérations doivent suffire pour faire sentir,
d'une part, que la phrénologie a bien véritablement
des bases indestructibles dans ses principes généraux,
et d'autre part, qu'elle a besoin encore d'être beaucoup étudiée, et dans ses éléments constitutifs et dans
ses corollaires. Avant tout la psychologie lui est indispensable, car une fois cette psychologie constituée
par une méthode large et positive, une fois que nous
serons certains de la nature de nos facultés primitives, alors, seulement alors, nous pourrons défini-

tivement considérer comme constituée l'organologie phrénologique.

En insistant sur la psychologie comme branche de la phrénologie, ou, pour mieux dire, comme complément de la physiologie du cerveau, je n'ai pas eu un instant la pensée de l'en séparer, ou d'en faire une science à part. Je la considère comme la continuation de la physiologie du cerveau. Je me sers du mot pour distinguer une branche de la science, de même que dans d'autres branches, pourtant liées ensemble, on se sert de mots distinctifs. De même que nous rapportons spécialement divers phénomènes à la physique, à la chimie, à la physiologie, de même aussi nous attribuons à la psychologie des phénomènes qui lui sont propres.

Il y a longtemps que par psychologie on n'entend plus l'étude de la psychie — de l'âme ou de l'esprit *abstrait*—mais celle des phénomènes de l'ordre instinctif, moral et intellectuel. D'autre part, entre ces effets mêmes et les phénomènes admis comme physiologiques, il y a lieu à faire une distinction capitale. Par physiologie on entend la science des simples fonctions organiques. Ainsi, on a la physiologie d'une fleur dans la connaissance de ses lois et de ses fonctions ; il en est de même de la physiologie de notre corps, et l'on fait encore de la physiologie lorsqu'on rapporte certains phénomènes de l'esprit à telle ou telle partie du cerveau. Mais analyser ces fonctions et les réunir en une chaîne de combinaisons multiformes, constater les influences exercées sur elles par les circonstances extérieures qui favorisent ou entravent leur action, voilà ce qui est proprement du ressort de la psychologie.

Je n'irai pas plus loin sans dire que, à mon sens, la psychologie a besoin, pour son entier développement, d'une méthode plus large et plus sérieusement appliquée que celle dont on s'est servi jusqu'à présent. Cette méthode formera l'objet de notre prochain chapitre.

CHAPITRE III

DE LA MÉTHODE

De l'observation pure et simple des faits. — De l'analyse. — De la synthèse. — De la série. — De l'analogie. — De la méthode subjective et objective dans l'étude de l'homme. — Mesure dans laquelle cette méthode a été employée par l'école écossaise et les phrénologistes.

A la fin du dernier chapitre, j'ai affirmé la nécessité pour la phrénologie d'une méthode plus large et plus sérieusement appliquée que celle qu'on y a apportée jusqu'à ce jour.

Il y a peu de mots qui possèdent un sens plus arrêté que le mot *méthode :* d'après son étymologie grecque (μετα, avec, et ὁδὸς, route), il signifie *ce avec quoi on fait route,* c'est-à-dire le moyen qui fait marcher en avant. C'est par la méthode que l'on arrive à la découverte de la vérité, soit en poursuivant un but déterminé à l'avance, soit en pénétrant à travers des chemins inconnus. Dans le premier de ces deux cas, le point de départ de la méthode est toujours une hypothèse, destinée, en dernier ressort, soit à être entièrement rejetée, soit à être définitivement acceptée, si aucun fait ultérieur ne vient à la renverser. Dans le second cas, l'esprit se propose, en dehors de toute conception préalable, de saisir la loi qui relie un certain nombre de phénomènes observés.

La vérité peut sans doute être découverte par intuition, mais lorsqu'on l'obtient par la méthode, la preuve en subsiste dans la trace de chacun des pas qui ont conduit à sa découverte, et c'est ainsi qu'elle devient *scientifiquement* transmissible aux autres.

Par science, nous entendons la mise en relation des faits avec leurs lois respectives, et celle de ces dernières avec une loi plus générale, communément admise comme principe. La science a pour champ d'études la nature entière, laquelle renferme, outre le monde extérieur, l'homme lui-même, considéré aussi bien dans ses facultés mentales que dans ses attributs physiques.

Le mot méthode, impliquant la manière dont une recherche peut être amenée à un résultat, exprime une opération toute volontaire et intelligente: par conséquent les évolutions de l'esprit, depuis les plus simples jusqu'aux plus composées, doivent indiquer les éléments de la méthode la meilleure et la plus complète dont on puisse avoir besoin pour chaque branche de recherches.

Les premières tendances mentales qui se manifestent dans l'enfance consistent à observer les faits et à les retenir dans la mémoire.

Au second degré de cette évolution, apparaît la curiosité des causes.

Au troisième degré se manifeste la tendance à rechercher les applications ou la destination des choses, c'est-à-dire la tendance à généraliser.

Ces trois principales évolutions correspondent aux pouvoirs spéciaux d'observation, de déduction, d'induction, par lesquels s'acquiert toute connaissance.

Par observation, comme branche de la méthode, j'entends simplement l'acte par lequel l'esprit prend connaissance des faits, indépendamment de leur nature intime ou des lois qui les régissent. Ce qui distingue cette observation de la perception non méthodique des faits, c'est qu'elle est précédée et accompagnée d'un besoin de connaître — besoin provenant d'une croyance intuitive en quelque chose de latent dans un phénomène. Ce besoin, par une évolution dont l'esprit n'a pas conscience, s'élevant à la puissance d'une *faculté*, produit l'acte mental qui divise, qui va du tout à la partie, enfin le procédé analytique.

L'observation des faits prépare donc la voie à l'analyse, mais comme opération mentale, et par conséquent comme opération de la méthode, elle en est distincte. L'analyse, en réduisant de plus en plus les faits généraux en faits particuliers, engendre la conception de *cause*.

Mais, avant que cette idée de cause s'établisse, une autre force de l'esprit est déjà en voie d'opération. Cette force est l'inverse de celle qui sent l'inconnu comme une partie cachée dans un tout : elle pressent des conséquences — des effets ; elle conçoit un ensemble donné comme élément d'un tout plus grand. C'est la faculté qui inspire le procédé de la synthèse.

L'analyse et la synthèse, la déduction et l'induction,

ne sont jamais entièrement séparables. Les notions de cause et d'effet représentent toujours un rapport entre deux termes — l'un aussi nécessaire que l'autre à leur existence mutuelle ; — deux termes susceptibles d'être considérés comme différents, mais inconcevables comme indépendants l'un de l'autre. La conception du rapport nécessaire de cause à effet est celle de la loi en vertu de laquelle les phénomènes ont lieu.

Dans les livres, il y a confusion dans l'emploi de ces deux termes. On parle de la *cause* comme distincte des *effets* — comme distincte de la loi par laquelle les phénomènes ont lieu. On a défini le mot loi : un fait général ou uniforme qui se produit toujours lorsque les mêmes conditions se répètent ; on a dit avec plus d'exactitude que la loi est l'expression des relations de coexistence et de succession. Bien comprises, les lois de coexistence et de succesion ne sont autre chose que l'action et la réaction necessaires — le rapport de cause à effet. Et si cause et effet ne se conçoivent point séparément, il s'ensuit que les mots *cause* et *loi* n'offrent point de distinction réelle à notre esprit.

L'idée d'une loi est donc celle d'une relation fixe et fatale d'antécédence et de conséquence nécessaires. Elle est le résultat d'une opération de l'esprit, à la fois analytique et synthétique, opération qu'on peut nommer le procédé *déductivo-inductif.*

Lorsqu'un nombre indéfini de rapports se présente, une notion se révèle qui résume toutes les opérations antérieures de l'esprit. Cette notion est celle de la gradation, de la continuité, du passage régulier d'un phénomène à un autre. C'est ainsi que l'esprit est saisi par l'idée de la série.

L'idée de la loi sériaire est inséparable de celle de la loi d'analogie ; car, la propriété de la série étant le passage régulier d'un terme à un autre, il existe nécessairement entre ces termes une affinité d'essence ou une analogie, qui, de même que la série, observable d'abord comme simple fait de gradation ou de continuité, est saisie ensuite par l'esprit sous la forme d'une existence nécessaire — sous la forme d'une loi.

Appliquant la déduction et l'induction aux faits de l'analogie et de la série, nous descendons du général au particulier, ou nous remontons du particulier au général, et nous arrivons ainsi à la conception scientifique de l'unité absolue de la création — de la relation universelle et simultanée des phénomènes et des lois.

C'est seulement par le principe d'universalité de série et d'analogie que l'on peut établir des prémisses ou tirer des conclusions ayant un caractère d'universalité.

La fameuse conception de l'*unité de composition* est applicable à toute la nature. Une idée s'étend à l'ensemble de la création animale, mais elle n'est réalisée ni par un genre, ni par une espèce, ni par une individualité ; les uns s'en rapprochent, d'autres s'en éloignent, plus ou moins. Ainsi dans la nature entière, toutes les lois, toutes les créations ne sont que les réalisations plus ou moins complètes d'un plan commun. Des objets hétérogènes en apparence déploient leurs rapports d'ana-

logie au fur et à mesure que la science les pénètre
davantage. Ainsi, dans les sons, il n'existe pas de dis-
sonance absolue, et ce qui nous paraît tel dans le rapport d'un son à un autre, doit, au moyen d'une *résolu-*
tion graduelle, arriver à une harmonie réelle. Ce n'est
pas seulement au figuré que nous parlons de la parenté
des arts — que les mêmes paroles expriment nos idées
et nos sentiments relativement à chacun d'eux, comme
lorsque nous appliquons à la peinture les termes de *ton*
et d'*harmonie* dans le même sens qu'ils ont en musique.
Et souvent les rapports que la langue n'exprime pas
existent virtuellement dans l'esprit, comme on peut en
trouver l'exemple dans l'analogie que nous établissons
mentalement entre la ligne qui ondule ou les nuances
de couleur, et la voix qui chante ou les sons qui se
modulent.

Les choses ou les créations qui ont été ou qui sont
encore considérées comme n'ayant aucun rapport entre
elles, ont seulement une analogie lointaine, ou bien une
analogie plus rapprochée, mais qui échappe à notre
connaissance encore trop limitée de la science analogique.

En résumé, l'indication d'une méthode intégrale de recherche est trouvée dans les évolutions naturelles de l'esprit humain, depuis l'enfance jusqu'à l'apogée de la vie.

L'observation, en tant que ce mot exprime un pas
de la méthode, se rapporte aux phénomènes considérés
indépendamment de l'idée de leur nature ou des lois qui
les régissent.

Le procédé mental de l'analyse (déduction) consiste à rapporter un phénomène à un phénomène antérieur, ou à le réduire à ses composants.

Le procédé mental de la synthèse (induction) est le résultat du sentiment des conséquences renfermées virtuellement dans chaque phénomène.

L'analyse conduit de l'effet à la cause ; la synthèse, de la cause à l'effet.

L'analyse correspond à cette question de l'esprit : comment et d'où ? La synthèse, à celle-ci : où et pourquoi ?

Dans le temps, l'analyse se rapporte au passé, la synthèse au futur.

Dans l'espace, l'analyse est dirigée vers le microcosme, la synthèse vers le macrocosme.

Elles se réfèrent donc, l'une et l'autre, à l'infini, et leur application fait naître la perception de l'enchaînement des phénomènes, par le flux non interrompu de l'un dans l'autre. Cette perception est celle d'une loi fondamentale de création : la loi de la série.

La contemplation des phénomènes développés par cette loi met en lumière l'existence d'une loi corrélative : celle de l'affinité universelle, ou de reproduction, à divers degrés, d'un phénomène et d'un ordre de phénomènes dans d'autres. Cette conception des affinités universelles est celle de la loi d'analogie ou des rapports réciproques.

Ces lois sembleraient constituer le premier plan de la création et la base de toute harmonie et unité. Cela étant vrai, toutes les autres lois sont secondaires, par

rapport à ces deux lois *principales*, auxquelles toute
méthode doit se référer d'une manière absolue.

L'aperçu que je viens de donner de la méthode suffit
à faire comprendre qu'elle ne contient rien d'arbitraire ;
elle n'est que l'emploi rigoureux de nos facultés intellectuelles, selon la loi de leur évolution.

Il tombe sous le sens qu'il n'est rien à quoi toutes les
branches de la méthode ne puissent être appliquées, et
lorsqu'on se sert des unes, il ne s'ensuit nullement que
les autres ne soient point également applicables, mais
seulement qu'on se propose une recherche partielle ou
limitée.

Il n'est pas moins clair que, dans les sujets de recherche qui demandent principalement l'emploi d'une
branche supérieure de la méthode, telle que l'induction,
celle-ci ne peut être mise en usage sans le secours préalable des branches inférieures. C'est une loi de la méthode qui est trop souvent méconnue ou négligée, par
suite de la tendance de chaque investigateur à suivre
ses dispositions intellectuelles particulières.

Aux yeux d'un grand nombre, ces observations ne
paraîtront pas admissibles. Il en est beaucoup qui continuent à regarder les diverses branches de la méthode
comme séparées et irréconciliables : pour quelques-uns,
l'analyse est la seule méthode scientifique ; la synthèse
ou induction est bannie comme dépourvue de puissance
démonstrative. Si, pourtant, mes réflexions sur ces deux
procédés sont justes, ils sont inséparables ; l'un entraîne
l'autre, le but de l'analyse étant définitivement de *con-*

clure à quelque chose, et conclusion, c'est généralisation, induction.

Quant à l'analogie, bien qu'elle soit mentionnée dans les traités de logique, elle n'est pas, sauf de rares exceptions, employée comme procédé régulier. Généralement on la considère comme purement explicative, sans pouvoir de démonstration, c'est-à-dire comme simple conception de l'esprit et non comme une loi de la nature ; en conséquence on la laisse à la rhétorique. C'est ainsi qu'Aristote et Bacon ont considéré l'analogie.

Cependant il est facile de distinguer l'analogie rigoureuse, de l'analogie simplement explicative. Dans toute analogie réelle, il y a identité de principe agissant dans des circonstances différentes ; en d'autres termes, des effets modifiés, mais se rapportant à une loi identique ; et selon la ressemblance ou la différence des circonstances sous lesquelles agit la loi ou le principe, l'analogie est plus ou moins prochaine ou éloignée. Ainsi, comme l'observe très-bien un illustre auteur [1] : la terre est un globe par la même raison qu'une goutte de rosée l'est également. Le soleil et la terre sont mutuellement attirés proportionnellement à leurs masses et en raison inverse du carré des distances, et cette loi n'agit pas avec moins de certitude sur deux feuilles de rose flottant à la surface d'un lac.

« Il y a, dit Geoffroy Saint-Hilaire, deux genres d'analogie : celle qui est révélée par l'observation directe,

1. L'auteur anonyme de *Vestiges of Creation.*

et celle qui est évidente par voie de conséquence. Une analogie qui n'est pas facilement évidente pour les yeux de la tête, peut le devenir pour ceux de l'esprit. »

On sait quels puissants résultats ce savant a tirés de l'application de la méthode analogique à une science spéciale; et si l'analogie a été si merveilleusement utile comme instrument de découvertes dans l'ordre naturel, vous admettrez facilement qu'elle ne rendra pas de moindres services à la découverte de la vérité morale. Il n'y a pas non plus de danger à l'employer, si toutes les autres branches de la méthode sont bien comprises et soigneusement appliquées.

L'étude de l'esprit réclame, plus qu'aucune autre sorte de recherches, le concours de la méthode dans son intégralité, savoir : l'observation des phénomènes propres à l'esprit, la recherche de leur manière d'être, qui établit l'existence des divisions primitives appelées *facultés;* enfin, la recherche du but ou de la destination que ces facultés sont capables de remplir. Emploi partiel ou emploi vicieux de la méthode, telle est la source commune des conflits d'opinion qui se sont produits entre les philosophes au sujet de l'esprit humain.

Les diverses méthodes employées peuvent être rapportées à deux classes : méthode *subjective* ou observation intime de soi-même, et méthode *objective* ou observation des autres.

La méthode subjective (ou métaphysique) est généralement trop dépréciée par les psycho-physiologistes, et entre autres, par les phrénologistes; et cependant elle admet l'observation et l'analyse des faits aussi bien que la méthode phrénologique, les faits de la conscience n'étant pas moins des faits que les phénomènes du monde extérieur. Chacune de ces méthodes est excellente lorsqu'elle se renferme dans les limites de son sujet ; chacune d'elles devient fautive et périlleuse lorsqu'elle porte ses conclusions sur le terrain de l'autre méthode. Ainsi le procédé exclusif de l'observation personnelle ou subjective conduit à des vues bornées ou fausses lorsqu'il conclut de son esprit à l'esprit des autres, puisqu'il se prend lui-même comme le modèle unique ou le type de la nature humaine.

D'un autre côté, la méthode de l'observation extérieure, c'est-à-dire, de l'observation des effets de l'esprit chez les autres, tout en donnant la connaissance des manifestations générales de l'esprit humain, nécessité de premier ordre dans le cours ordinaire de la vie, ne nous fournit pas les moyens de constater si de pareilles manifestations sont l'expression vraie des lois morales et intellectuelles. Pareille observation s'applique aux effets généraux de l'esprit, aux lois des rapports d'homme à homme — sujets de la vraie appréciation desquels dépendent la théorie de l'organisation sociale et le progrès de l'humanité vers la perfection.

L'observation des autres nous fait reconnaître des pouvoirs dont nous n'avons pas conscience en nous-mêmes. Un Newton, un Spinosa, un Mélanchthon, chez qui la plupart des tendances instinctives étaient dans l'état d'inaction, n'auraient jamais pu, s'ils eussent

limité l'observation à leur propre personne, soupçonner
l'existence de certains sentiments communs chez les
autres, ni arriver au fait de la prédominance générale
du principe affectif sur le principe intellectuel dans la
constitution de l'esprit humain.

Il n'en est pas moins vrai que l'observation subjective
nous découvre certaines vérités que l'observation extérieure ne nous eût jamais suggérées. Par exemple, en
contemplant l'homme dans son passé historique et dans
son état présent, nous voyons en lui une créature faible, égoïste. A part de rares exceptions, ses actes de
bonté n'ont qu'une application partielle, à sa famille,
à son parti, à son pays ; et même ces affections se déga-
gent à peine de l'égoïsme général du caractère humain.

Mais chacun de nous, descendant en sa propre conscience, peut toujours, si sa constitution morale n'offre
rien d'anormal, demander à ses émotions actuelles ou à
ses souvenirs la preuve de l'existence du sentiment et
de l'idée absolue de bonté. Quel que soit l'égoïsme individuel, il est peu d'hommes qui n'aient éprouvé une
aspiration vers le bien. Cette excellence, cette pureté
du désir, de l'intention, nous conduisent logiquement
à admettre dans les autres la même capacité, et surtout à
la regarder comme un principe dans la nature humaine.

L'acte réfléchi par lequel l'esprit se contemple lui-
même est une des plus grandes prérogatives de l'homme ;
c'est peut-être ce qui le distingue le plus de la brute. Y
renoncer, c'est non-seulement nous priver de la connaissance de ce qui constitue notre identité réelle

—c'est-à-dire du travail intime de notre esprit — mais encore laisser sans contrôle la spontanéité de notre nature, entraver l'indépendance possible de la volonté. Repousser l'observation subjective, c'est fermer les yeux sur nos propres rétrogradations, et, inversement, nous priver de la satisfaction de contempler les progrès de notre esprit. L'habitude de l'observation personnelle ne peut donc être trop fortement recommandée, non-seulement en vue de la science psychologique, mais encore dans un but de discipline personnelle.

Pour le phrénologiste, au moins pour celui qui franchit tant soit peu le simple empirisme de l'observation craniologique et cérébrale, pour lui comme pour le métaphysicien et pour le moraliste, il existe des vérités dites *nécessaires*, parce qu'elles ne peuvent être conçues autrement dans ce monde ou en tout autre, passé ou futur; vérités que l'on croit perçues par l'esprit même, à l'aide d'une opération autre que la perception des vérités purement expérimentales ou contingentes. La même raison qui nous montre que l'expérience ne peut jamais fournir l'idée mathématique du point et de la ligne, nous prouve également que l'expérience ne peut produire les notions d'équité, de droit absolu.

Tout en reconnaissant ainsi à l'observation personnelle une importance de premier ordre dans la poursuite de la science mentale, je rappellerai encore que l'observation psychologique, pour être complète, exige aussi l'emploi de la méthode objective. Par l'étude de notre propre conscience, nous acquérons, comme je l'ai dit, la connaissance des facultés et des lois de l'esprit ; mais, ici, le champ de l'observation est limité à nous-mêmes. Or cette connaissance des facultés et des lois de l'esprit ne peut être complétée que par l'observation des phénomènes du même ordre chez nos semblables, et par la comparaison ultérieure de ces phénomènes avec ceux observés chez nous-mêmes.

Les inconvénients qui tiennent à l'emploi exclusif de l'une ou de l'autre méthode sont mis en relief par les tendances pratiques des diverses écoles. Lorsque l'homme est étudié à un point de vue purement objectif, les intérêts de l'humanité ne sont envisagés que sous l'aspect borné de cette vie et de l'époque actuelle, et le code qui règle les rapports des hommes ne prend pour base que leurs actes seuls, sans rechercher ou du moins sans préciser jusqu'à quel point ces actes indiquent les tendances primitives, les vraies lois de l'esprit. D'un autre côté, lorsqu'on demande à la seule contemplation intérieure la connaissance de ces mêmes lois, on prend trop peu de souci des intérêts temporels, et l'idée que chacun se forme des droits et des besoins de l'homme n'est que l'écho de ses propres sentiments.

Il est rare que les partisans exclusifs de l'une ou de l'autre de ces méthodes d'observation n'aient pas recours, sciemment ou à leur insu, à toutes les deux. C'est qu'en effet la combinaison de ces deux méthodes est, jusqu'à un certain point, de toute nécessité : car, si l'analyse subjective fait connaître des forces inhérentes à l'esprit humain, elle démontre aussi que ces forces se manifestent seulement sous l'influence de la réaction des agents extérieurs.

Ainsi les fondateurs de la phrénologie et leurs disciples, tout en ne professant que l'observation empirique des faits extérieurs, ont largement usé de l'observation personnelle. Comment auraient-ils pu, sans cela, rapporter les différents actes de l'esprit à un ensemble de facultés primitives? Il est impossible de constater aucune faculté primitive sans le secours de l'analyse psychologique, laquelle ne peut être conçue sans un effort mental pour identifier les faits observés *a posteriori* avec ce qui se passe en nous-mêmes.

Les rectifications que Spurzheim fit à la nomenclature des facultés de Gall furent entièrement dues à la méthode subjective. Je n'en donnerai que deux exemples : la réduction qu'il fit de la *ruse* de Gall, comme faculté primitive, à une simple tendance à cacher, fut sans doute suggérée par l'observation d'un élément intellectuel dans la ruse, tandis que la tendance à cacher existe sous la forme d'un simple instinct; mais, avant de pouvoir ainsi rapporter la tendance à cacher à une force élémentaire de l'esprit, et la ruse à une force composée, il a dû étudier au dedans de lui-même la différence qui existe entre ces deux forces. Il en est de même pour la distinction qu'il établit entre les sentiments de *conscience* et de *bienveillance*, que Gall avait rapportés à une seule faculté, quoiqu'il eût reconnu par l'observation que la justice et la bonté peuvent exister l'une sans l'autre.

Enfin, toute la psychologie de l'école phrénologique met en évidence ce double procédé : l'observation interne, corroborée par l'observation objective, ou réciproquement.

Il nous faut aussi reconnaître — ce dont les phrénologistes se sont trop peu préoccupés — que plusieurs écrivains antérieurs à Gall avaient, par cette double méthode, reconnu presque toutes les facultés proclamées depuis par lui et par ses disciples[1].

Quant à la découverte spéciale à la phrénologie, du rapport de certaines parties du cerveau avec certaines tendances mentales, quoiqu'elle conduise à d'importantes vérités relativement à l'économie animale, et qu'elle soit susceptible de précieuses applications, on ne peut lui accorder qu'une importance secondaire, car elle ne fait que corroborer, sans la démontrer, l'existence des facultés fondamentales.

On peut dire que la phrénologie, dans la même mesure, confirme la doctrine de l'innéité des facultés admise par les anciens et par les modernes, et du développement varié de ces facultés dans chaque individu.

Il est vrai aussi de dire qu'à part la question organologique, la phrénologie donne une vie nouvelle, une base plus large à toutes les applications de la connaissance de l'esprit humain, telles que : éducation, législation, traitement des maladies mentales, etc.

Sa faiblesse, comme celle de tous les systèmes anté-

----

1. Voir à l'*Appendice*, la note.

rieurs, gît dans une vue trop restreinte de la virtualité des facultés, et dans une théorie défectueuse, souvent singulièrement pauvre, des phénomènes composés de l'esprit [1], ainsi que des conditions requises pour son entier développement.

Il ne peut être suppléé à ces lacunes que par l'emploi rationnel des deux branches de la méthode que j'ai déjà appelées l'*analogie* et la *série*. On doit rechercher, à l'aide de l'observation pure et de l'analyse, les qualités ou les propriétés de chaque faculté, afin d'obtenir des éléments de comparaison qui permettent d'établir les affinités plus ou moins rapprochées, suivant lesquelles les facultés agissent en groupes — chaque groupe étant une série de facultés unie à un autre groupe ou série, et leur résultante composant l'ensemble du caractère.

Sur quelque catégorie de l'esprit que l'on porte son attention, on remarque que les facultés tendent à s'unir par des transitions régulières, à exercer une action réciproque les unes sur les autres, et à se former en groupes. Par exemple, la réflexion commence par des idées simples; une série d'idées devient une pensée, et une série de pensées la réflexion ou le raisonnement. La réflexion peut éclairer le sentiment, comme le sentiment peut inspirer la pensée et le raisonnement. Les moyens qui établissent cette action réciproque, cette solidarité entre

1. Voir, sur ce sujet, l'ouvrage de l'auteur : *Die Phrenologie,* Stuttgard, 1845.

le sentiment et l'intelligence, sont les facultés qui relè-
vent à la fois des deux ordres de phénomènes classés
comme instinctivo-moraux et intellectuels.

Autre exemple : Le courage, qu'on regarde ordinairement comme un instinct simple, est, sous sa forme la
plus complète, constitué par un groupe de cinq facultés.
Sous l'une de ses faces, il se manifeste par l'attaque;
sous une autre, par la résistance; sous une troisième,
par la fermeté ; chacune de ces trois facultés produisant des effets divers est susceptible de modifier les
autres, et toutes trois peuvent se réunir dans une action commune. Ces trois éléments enfin peuvent être
renforcés par la confiance en soi-même, qui s'allie
aisément à l'espérance, complétant ainsi le groupe des
cinq éléments.

Entre autres résultats de l'emploi d'une méthode
plus large à la place du procédé limité des phrénologistes, on pourrait citer une meilleure appréciation de
certains phénomènes d'un ordre composé, — phénomènes qui ont si constamment accompagné les manifestations humaines depuis les temps les plus reculés jusqu'à nos jours, que nous devons les regarder comme
étant le produit nécessaire de l'ensemble des facultés de
l'homme. Tels sont les besoins d'intrigue, de variété
dans les occupations, les sentiments, les jouissances.
Ces tendances sont bien connues pour être la source de
grands maux dans l'individu et dans la société. L'ambition, l'esprit de parti et leur cortége d'oppressions, de
guerres et d'injustices, sont associés à la première; la

paresse, l'inconstance, l'ennui, le mécontentement et la longue liste de leurs conséquences doivent être attribués à la seconde.

De ces tendances, et de quelques autres également persistantes, philosophes et phrénologistes n'ont su que faire ; ils les ont jugées par leurs effets, non par leurs causes rationnelles.

Ainsi, prenant pour exemple l'un des effets composés auxquels il vient d'être fait allusion, la tendance à varier les occupations, les émotions, etc., — les phrénologistes, avec la plupart de ceux qui s'occupent de la direction pratique de l'esprit, condamnent la variété des poursuites comme incompatible avec la perfection. Cependant l'observation nous montre que tous les hommes ont, plus ou moins, plusieurs aptitudes. Ce fait admis, la conséquence nécessaire, c'est que chaque faculté est susceptible de produire sa pleine somme de bien, sans entraver l'essor des autres, et, étant bien dirigée, d'exercer une heureuse influence sur le système tout entier ; de même que, dans la nature extérieure ou dans l'économie physique, chaque fonction a son rôle et exerce son influence sur toutes les autres fonctions. Cette vérité paraît si évidente qu'on est étonné de la voir contester, non-seulement par les écrivains moralistes, mais par les phrénologistes eux-mêmes.

Parmi les facultés simples qui embarrassent les phrénologistes dès qu'elles sont un peu fortement accusées, je citerai l'*acquisivité*, la *sécrétivité*, l'*estime de soi*, qui entrent largement dans la passion composée d'*intrigue*

à laquelle j'ai fait allusion. La *merveillosité* aussi a été
l'objet d'une vive critique : Broussais, par exemple, regarde son activité comme un malheur, et en recom-
mande expressément la répression : « On peut réprimer
cet organe, dit-il, par ceux de la raison, et il faut le
faire de bonne heure. — Il se conserve aussi bien plus
dans l'âge adulte chez la femme que chez l'homme;
malheureusement, il y a beaucoup d'hommes qui sont
femmes sous ce rapport[1]. »

Lorsque l'observation régulière et l'analyse ont fait
admettre comme permanente dans notre nature une
puissance simple ou composée de l'esprit, par analogie
on serait conduit à conclure que ses mauvais effets proviennent de l'influence contraire de circonstances hétérogènes; de même que les facultés primitives communément admises : l'*amativité*, le *désir de plaire*,
produisent le bien ou le mal selon les circonstances.

La phrénologie appliquée doit donc, comme je l'ai
fait entendre, avoir en vue deux grands objets : l'analyse des propriétés des forces mentales et l'établisse-
ment des conditions exigées pour la plénitude et l'harmonie de leur développement.

La recherche des éléments de l'esprit et des lois qui
président à leur manifestation variée est généralement
regardée comme simplement spéculative, et on écarte
comme vaine théorie toute large conséquence s'appliquant aux modifications à venir dans le caractère de

---

1. Broussais, *Cours de Phrénologie*, p.

l'homme. Si même l'école phrénologiste ne signale pas, comme des utopies, les vues concernant la future évolution du caractère humain et sa transfiguration possible, du moins elle n'a pas abordé cette branche supérieure de la science psychologique.

Cependant n'est-il pas évident que la science, dont la mission est de déterminer les propriétés de l'esprit, leur étendue et leur activité, la cause de leurs aberrations et les conditions de leur développement normal, — n'est-il pas évident que cette science est indispensable à l'homme pour accomplir sa destinée? N'indique-t-elle pas la nécessité d'un changement dans sa condition actuelle, d'une modification des relations entre notre esprit et les circonstances extérieures? S'il en est ainsi, pourquoi n'aurait-elle pas le droit d'étendre son horizon? Le projet de la plus minime des modifications à l'état actuel des choses est une spéculation, au même titre que les théories plus audacieuses qui tentent de soulever le voile recouvrant l'avenir lointain. En outre, tout projet de modification dans la condition actuelle de la société — changement qu'une connaissance plus avancée des aptitudes humaines fait présumer être possible — doit être moins sujet à rester à l'état de simple essai, s'il est éclairé par une théorie intelligente des modifications possibles de l'avenir.

La seule certitude possible, touchant la transformation de la société, dérive de la connaissance de la nature réelle de ses forces.

Les phrénologistes admettent implicitement, avec

beaucoup d'autres auteurs, que l'intelligence individuelle et collective, c'est-à-dire l'homme en lui-même
et dans ses relations sociales, obéit à des lois aussi im-
muables que celles du monde extérieur. Si cela est vrai,
de même que, dans l'ordre physique, l'existence des
forces révèle leur destination, leur but et l'étendue de
leurs applications, de même les éléments constitutifs de
l'esprit humain révèlent la destinée de l'humanité.

Nous démontrerons plus loin que cette fixité des lois
morales et sociales laisse intact le principe de la liberté
de l'homme; il suffit de constater ici que le principe et
les lois de l'esprit humain exigent essentiellement, pour
atteindre le plein développement dont ils sont susceptibles, l'intégrité de l'intelligence et du libre arbitre.

La principale difficulté que présente toute tentative
d'une constitution pratique de la science de l'esprit
humain, c'est la découverte d'un *criterium*, permettant
de reconnaître les facultés primitives, — connaissance
sans laquelle la science sociale ne saurait exister. Les
diverses méthodes essayées jusqu'à ce jour ont été
généralement insuffisantes. La plus communément reçue est un procédé d'analyse consistant à s'assurer
que le phénomène mental est irréductible à une plus
simple expression. Cette méthode a sa valeur, mais elle
est sujette à confondre les phénomènes secondaires avec
ceux qui sont primitifs; elle manque de la contre-
épreuve, qui est l'indication du but de la faculté primitive. L'analogie fournit ici les moyens complémen-
taires de résoudre la question; elle indique que, si

dans tous les systèmes reçus les éléments ont la double mission d'agir en conformité de leurs fonctions directes, et de contribuer à l'harmonie et à l'unité d'action de tous les autres éléments, nulle puissance ne peut être admise comme élément primitif de l'esprit humain, à moins qu'elle n'apparaisse en possession évidente de ces attributs.

Une fois munie d'une connaissance exacte des éléments psychiques de l'homme, la méthode réclame le secours de la théorie, comme avant-coureur des applications immédiates ou à venir. La conjecture, la spéculation, l'hypothèse, sont les pas consécutifs qui conduisent à la théorie, et aucune théorie ne peut se constituer autrement. Dans toute hypothèse, la logique a pour mission de distinguer ce qui est une pure supposition de ce qui paraît devoir se confirmer par l'expérience. La logique établit la démonstration *à priori;* l'expérience, la démonstration *à posteriori.* Il faut les deux pour constituer la démonstration complète.

La tendance de l'école phrénologique en particulier est d'écarter la spéculation et la théorie. Cette école oublie que les faits n'ont de valeur scientifique qu'en tant qu'éléments de théorie, et que, si l'observation empirique conduit à des théories *à posteriori,* l'esprit de spéculation peut provoquer la découverte de faits qui, sans lui, seraient demeurés inaperçus. En somme, les avantages de l'hypothèse et de la théorie, dans l'étude de la science mentale, ne sont pas moins évidents que dans celle des

sciences physiques où l'on en reconnaît pleinement
l'utilité.

Ceux qui considèrent la spéculation, les théories *à
priori* sur la transformation ultérieure du caractère
humain, sur la future destinée de l'humanité, comme
des *hypothèses de fantaisie* — ceux qui s'en défient,
comme d'autant d'utopies, doivent se rappeler que les
théories les mieux établies aujourd'hui ont commencé
par la spéculation et l'hypothèse — ont toutes été sujettes, à leur tour, aux réserves du *doute expectant*, jusqu'au moment où elles ont été corroborées par les données de l'expérience, laquelle amène fréquemment,
sans doute, la modification des théories préconçues, soit
en en démontrant l'entière fausseté, soit en en prouvant
la perfection.

Une théorie régulièrement constituée a cet autre
avantage de porter en elle une conviction à laquelle la
corroboration pratique ajoute peu, comme lorsque, dans
les sciences physiques, l'homme de génie combine ses
observations, fait ses calculs, et, arrivant d'emblée à ses
conclusions, s'écrie : « Il en est ainsi! » Telle était la
force de la conviction, chez un Galilée, un Watt. Dans
l'esprit de Newton, la combustibilité du diamant était
une théorie, une conviction dérivée de l'analogie, avant
que l'expérience n'en eût démontré la réalité.

Le danger de se laisser entraîner à de fausses spécu-
lations est indubitablement plus grand dans l'étude
psychologique que dans celle du monde physique; mais
l'esprit, ayant ses lois, doit aussi avoir sa science, et les

immenses difficultés qu'on rencontre en cherchant à constituer cette science ne doivent pas nous faire conclure à l'incertitude nécessaire des résultats. Les plus grands efforts de l'intelligence ont de tout temps été dirigés vers la connaissance de la nature mentale de l'homme et de sa destinée, et l'attrait qui la pousse invinciblement dans ce sens est en quelque sorte une preuve de la possibilité d'atteindre le but.

Cette aspiration ne se réalisera qu'à mesure qu'on étudiera l'esprit humain dans ses relations avec toute existence corrélative, qu'on rapportera chaque système ou portion de système d'abord à ses relations prochaines, ensuite aux plus éloignées, conformément aux lois universelles de série et d'analogie.

Ces lois persistent à travers le temps et l'espace, unissant le passé, le présent et l'avenir, donnant à l'esprit les concepts d'unité, d'infini, et le forçant à admettre que le commencement n'a jamais été, et que la fin ne peut être; vérités intuitives de pure intelligence, contrastant avec la révélation, non moins intuitive, de cause première.

L'activité de l'esprit se perd donc en deux concepts inconciliables, également puissants, — cause et non-cause, conditionnalité et inconditionnalité; mystérieuses profondeurs où l'esprit peut toujours tendre, mais que la science n'atteint pas, tout en étant capable de trouver un champ illimité de recherches dans l'infinité des rapports des choses.

Comme mon esprit me force à croire à cette inconditionnalité, en même temps qu'il m'impose l'instinct de cause, je cherche ma cause philosophique et seule réalisable, dans ce qui est du ressort de ma compréhension, de mon univers intellectuel; et là, je trouve *rapport*, rien que *rapport,* manifesté par des *séries* et des *analogies* illimitées, par la coïncidence universelle dans le temps et dans l'espace : partout action et réaction, partout la fin révélant le commencement, et le commencement, la fin ; partout contraste, partout analogie, partout série; partout l'inconnu atteignant la lumière, le connu devenant obscur, partout instinct, partout pensée, partout conscience, partout pluralité et partout unité; partout mystère, champ des éternelles aspirations de l'homme, objet incessant du travail de l'esprit, promettant une satisfaction sans fin dans une activité éternelle.

Dans tout, la logique de mon esprit voit l'inséparable triade : moi-même, l'univers extérieur, et Lui, la cause, — triade inséparable, bien que nulle part il n'y ait confusion de substance, d'esprit ou d'individualité.

L'intellect n'atteint pas au delà; il trouve son terme dans la conception de Dieu, par rapport auquel notre conscience, notre univers se présentent comme un point dans l'infini.

Mais aucun repos n'accompagnerait ce concept, si la logique la plus puissante, aussi bien que l'intuition de nos âmes, ne nous apprenait que Dieu est réel.

CHAPITRE IV

DE L'INSTINCT

De la vie, de la sensibilité, de l'instinct. — De l'instinct dans l'intelligence et de l'intelligence dans l'instinct. — Du *moi* sentant et du *moi* pensant.

J'ai dit que le premier pas à faire dans l'étude de la psychologie est de nous observer nous-mêmes, c'est-à-dire, de veiller sur les opérations de notre propre esprit, en cherchant à réduire à leur plus simple expression, à leur principe le plus général, les phénomènes que nous y découvrons.

Le point de départ de cette analyse de soi-même a été indiqué de la manière la plus précise par Descartes. Car rien ne peut être plus évident pour l'être qui pense que sa propre existence. Mais la conscience de ce fait est nécessairement liée à la notion d'une dualité, à la notion de deux termes opposés — du moi et du non-moi ; — de deux existences qui deviennent rationnellement évidentes pour l'esprit, lorsqu'il s'analyse lui-même. La conscience affirme donc, avec une égale force, l'existence du moi et celle du non-moi, — ce qui connaît et ce qui est connu ; — puis la raison vient corroborer cette affirmation de la conscience.

Séparer les deux termes de ce dualisme serait absolument impossible. Cette notion de l'action et de la réaction est la plus simple que l'esprit puisse saisir.

Par conséquent, l'esprit n'arrive à se connaître lui-même et à connaître ce qui n'est pas lui que par des effets. Nous voyons donc, encore une fois, que l'étude de la psychologie est basée sur l'observation d'abord subjective, puis objective.

L'examen des phénomènes de l'esprit montre avant tout que le principe conscient est inséparable d'un état général appelé sensibilité ou capacité de sentir, quelles que soient d'ailleurs ses autres virtualités. Il montre, en outre, que cette sensibilité elle-même est inséparable du phénomène de la vie, et que la vie ne se manifeste jamais sans être accompagnée de mouvement.

Les mouvements qui nous apparaissent les plus simples dans la nature sont ceux qui ont lieu dans le règne minéral, qui constitue ce que l'on appelle d'ordinaire la matière inorganique.

Par matière inorganique on entend celle qui paraît soumise aux modes d'arrangements les plus simples des particules des corps. Les corps ainsi composés sont constitués d'un nombre indéfini de molécules se groupant dans un ordre élémentaire.

Dans la matière dite *inorganique*, il n'y a pas un ensemble de parties concourant toutes à un but commun — il n'y a pas réciprocité d'action d'une partie sur une autre. Leur existence dépend de circonstances fortuites, c'est-à-dire d'influences extérieures, telles que la chaleur, l'humidité, etc., qui ont mis en mouvement leurs molécules constitutives.

Dans la matière composée d'éléments plus nombreux, les attractions sont plus complexes et plus variées. Dans ce cas, on l'appelle matière *organique*. Ici, chaque partie concourt à un but commun, et, pour la première fois, on peut observer un mouvement spontané et continu.

Ces deux modes de manifestation sous lesquels apparaît la matière ne sont pas absolument séparables. Les éléments primordiaux de l'un sont les éléments de l'autre. La matière inorganique résulte de l'union d'éléments ou radicaux simples, et la matière organique de l'union d'éléments ou radicaux complexes. Leur rapport est analogue à celui qui existe entre les sons élémentaires et les accords, et, si l'on veut bien me permettre ce rapprochement, la comparaison peut être poussée plus loin, car, de même que la musique la plus sublime résulte d'un nombre prodigieux de combinaisons de sons, de même les organismes de l'ordre le plus élevé présentent, en nombre prodigieux aussi, les combinaisons de molécules que l'on rencontre, à un degré moindre, dans les créations d'ordre inférieur.

Les observations et les recherches des savants les ont mis à même de déterminer un grand nombre des éléments primitifs de la matière, et des lois de leurs combinaisons dans les trois règnes. L'observation montre aussi que chaque règne supérieur est étroitement lié à celui qui le précède. Depuis la composition moléculaire la plus simple dans le minéral jusqu'à l'organisation si complexe de l'homme, on ne saurait trouver aucune ligne de démarcation bien tranchée. Les transitions sont opérées par des créations ambiguës.

Ainsi, entre les minéraux et les végétaux, se trouve le cristal, caractérisé par la cellule, qui se montre ici pour la première fois.

Cette cellule, plus parfaitement formée, complétée par un noyau central, est aussi la base des substances végétales et animales.

A ce point de l'échelle de formation, nous trouvons, pour la première fois encore, un arrangement particulier des molécules, donnant naissance à ce que nous appelons un organe et sa fonction.

Le minéral n'a que des propriétés qui sont communes à sa masse entière. La matière organique seule a des fonctions, c'est-à-dire des propriétés spéciales aux parties individuelles ou aux organes. A mesure que ces arrangements de molécules constituent des groupes, le règne végétal se développe, se perfectionne et se transforme en règne animal. Les zoophytes constituent le lien de transition entre les deux.

Dans cette création, on peut voir la cellule se préparer à devenir, par une transformation ultérieure, le tissu musculaire et nerveux des animaux entièrement constitués.

En même temps que la structure *organique*, nous voyons apparaître les phénomènes d'isolement et de reproduction; et à mesure que cette structure organique se perfectionne, la sensibilité et la locomotion viennent s'y joindre. Ces derniers phénomènes ne se manifestent à l'état nettement défini que dans les espèces animales.

Sans aborder la question tant controversée de la distinction entre la sensibilité et l'irritabilité, sans chercher à savoir jusqu'à quel point la sensibilité animale peut être ébauchée dans le végétal, je dirai seulement que la caractéristique de la sensibilité animale gît dans les phénomènes de la douleur et du plaisir.

Il résulte des observations précédentes que la matière, en revêtant des formes plus compliquées, présente successivement des phénomènes de plus en plus complexes, depuis le plus humble végétal jusqu'à l'animal et l'homme.

Or, de même que, dans les sciences physiques, on ne peut concevoir un phénomène sans y associer l'idée d'une force, de même, dans les sciences physiologiques, on est amené à admettre l'existence d'une force particulière, en vertu de laquelle les molécules revêtent la forme organique. Cette force particulière ne peut pas être confondue avec d'autres forces déjà admises par les physiciens, telles que la cohésion, l'affinité chimique, l'attraction, auxquelles nous rapportons certaines propriétés bien définies. C'est à cette force qu'on a donné le nom de *principe vital*. Mais tous les physiologistes ne sont pas d'accord sur ce point. Il y en a, et c'est le plus grand nombre, qui repoussent l'idée d'un principe vital, comme une entité métaphysique, c'est-à-dire indémontrable, et d'ailleurs inutile, dans les recherches physiologiques.

Ces physiologistes ne reconnaissent dans les phénomènes de la vie que des propriétés inhérentes aux corps
organisés, tout comme, dans la cohésion moléculaire,
ils ne voient qu'une propriété des minéraux. Dans leurs
études, ils se limitent à constater les rapports entre les
fonctions et les organes. Leur manière de voir est nettement exprimée par Béclard [1] : « La force vitale, » dit-il,
« peut être conçue comme une formule laconique destinée à exprimer en un seul mot les caractères propres
à la matière organisée. »

Pour ceux qui admettent le principe de la vie, pour
les *vitalistes*, comme on les appelle, ce principe est la
puissance même en vertu de laquelle la matière s'organise et se conserve. C'est dire que le principe de vie
crée pour lui-même ses propres instruments de manifestation ; qu'il choisit les molécules nécessaires pour
former les organismes ; qu'il dirige leurs attractions, etc.

La doctrine du vitalisme, doctrine qui n'a guère été
professée que par des physiologistes, est formulée tout
entière par Cuvier lorsqu'il dit :

« Dans les corps vivants, chaque partie a sa composition propre et distincte ; aucune de leurs molécules ne
reste en place ; la vie est un tourbillon continuel, dont
la direction, toute compliquée qu'elle est, demeure constante, ainsi que l'espèce des molécules qui y sont en-
traînées, mais non les molécules individuelles elles-
mêmes, au contraire, la matière actuelle du corps vivant

---

1. *Physiologie et notions préliminaires*, page 13.

n'y sera bientôt plus, et cependant est dépositaire de la force qui contraindra la matière future à marcher dans le même sens [1]. »

Il y a enfin une troisième classe de physiologistes, qui croient tout expliquer par l'intervention de l'électricité.

Aucune de ces opinions ne saurait satisfaire, et cette dernière moins que les autres. Il n'y a point de doute que l'électricité joue un rôle dans l'organisation végétale et animale, — que le corps humain est, sous ce rapport comme sous d'autres, un laboratoire de chimie très-perfectionné. Mais chacun sent qu'il y a dans la vie quelque chose de plus que les phénomènes électriques, si merveilleux et si mystérieux qu'on les suppose.

Quant à l'idée d'un principe de vie qui donne ses formes à la matière, et qui lui fait conserver ses types (car telle doit être l'interprétation de la phrase de Cuvier), cette idée, dis-je, n'explique pas la *diversité* de type, n'explique pas la forme d'une pomme, d'une rose, d'un oiseau, d'un homme. Un principe de vie suppose donc nécessairement des sous-agents pour la production des phénomènes si divers qu'on lui attribue, et alors il se confond avec l'idée d'une intelligence supérieure : idée à laquelle il vaut mieux s'arrêter tout de suite. Elle offre l'avantage de donner satisfaction aux esprits qui ont besoin de voir dans la vie autre chose que des propriétés de la matière, en même temps qu'elle

---

1. *Rapport historique sur les progrès des sciences naturelles,* rédigé par G. Cuvier, page 200.

n'apporte aucun obstacle à la méthode physiologique, dont le but est la découverte des lois des corps organisés.

En effet, il est parfaitement rationnel de ne pas plus confondre les phénomènes de la vie avec l'organisme, que les phénomènes intellectuels avec le cerveau, bien que l'on n'observe jamais ni l'intelligence ni la vie, sans les organes qui leur correspondent.

Jusqu'ici nous savons que les phénomènes de la vie, et ceux que l'on rapporte à l'esprit, diffèrent, non-seulement entre eux, mais encore de ceux de toute autre force connue. La force qui favorise ou qui neutralise les affinités chimiques dans le corps de l'animal n'est pas la sensibilité ; la sensibilité, à son tour, n'est pas l'instinct ; l'instinct n'est pas le sentiment ; enfin le sentiment n'est pas l'intelligence. Et remarquez que chacune de ces forces occupe toujours dans la série la place que je viens d'indiquer. A mesure qu'elles se montrent l'une après l'autre, l'être vivant devient plus parfait, plus individuel. L'organisme végétal possède toutes les propriétés communes au monde minéral, telles que la pesanteur, la mobilité, etc. ; mais il en a d'autres qui lui sont particulières, par exemple, celles de croître et de se multiplier. Les animaux possèdent toutes les qualités essentielles aux végétaux, unies à un certain nombre d'autres ; enfin dans l'homme se trouvent toutes celles des animaux, augmentées de forces qui lui sont propres.

Envisagée seulement de son côté phénoménal, la vie

a été définie de bien des manières. La définition de Cuvier est la plus compréhensible, et la plus généralement acceptée. Selon lui : « La vie consiste dans la faculté qu'ont certaines combinaisons corporelles de durer pendant un certain temps, et sous une forme déterminée, en attirant sans cesse dans leur composition une partie des substances environnantes, et en rendant aux éléments une portion de leur propre substance [1]. »

Cette définition n'embrasse pourtant pas tous les phénomènes de la vie organique ; elle exclut, d'une part, la vie des semences, de l'œuf, et de l'autre, la vie sensitive. Devons-nous pourtant conclure que la semence et l'œuf sont dépourvus de la vie, — même de vie latente ? Si la matière est « dépositaire de la vie, » la vie est nécessairement dans la semence, qui n'attend que les conditions favorables pour se développer. De même, jouir, souffrir, penser, sont des phénomènes compris dans l'idée de la vie.

Pour toutes ces raisons, nous pensons que la définition donnée par l'illustre naturaliste n'est que la description d'un nombre limité de phases de la vie. Une définition assez large pour embrasser tous les phénomènes vitaux reste donc à faire, ainsi que l'indique très-clairement la division de la vie par les naturalistes, en deux grandes classes : végétale et animale.

Outre cette division adoptée par la science, il s'en est présenté tout naturellement d'autres, qui correspondent

----

1. *Le Règne animal*, p. 14, Introduction (P.-G. Cuvier).

aux phénomènes supérieurs de la vie animale; telles
sont : la vie affective, la vie morale et la vie intellectuelle, divisions qui sont toutes comprises dans le terme
esprit.

Nous savons que tout le monde n'acceptera point ce
langage, parce qu'il est souvent admis que l'esprit et la
vie sont deux choses distinctes ; et en effet l'observation
nous démontre que la vie organique peut exister sans
être accompagnée d'aucun phénomène mental ; ainsi la
plupart des phénomènes de la vie organique se remar-
quent chez les personnes qui, par suite de compression
du cerveau, ont perdu toute conscience. Mais le contraire
n'a jamais été observé, c'est-à-dire qu'on n'a jamais vu
l'esprit se manifester en l'absence de la vie organique.

Nous avons donc toute raison de conclure que la vie
organique est indépendante de l'esprit, c'est-à-dire de
la conscience ; mais que l'esprit ou la conscience[1] n'est
point indépendant de la vie organique.

On est certainement autorisé à regarder comme distincts la vie et l'esprit, lorsqu'on les considère, soit
dans leur évolution consécutive, soit dans leur séparation
accidentelle, soit enfin dans leur disparition lors de la
mort. Mais, d'un autre côté, l'observation nous fournit
tant d'exemples de l'influence de l'esprit sur la vie, et
de la vie sur l'esprit, que nous nous voyons forcés d'ad-

---

1. On se rappelle que j'entends par esprit, ou *conscience*, tous
les phénomènes depuis les premières manifestations de la sensibilité jusqu'à l'intelligence la plus élevée.

mettre, sinon leur unité d'essence, du moins l'affinité la plus étroite entre eux.

Un exemple suffira : le cœur, qui appartient au système de la vie organique, fait dans l'état normal de soixante-dix à soixante-quinze pulsations par minute, chez un adulte; mais sous l'influence d'une forte émotion, le nombre des pulsations s'élève jusqu'à cent et plus.

On peut donc apprécier l'immense difficulté qu'on éprouve à se faire une juste idée des principes ou des propriétés (que l'on choisisse l'un ou l'autre terme), de la vie et de l'esprit. Tout ce qui est en notre pouvoir, c'est de constater les résultats de l'expérience. Ces résultats sont, je le répète, que la vie peut exister sans qu'il y ait aucune manifestation de sensibilité ou d'intelligence, mais que la sensibilité et l'intelligence ne se manifestent jamais sans la vie; de plus, que la vie et l'esprit peuvent se renforcer mutuellement ou se détruire; et enfin, qu'on ne peut pas déterminer le moment où les phénomènes de l'esprit commencent à se manifester. Leur origine se confond avec les premières apparitions de la vie animale, laquelle commence au moment précis où la fonction est accompagnée de sensation, à l'heure même où apparaît le sentiment de ce qui est bon et de ce qui est mauvais pour l'organisme, c'est-à-dire de ce qui engendre le plaisir ou la souffrance.

Nous ne pouvons concevoir la sensibilité sans l'idée de plaisir ou de souffrance : toutefois nous distinguons

deux évolutions de la sensibilité, l'une passive et l'autre
active ; la première ayant sa source principale dans les
influences extérieures, et l'autre la tirant surtout des influences du dedans. C'est sous l'action de cette dernière
que l'être se trouve amené à chercher avec spontanéité ce
qui peut lui procurer une impression agréable, et à repousser de même tout ce qui peut l'affecter péniblement.

Si nous observons ces deux sortes de mouvements
dans les êtres organisés, nous découvrons qu'ils se rattachent à une loi de conversation, se rapportant à la fois
à l'individu et à l'espèce.

Prenons pour exemple un de ces mouvements les plus
familiers à l'animal, celui du nouveau-né, dépourvu de
toute expérience et instruction, se portant directement
vers la mamelle de sa mère. Un tel acte est dit spontané,
pour le distinguer d'autres actes qui, bien que semblables, sont le résultat d'une connaissance acquise.

Partout où l'on observe, dans la vie animale, des
mouvements de cet ordre, on les attribue à une force
d'impulsion aveugle, qui porte à certains actes, indépendamment de toute conscience du but. C'est cette force
que nous appelons *instinct*.

Cette définition, comme celle de la vie, me paraît
pourtant manquer de précision. Ainsi des mouvements
spontanés et conservateurs ne se trouvent pas seulement
chez l'animal, mais bien aussi dans les végétaux, et
même, à proprement parler, dans les minéraux; car
enfin nulle union ou modification des éléments des

corps ne peut se concevoir, sans que ces éléments ne soient attirés ou repoussés par des forces électives.

Cette dernière conception a même conduit certains esprits à conclure que l'instinct, comme la force vitale, n'est qu'une des manières d'être de cette force universelle, qui agit sur les plus petits atomes aussi bien que sur les corps plus grands de l'espace.

Nous ne pouvons pas cependant confondre ces mouvements intérieurs de la sensibilité, qui constituent l'instinct animal, avec ce double mouvement de composition et de décomposition, à la fois général et continu, par lequel la matière organisée manifeste ses fonctions et transmet son caractère. Mais si l'instinct animal a une existence propre, il n'en est pas moins inséparable des mouvements physiques et chimiques de la matière, et, partout, il ne peut être considéré comme en différant d'une manière absolue.

Jusqu'ici donc, nulle ligne de démarcation ne peut être tracée de l'une à l'autre des différentes manières d'être du mouvement. Le mouvement spontané éveille en nous l'idée d'un but, l'idée d'une fin quelconque, et par conséquent celle d'un motif nécessaire : motif qui n'est pas moins manifeste dans le règne végétal que dans le règne animal. Les premiers mouvements instinctifs de l'enfant nouveau-né ne sont pas essentiellement différents de ceux de la sensitive qui se contracte au moindre contact, ou du pétale qui se ferme contre la rosée du soir, et se rouvre au lever du soleil.

Ces actes sont en eux-mêmes aussi spontanés l'un

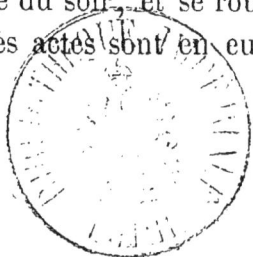

7

que l'autre, et leur résultat paraît être préétabli en vue
du bien. Il faut donc admettre une force régulatrice de
ce résultat. Dans toute création inférieure à l'animal,
cette force ne se manifeste que comme loi ; tandis
qu'on reconnaît, en outre, chez l'animal un principe
supérieur, qui semble émaner d'une intelligence régulatrice.

Ainsi que je l'ai dit, la première apparition de ce principe est dans la sensibilité, laquelle ne se montre pas
moins dans les phénomènes moraux et intellectuels,
que dans ceux que l'on désigne sous le nom de phénomènes instinctifs.

Si maintenant nous allons plus loin dans l'évolution
mentale, nous voyons apparaître tout un ordre nouveau
de phénomènes, qui n'est pas perceptible dans le simple mouvement instinctif, et qui semble n'exister jamais
chez les animaux. Même dans l'espèce humaine, ce pouvoir est possédé à un degré bien inégal par différents
individus, comme j'aurai plus d'une fois occasion de le
démontrer ; mais chacun de nous peut le perfectionner
en l'exerçant, et quelques réflexions m'ont été sugg-
rées dans le dernier chapitre par la nécessité de cette
culture.

Le pouvoir dont il est ici question présente de grandes difficultés à être défini : c'est par lui que l'esprit se
connaît lui-même, et tout homme peut s'en faire une
idée en s'observant intérieurement, après avoir fait abstraction du monde extérieur. Il ne peut être confondu
en aucune façon avec le simple *sentiment général* de

l'existence, pas plus qu'avec chacune des facultés de l'esprit, considérée isolément.

L'existence de ce pouvoir, comme phénomène, est admise par tous, mais tous n'y attachent pas le même degré d'importance. Les métaphysiciens le regardent comme l'essence même ou la faculté fondamentale de l'esprit, les phrénologistes le rejettent entièrement comme pouvoir spécial.

Ce n'est pas le moment de disserter sur ce sujet; mais comme, selon moi, ce phénomène diffère de la sensibilité, sans pouvoir en être séparé, quelques mots d'explication sont absolument nécessaires.

Si nous résumons toutes les définitions qu'on a appliquées aux phénomènes de la conscience, et que nous les rapprochions des définitions appliquées aux phénomènes physiologiques de la sensation, nous voyons que, malgré la différence des dénominations, les deux ordres d'expression n'ont en réalité rien de distinct quant aux faits, et que des deux parts on aboutit à la sensation, c'est-à-dire à la perception d'états particuliers de notre être, dans son existence à la fois intérieure et extérieure.

Le langage ordinaire confirme cette simplicité de vue. Il est légitime de dire que nous sentons, ou que nous avons la conscience de la douleur ou du plaisir; de même qu'en parlant de choses extérieures, il est légitime de dire qu'elles *font impression* sur l'esprit, c'est-à-dire que l'esprit les sent, etc.

Sentir, c'est apercevoir (intérieurement, il est vrai)

ou avoir conscience d'une sensation. La sensation est impossible sans la perception. Nous sentons le froid, la faim, etc. Nous nous en apercevons ou nous en avons conscience. Nous nous apercevons, nous avons la conscience ou la sensation d'une idée, d'une pensée ; enfin nous sentons, nous nous apercevons ou nous avons conscience que nous aimons, que nous haïssons, que nous vénérons, etc., etc.

Établir une distinction entre la sensation et la conscience, c'est donc chercher à séparer des notions qui sont inséparables l'une de l'autre.

Pénétrez dans les opérations de votre esprit, et demandez-vous s'il est possible de sentir sans avoir la conscience de sentir. Il est vrai qu'on peut, dans un état de grande excitation, être blessé sans s'en apercevoir; mais lorsqu'il y a une absence pareille de conscience, il n'y a point de sensibilité, point de douleur. Aussitôt qu'on a conscience de sa blessure, c'est qu'on souffre.

Les phénomènes dont je viens de parler se rapportent à ce qu'on doit appeler la conscience *sentante*, qui se distingue d'une manière très-nette de la conscience *sachante*, sur laquelle j'ai déjà attiré l'attention, comme étant le pouvoir, supérieur encore, au moyen duquel nous savons que nous sentons.

Pour le moment, je désire me borner à constater l'existence de cette conscience intellectuelle sans en faire l'analyse — sans rechercher si elle est une faculté en elle-même ou le résultat de facultés collectives. J'ajou-

terai seulement qu'on ne peut pas déterminer à quel
moment, dans l'évolution de l'esprit, ce principe de
conscience intellectuelle prend naissance, car personne
ne peut se rappeler l'instant précis où, pour la première fois, il a regardé ce qui se passait au dedans de
lui, et où il a pu *savoir* qu'il sentait. Hormis les premiers actes de l'enfant, actes antérieurs à toute expérience, aucune ligne de démarcation n'est possible entre
les phénomènes qu'on appelle instinctifs et ceux qu'on
appelle intelligents. Les mouvements de l'enfant ou de
l'animal, avant sa naissance, dépendent, selon toute
apparence, de la sensibilité seule, et on peut rigoureusement les considérer comme les premières manifestations de la sensibilité *passive*, dont l'effet est de faire
éviter ce qui est nuisible. A l'époque même de sa naissance, l'animal, tout en possédant l'instinct dans son
mode complet ou *actif*, est encore passif par rapport
au milieu où il se trouve, et cette passivité est plus
grande encore pour l'être humain. Mais nous nous
apercevons bientôt que ces mouvements, tant chez la
brute que chez l'enfant, sont précédés d'une *intention*
— cette première expression de la volonté — ce commencement de la série d'évolutions mentales bien marquées que nous appelons les facultés affectives, morales
et intellectuelles.

Ainsi, l'acte d'un animal qui cherche un endroit
chaud est aussi spontané que serait le même acte chez
la *fleur;* mais la *répétition* de l'acte, nous sommes fondés à le croire, est plus que le résultat d'une impulsion

aveugle ou d'un mouvement spontané. Dans une pareille répétition, il y a commencement du phénomène de la *connaissance;* il y a, en même temps que le sentiment d'attraction — de plaisir — ce qu'on peut appeler la sensation de la mémoire, sans laquelle il est impossible de profiter d'aucune expérience.

Mais, tout en constatant ce fait, il nous faut aussi observer que la mémoire peut exister sans réflexion, c'est-à-dire sans la partie intellectuelle de la conscience : elle peut donc revêtir la forme du simple instinct. Mais, même dans le cas où la mémoire est d'abord spontanée, la forme intellectuelle de la conscience peut se montrer d'un moment à l'autre, soit graduellement, soit subitement.

En résumé, la sensation et l'action spontanée, ou ce que nous appelons l'*instinct*, est un élément propre à chacune des facultés de l'esprit, aussi bien à celles qui sont le plus élevées, moralement et intellectuellement, qu'à celles qui occupent une place inférieure dans la hiérarchie mentale. En d'autres termes, l'instinct se révèle partout dans l'esprit, quoique à des degrés différents. Il est présent dans chaque acte et dans chaque pensée, depuis le premier moment de l'existence jusqu'au dernier. La sympathie ou l'antipathie de l'enfant pour certaines figures est appelée instinctive, parce que l'enfant ne possède pas l'expérience qui peut servir de guide au sentiment. Mais nos propres antipathies et sympathies, nos affections les plus fortes, ne prennent-elles pas naissance dans les mêmes conditions ?

Le sentiment social qui met en activité les forces les plus élevées de l'esprit est toujours le même instinct qui pousse les enfants à se grouper ensemble. L'expérience et la raison développent et dirigent cette tendance, mais ne la créent point.

Plus encore, on peut dire, sans exagération aucune, que les actes journaliers de la plupart des hommes sont presque entièrement dus à cette même spontanéité. Les hommes cèdent à leurs passions, à leurs sympathies et à leurs antipathies sans réflexion, ou du moins sans faire aucun effort volontaire pour réfléchir. Leur histoire est principalement composée d'actes automatiques, ou du moins d'actes dans lesquels l'intelligence n'est le plus souvent mise en jeu que d'une manière tout à fait secondaire.

Les facultés intellectuelles elles-mêmes, depuis la mémoire jusqu'à l'induction, sont toutes impulsives, spontanées, avant l'avénement de la réflexion consciente.

Même à l'époque de notre vie, où l'intelligence est le plus exercée, ne voyons-nous pas que la mémoire vient spontanément sans être sollicitée? Ne découvrons-nous pas les événements à venir par une induction intuitive? N'arrive-t-il pas que les conceptions les plus vraies se présentent quelquefois subitement à l'esprit, apportant avec elles une conviction que l'étude et la réflexion ultérieures ne font que corroborer? Souvent, lorsque nous avons demandé en vain au raisonnement la solution de quelque problème ardu, tout à coup la vérité que nous cherchions apparaît lumineuse devant nous.

Le phénomène le plus manifeste par lequel l'intelligence se distingue de l'instinct est le besoin et le pouvoir de juger les choses avec *impartialité*, c'est-à-dire indépendamment de tout motif autre que l'amour de la vérité. Ce pouvoir, observé en lui-même, paraît certainement marquer l'opposition la plus tranchée avec le mouvement spontané, avec la vie instinctive. Mais, quelque différents que puissent paraître l'instinct et la réflexion, lorsqu'on les considère chacun dans sa manifestation extrême, le pouvoir réflectif (ou celui qui est capable de former des jugements neutres) est consécutif à l'instinct, en est dépendant; bien plus, il était lui-même, à son origine, une tendance spontanée. Ce besoin et ce pouvoir de juger avec impartialité — cette manifestation suprême de l'intelligence, suppose, il est vrai, une volonté indépendante; mais celle-ci même n'est pas entièrement séparable de mouvements involontaires.

Nous savons que beaucoup de mouvements qui sont involontaires au commencement de la vie deviennent plus tard volontaires, soit en partie, soit entièrement; en d'autres termes, des mouvements qui étaient d'abord automatiques, spontanés, deviennent, jusqu'à un certain point, soumis à la volonté et se laissent commander par elle.

Parmi les mouvements que nous pouvons assujettir en partie à la volonté sont la respiration et quelques

autres fonctions corporelles, et, avec certaines restric-
tions, les facultés mentales, surtout dans leur forme
viciée, telles que la colère, l'envie, etc.

D'un autre côté, tous les mouvements qui se rangent
primitivement sous la désignation de mouvements volontaires — qui dépendent de l'intelligence et de l'expérience, les pouvoirs que nous acquérons péniblement,
et que nous exerçons pendant un temps avec conscience
et volonté, peuvent redevenir instinctifs, ou, pour mieux
dire, en revêtir la forme, tout en demeurant toujours
prêts à la dépouiller pour redevenir intellectuels.

L'enfant apprend péniblement à marcher, il observe
d'abord chacun de ses pas ; mais, plus tard, il marche
sans que son intelligence intervienne, ou du moins sans
qu'il y songe. Cet acte de locomotion pourtant ne reste
sous la forme instinctive que dans les conditions normales, qui sont : le jeu régulier du système musculaire,
et une quantité de lumière qui permette de voir les accidents du terrain à parcourir. Que la maladie vienne
rompre l'harmonie musculaire et diminuer les forces,
ou que la lumière vienne à manquer, et sur-le-champ
l'on sent de nouveau la présence de l'intelligence.

De pareilles observations font voir ce que j'ai affirmé
tout à l'heure, que l'instinct n'est jamais véritablement
absent d'aucune des facultés dites intellectuelles ; de
même que l'intelligence, en tant qu'elle se manifeste
dans la sensibilité consciente, n'est jamais absente d'aucune des facultés dites instinctives.

Nous reconnaissons donc ce fait : qu'il n'y a rien

dans l'instinct qui ne soit dans l'intelligence, et rien dans l'intelligence qui ne revête d'abord la forme de l'instinct, ou qui ne puisse la reprendre à chaque instant.

Nous avons toute raison de croire que nous ne sommes jamais privés de la conscience de notre existence, par laquelle j'entends la première lueur du principe intellectuel; autrement dit, notre attention n'est jamais *entièrement* détournée de nous-même, à quelque degré qu'elle soit occupée ailleurs.

Cette conscience latente de notre existence est admise par beaucoup d'écrivains; elle est clairement indiquée par Maine de Biran comme « *sentiment de l'existence sensitive;* » par Condillac, comme « *sentiment fondamental de l'existence,* » et par d'autres philosophes qui n'admettent pas seulement le *moi sentant et pensant,* mais aussi un véritable *moi physiologique,* au moyen duquel tout ce qui se passe dans le corps peut être communiqué, sous de certaines conditions, à l'esprit, c'est-à-dire à la conscience réflective.

CHAPITRE V

DE L'HOMME

Type idéal de l'homme. — Évolution consécutive des facultés depuis la naissance jusqu'à la caducité. — Mort naturelle.

Nous allons voir maintenant si les conclusions auxquelles nous sommes arrivés dans le chapitre précédent, se trouvent confirmées par l'observation des phénomènes naturels que l'homme présente depuis sa naissance jusqu'à sa mort.

La vie de l'enfant débute par une sensation de douleur, dont la cause principale est le besoin d'inspirer : il crie. Puis, il demeure passif pendant un certain temps : il dort — il se repose de la fatigue de sa naissance ; la vie végétative seule est active en lui. Mais bientôt il éprouve une autre sensation pénible ; le besoin de nutrition se fait sentir. Il est satisfait, et de nouveau l'enfant rentre dans la simple vie végétative.

Il n'y a pas lieu de croire que, dans les premiers jours de la vie, la vision existe autrement que comme perception de la lumière ; ce n'est qu'ensuite, et graduellement, que les objets sont perçus distinctement les uns des autres ; et plus tard encore, ils le sont dans quel-

ques-unes de leurs propriétés, telles que la couleur, la
forme, le poids, etc. Les premières perceptions de l'enfance sont manifestées par des signes non équivoques
de plaisir. C'est ainsi qu'apparaissent d'abord la perception du toucher, puis celles de la forme, de la distance
et des couleurs.

Bientôt il a des préférences pour tel ou tel objet; il
aime surtout ceux qui frappent sa vue par l'éclat de leur
couleur. Pour chaque perception nouvelle, nouvelle
mémoire. L'enfant reconnaît les objets qui ont déjà
frappé sa vue.

A peu près simultanément se manifeste la perception
distincte du poids des corps, source nouvelle de plaisir.
La main de l'enfant étreint avec moins de ténacité les
objets qu'elle peut saisir; elle les quitte volontiers pour
en prendre d'autres. Dans ce phénomène se manifeste
l'acte de la préférence.

Tout ceci a lieu dans les trois ou quatre premiers
mois.

Vers le quatrième, l'enfant discerne la direction des
sons, et acquiert la première perception de leur timbre;
il distingue les voix. Il y a donc nouvelle source de
plaisir et de mémoire. Les personnes sont désormais reconnues par le sens de l'ouïe aussi bien que par celui
de la vue. La curiosité, sous sa première forme, qui est
le plaisir de l'imprévu, commence à poindre. Toute
nouvelle apparition attire l'attention de l'enfant; presque
tout lui plaît. Il aime le mouvement, le bruit; il prend
l'initiative lui-même pour les produire; il les sollicite.

Imperceptiblement ces sensations, ces perceptions, ces mémoires, ces curiosités se multiplient; le pouvoir de différencier se développe, et nous voyons l'enfant, arrivé à sa seconde année, distinguer les faits, les événements, manifester les premières notions de la classification par analogie, et de rapport de cause à effet.

Pendant que l'enfant se met ainsi en relation intelligente avec le monde extérieur, le mouvement ascendant des facultés communément comprises dans l'ordre instinctif se continue parallèlement. La vie sensitive, qui est la vie animale proprement dite, se développe à vue d'œil à la suite de l'état passif, de la vie végétative. Dans les premières semaines qui ont suivi la naissance, l'enfant n'était qu'impressionnable et sensitif; maintenant, la volonté est éclose. Il veut agir, non-seulement de cette action nécessaire à la satisfaction des besoins perceptifs, mais aussi en vue de l'essor pur et simple de la force motrice; en un mot, comme un être physiquement libre. Tout ce qui entrave sa liberté est cause de peine, et éveille en lui l'impatience et la colère.

Ce besoin de mouvement et de liberté augmente rapidement, et à peine la force physique est-elle assez accusée pour le satisfaire, que l'enfant veut marcher, et que bientôt il voudra courir. Mais cet élan ne fait que précéder de peu l'apparition d'un pouvoir *rétentif :* la prudence, mêlée de crainte, apparaît. La crainte provient sans doute de l'expérience du danger, quelque faible qu'il puisse être; mais la prudence paraît entièrement spontanée : prudence et crainte qui sont destinées à diminuer ou à disparaître dans la mesure de l'augmentation des forces physiques ; augmentation qui est toujours suivie de près par les tendances à résister et à attaquer. L'enfant ne veut pas dominer ; c'est une erreur de croire que cette tendance lui soit naturelle ; il veut seulement ne pas être assujetti. De là sa réaction prompte et continuelle contre toute chose ou toute personne qui fait obstacle à ses désirs.

Nous voici arrivés à la troisième année environ de la vie. Jusque-là l'enfant est demeuré constant à ses premières affections, nées dans l'habitude de discerner les personnes auxquelles il doit ses jouissances. Mais bientôt il éprouve d'autres sensations encore ; il manifeste un commencement du besoin d'aimer et d'être aimé, sous la seule exigence de l'affection. Cependant ce besoin est encore presque tout entier de l'égoïsme ; car il est toujours, dans une large mesure, le résultat de cette affinité qui lie l'être qui sent à ce qui l'impressionne agréablement. L'enfant, en un mot, réagit harmoniquement vers la source de son bonheur.

Chaque jour voit naître des besoins nouveaux — inconnus jusqu'alors. La curiosité est plus ardente, et s'exerce dans des directions plus variées. L'enfant a besoin de prendre son vol en dehors du nid paternel. Il lui faut de l'air, du soleil, de l'espace, du mouvement. La vie déborde ; toute la nature extérieure, animée et inanimée, l'attire avec puissance. Mais il ne veut pas être seul ; il faut des témoins à ses plaisirs, des camarades ; bientôt il va choisir entre eux. De là, éclosion du besoin d'amitié exclusive et d'amitié collective ; de là, enfin, création du groupe sympathique.

L'amour filial faiblit donc devant cet entraînement si naturel, si légitime. Chaque belle journée, chaque fleur, chaque arbre, chaque physionomie souriante fait oublier à l'enfant ses affections antérieures ; mais plus tard elles revivent, et avec plus de force. Une impulsion morale, puis une autre, puis d'autres encore, se succèdent rapidement : l'enfant veut plaire, et ce n'est pas à ses camarades que s'adresse d'abord cette ambition — ce germe d'une haute puissance de perfectionnement — mais à ceux qu'il a délaissés — à ses parents. C'est de leurs éloges qu'il éprouve avant tout le besoin ; aussi ce sont leurs reproches qui éveillent en lui la première douleur morale.

A cet auxiliaire important de l'affection, par lequel l'enfant ressent le bonheur des éloges et la douleur du blâme, à ce sentiment précurseur de la subordination qui convient à sa faiblesse, vient bientôt s'ajouter celui de la hiérarchie, qui lui inspire le respect de tout ce qui lui est supérieur. La foi apparaît aussi ; l'enfant croit là où il vénère. Les grandes personnes, ses parents surtout, sont infaillibles pour lui. Quelle condition pour son éducation ! quelle nécessité de l'apprécier ! C'est dans la cinquième ou sixième année que la puissance affective et morale arrive à cette hauteur.

Pendant ce temps, l'évolution des phénomènes intellectuels n'est pas restée en arrière. A sa première apparition, la mémoire n'était que *récognition ;* c'est-à-dire

qu'elle ne s'exerçait qu'en présence des objets qui
avaient déjà frappé l'attention de l'enfant. Il ne pouvait
en être autrement en l'absence de la mémoire spéciale
des événements ou des changements dans les choses —
mémoire qui est maintenant survenue. Aujourd'hui
l'enfant voit tout, se rappelle tout, imite tout, et cherche
à tout comprendre. Les mots qui se rapportaient aux
objets extérieurs et aux sensations internes se rapportent maintenant aux idées abstraites ; tels sont les mots
bon, mauvais, etc. Graduellement, le sentiment du moi
s'est établi. Dès sa première apparition, le passé s'unit
au présent, et aussitôt la curiosité des causes et de leurs
applications devient incessante ; parfois même les enfants portent des jugements corrects qui paraîtraient
provenir bien plus de l'intuition que d'aucune expérience appréciable.

A l'instant précis de l'éclosion de cette puissance
analytique — de ce sens de l'application nécessaire des
forces, apparaît l'intuition ou conception inductive de
l'avenir. L'enfant sait donc maintenant qu'il a été, et il
croit qu'il sera. Il puise les sujets de ses pensées dans
le passé et dans l'avenir, autant que dans le présent ; il
imite toujours ; mais peu à peu l'imitation volontaire,
l'imitation qui se propose un but, est venue se joindre
à l'imitation involontaire. Il crée aussi ; il possède l'esprit d'invention, car, si faible qu'elle soit encore, une
première impulsion vers l'art se manifeste déjà chez lui.
Il modifie tout ce qui tombe sous le coup de ses petites
expériences : il imagine. Son imagination est basée sur

la mémoire; mais elle a déjà cette puissance mystérieuse qui conçoit, qui embellit et qui émeut.

Il est à remarquer que jusqu'à ce degré de l'évolution des forces mentales, les deux séries que nous pouvons distinguer d'une manière générale, d'une part en affectives, de l'autre en perceptives, réflectives et imaginatives — paraissent animées d'un mouvement ascendant également rapide.

A cet instant de sa vie, l'enfant sait déjà bien des choses; son expérience, si courte qu'elle soit, fournit des données à l'induction, à la prévoyance — une prévoyance toute confiante. Au moment où il prévoit l'avenir, ses désirs y aspirent : l'espérance est en lui. Si fortement qu'il soit absorbé par le présent, il fait des plans; il voit se réaliser dans son esprit un lendemain, un surlendemain, puis une semaine, un mois, une année — puis une époque plus éloignée encore.

Il a maintenant aussi une confiance en lui-même différente de celle qu'il avait auparavant; car celle-là était *négative*, résultant de son ignorance du danger, et de l'absence du sentiment de rivalité. Sa confiance actuelle est spéciale. C'est le sentiment et même la conviction — car l'intelligence s'y mêle, — de sa propre valeur, germe du sentiment futur de la dignité personnelle. Avec ses semblables, qui sont ses camarades d'âge — car le sexe ne compte pas encore — il est disposé à faire dominer sa volonté et à défendre ses droits, ou bien à les céder volontairement, car le besoin d'accord avec autrui se révèle aussi; le sentiment des droits et

des besoins des autres inspire l'abnégation. C'est dire
que les sentiments spéciaux de conscience morale et de
bienveillance ont apparu sur la scène.

L'enfant a donc maintenant connaissance de l'individualité des autres, comme il a conscience de la sienne
propre. Il comprend qu'il peut beaucoup pour le bonheur des autres, de même que ceux-ci peuvent beaucoup
pour le sien. Désormais il est un être moral ; les vérités
qui sont du domaine du devoir commencent à lui être
accessibles : il comprend qu'il a des obligations à remplir, et il cherche à s'en acquitter. Le désir de plaire à
ses parents et à ses maîtres ne s'efface point ; le respect
est toujours prêt à prévaloir sur la familiarité, la liberté,
l'intimité affectueuse qu'il sait lui être accordées comme
privilége, et non comme droit sans réserve.

C'est presque uniquement auprès de ses camarades,
ou des êtres peu propres à éveiller sa considération,
que le sentiment d'estime de soi ou de supériorité personnelle se fait jour. L'enfant trouve tout naturel d'être
considéré comme inférieur par ceux qui sont plus âgés
que lui ; mais il est naturellement porté à se croire l'é-
gal de ses camarades, et il éprouve un vif déplaisir s'il
est jugé leur inférieur, ou si les circonstances le forcent
de se sentir tel. Bientôt il ne veut plus être seulement
leur égal, mais leur supérieur. S'il obéit volontiers à
ceux qui sont au-dessus de lui, il veut aussi exercer sa
puissance propre. Il aspire à diriger, à occuper prati-
quement sa place dans la hiérarchie sociale.

Les phénomènes de cette dernière phase du développement mental ont un rapport plus marqué avec l'intelligence que ceux de la phase précédente, par suite de cette loi d'après laquelle plus un élément affectif est élevé, plus il a d'affinité pour l'intelligence.

En effet, là où il y a inactivité ou mauvaise direction de l'intelligence, le désir des éloges ne se limite pas à l'émulation, il crée l'envie. La confiance en nous-même, au lieu de nous inspirer seulement le courage et la conscience de notre valeur personnelle, produit alors l'orgueil. Sans intelligence suffisante, l'impulsion vers le bien n'est qu'un état de vague sensation, ou ne reçoit sa direction que des seuls instincts personnels. Mais dans la hiérarchie *naturelle* de nos puissances mentales, on aime ou on est disposé à aimer là où on désire plaire ; et on veut plaire seulement là où l'on est porté à estimer. C'est la beauté, c'est la bonté, c'est le courage qui attirent ; et ce qu'on respecte, et ce qu'on aime ailleurs, il est naturel de l'aimer et de le respecter en soi. Si donc nous possédons une nature fortement et harmonieusement organisée, la conscience que nous en avons doit être accompagnée d'un sentiment de respect pour nous-même, de grandeur, d'élévation et de juste fierté.

Et disons-le tout de suite : l'homme moralement fier, celui qui a la conscience de sa dignité et de sa mission, lors même qu'il ne fait qu'un pas dans la voie du progrès, se sent vivre davantage ; s'il rétrograde, au contraire, quelque élevée que soit encore sa position, il en éprouve du regret, sa conscience en est troublée. Demeure-t-il dans l'inaction, il est averti par un secret mécontentement de lui-même et de toutes choses, qu'il manque à la loi de sa nature, à son devoir; car le travail est la condition naturelle à tous, et celui qui n'a pas besoin de s'y adonner pour vivre, doit, s'il veut rester content de lui-même, travailler soit des bras, soit de l'esprit, pour les autres. L'ennui est la punition de celui qui méconnaît cette loi.

La conscience, dans sa plus haute expression, veut que nous ayons l'approbation de nous-même, avant de chercher celle d'autrui. Et ceci a lieu aussi bien pour l'enfant que pour l'homme, dès que l'enfant est parvenu à l'époque où notre observation nous a conduits.

Nous allons voir se dérouler maintenant une nouvelle série de phénomènes. Tout va se modifier. Une évolution s'est accomplie, et il surgit dans l'esprit de l'adolescent une aspiration, un besoin du beau, du merveilleux, de quelque chose d'inconnu sans doute, mais dont l'existence se révèle par un sentiment d'expansion indéfinie, par le besoin de l'idéal. L'adolescent veut le beau, rien que le beau; il veut adorer, aimer, se dévouer. Plus que jamais il a foi dans une grandeur qu'il ne définit point. Dieu n'est plus pour lui un être éloigné, mystérieux; il en a maintenant l'intime sentiment; il l'aime. Il l'associe dans ses prières aux secrets de ses rêves et de ses désirs.

Son besoin d'adorer s'accorde merveilleusement avec celui d'aimer : car l'amour n'est encore chez lui qu'une aspiration, et qu'un besoin ardent de se dévouer. Les idées, les sensations se succèdent rapidement. L'adoles-

cence est complète. C'est la période de la confiance ami-
cale et de l'amour illimité : passions véhémentes toutes
les deux, mais entre lesquelles l'amour est souverain.
Les aspirations du jeune homme cherchant sans cesse un
objet sur lequel se reposer, aboutissent à l'idéal. Il a
besoin de s'épancher ; la pudeur lutte avec la franchise ;
il parle pourtant avec abandon. Il lui faut un ami à qui
il puisse livrer le secret de son âme. Faute d'ami, il
parlera au premier venu, car il ne doute de la bonté de
personne... Une femme à aimer, une jeune fille, c'est
l'être idéal, c'est l'objet du culte. Il parle d'elle avec enthousiasme, il l'approche avec timidité. Il se sent capable de tout entreprendre ; il est désireux de tout essayer
pour mériter d'être aimé. La vie n'a pour lui d'autre but
possible que la satisfaction de ce désir... Et lorsqu'il se
sent aimé, il n'a ni doute de la sincérité de celle qu'il
aime, ni espoir d'être aimé davantage.

C'est que dans nos premiers attachements le besoin
d'aimer compte sans l'objet ; l'âme est amoureuse de
confiance. Plus tard, l'amour n'est pas moins ardent,
mais il est plus intelligent, ou du moins plus composé.
Le jeune homme se connaît mieux. Ses goûts sont plus
prononcés. Il lui faut plus que l'amour, il lui faut une
compagne dans celle qu'il aime. Le besoin de la famille,
l'instinct de la paternité, peuvent déjà se faire sentir,
mais ils ne sont encore que secondaires et, pour ainsi
dire, un accompagnement de l'amour ; tandis que vers
l'apogée de la vie, ils apparaissent dans toute leur force.

Depuis plusieurs années déjà la somme de facultés ou

d'éléments de caractère est complète, et depuis lors, tout changement qui a pu avoir lieu ne doit point être attribué à la loi par laquelle les facultés ou groupes de facultés se succèdent les uns aux autres, mais à la loi en vertu de laquelle celles des facultés qui sont restées le plus longtemps en arrière ou inactives, faute d'un stimulant suffisant, trouvent maintenant un champ plus large à leur activité.

L'observation rétrospective de nous-mêmes, pendant les années qui conduisent de l'âge adulte jusqu'à cette époque, peut nous faire saisir le passage de l'état où l'instinct domine, à cet état où les phénomènes de la conscience intellectuelle et morale se manifestent dans toute leur plénitude. Il y a maintenant équilibre d'esprit, de caractère.

Voici ce que nous pouvons dire de notre prototype, de trente à quarante ans. Le ton — la trempe de sa nature morale et intellectuelle a subi une modification. L'amour, l'amitié, l'ambition personnelle, c'est-à-dire le besoin de plaire et d'être aimé pour soi, tout a pu avoir pleine satisfaction. L'ami, la femme, les enfants sont toujours aimés, mais l'homme éprouve maintenant le besoin d'une sphère d'activité plus large que ne le comportent ces seules amours — un besoin d'ambition plus vaste et plus sublime que le seul désir de plaire pour soi.

Auparavant, dans l'adolescence et pendant la première période de l'âge adulte, on sent les grandes questions de l'humanité et de Dieu, mais ce n'est que dans la pleine maturité de la force intellectuelle et morale, qu'elles apparaissent à l'esprit sous le point de vue de la science. Je veux dire qu'alors seulement les lois morales sont assujetties à une appréciation intellectuelle, et que le besoin se fait sentir d'une certitude de notre immortalité et de l'existence de Dieu. Pleins de force et de vie, nous voyons la mort encore au loin, mais son ombre nous est déjà apparue sur l'horizon de cette existence, et modifie merveilleusement nos pensées.

C'est la seconde aspiration religieuse qui s'éveille, et qui a pour effet d'incorporer l'homme dans l'humanité, de lui faire sentir que son bien et sa gloire sont le bien et la gloire de tous les hommes — de lui faire désirer d'être honoré et aimé de sa prostérité, et enfin de le pénétrer de l'espoir de bien mériter de Dieu lui-même.

Telle est la puissance de l'activité collective de l'homme bien organisé, à l'apogée de la vie.

Chacun, en se retraçant l'histoire de ses sentiments et de son intelligence, depuis l'enfance jusqu'au moyen terme de la vie, peut reconnaître qu'à aucun moment, dans cette longue série d'évolutions mentales, il ne peut fixer avec précision l'apparition des différents états que j'ai passés en revue. Il sait seulement qu'à des époques distinctes son sentiment a pris de nouvelles directions, accompagnées de nouveaux besoins, et qu'un jour il s'est trouvé posséder le pouvoir de réfléchir : il savait qu'il sentait, il savait qu'il pensait.

Et maintenant, si nous reprenons l'observation, pour suivre l'homme de l'apogée de la vie jusqu'à l'extrême vieillesse, nous y puiserons de nouvelles preuves que le mouvement spontané — l'instinct — est bien réellement la base et le complément à la fois de toutes nos puissances.

A partir du point culminant de sa vie, l'homme suit, jusqu'à la fin, une pente insensible. Chaque année, et plus tard chaque jour, lui enlève une portion de ce qui constituait son être. Le changement se fait sentir d'abord dans ses forces physiques et mentales : puis ces forces elles-mêmes disparaissent l'une après l'autre. Plus de nouvelles amitiés; plus de nouvelles amours. L'énergie physique et le courage, qui étaient si prononcés à l'origine, cèdent leur place à la prudence. L'ambition et la confiance en soi diminuent à vue d'œil. D'abord les habitudes sont suivies volontiers, puis toute déviation de la routine devient pénible. Les entreprises aléatoires offrent peu ou point d'attrait. Le besoin de conserver les biens acquis l'emporte sur celui d'en acquérir de nouveaux. La conscience morale elle-même pousse moins à bien faire qu'à éviter le mal.

D'autre part, à mesure que s'affaiblissent la vue et l'ouïe, la mémoire s'éteint, surtout la mémoire des détails et des impressions récentes. L'imagination intellectuelle s'efface d'abord; l'imagination sentimentale, comme la mémoire du sentiment, dure davantage. Les opérations du raisonnement se rétrécissent de plus en plus; les idées s'associent moins rapidement, puis difficilement; l'effort que nécessite le raisonnement fatigue, lorsqu'il est un peu soutenu. On pense, on rumine, plus souvent qu'on ne réfléchit ou qu'on n'imagine. Le vieillard aime le soleil, la nature, la gaieté, la jeunesse, mais surtout l'enfance, et cette attraction est une des dernières de sa vie affective. L'état passif, qui a signalé le premier âge arrive à grands pas; la vie végétative envahit la vie animale; le sommeil demande une plus grande part du temps, et bientôt la veille elle-même est à moitié léthargique.

Ainsi, pendant longtemps, l'homme peut contempler la ruine de sa constitution physique et mentale — les pertes successives de son être. Il sent son corps devenir terreux; il observe le départ de ses facultés. Mais il a l'intime sentiment que sa décadence n'est que passagère; que cette vieillesse qui avance si rapidement n'est que l'évolution d'une saison — de son hiver; que plus la nuit approche, plus il est près d'un nouveau jour — que son âge est précurseur d'une nouvelle jeunesse. Il aime la vieille habitation de son âme, mais il sait qu'il doit la quitter, qu'il ne doit pas partager son sort. Il a espoir et foi dans une autre existence. — La foi et l'espérance sont les dernières lueurs de son âme. Le repos est un bonheur pour lui, et devient de plus en plus un besoin. Les intervalles de son sommeil sont plus rares et plus courts, et bientôt il s'endort pour ne plus se réveiller en ce monde. Il s'est éteint sans douleur et sans regret, car avec ses sens et ses facultés, ses désirs ont cessé d'être.

Donc, le vieillard ne meurt pas à ses propres yeux; il s'en va. La mort, la véritable mort, est pour ceux qui l'aiment et qui restent. Mais eux aussi, n'ont-ils pas leur espoir? Bien malheureux serait-il d'aimer, sans croire en l'immortalité — en Dieu !

Ce tableau de l'évolution et de la décadence des facultés, ne représente évidemment pas la vie et la mort de l'homme tel qu'il est généralement connu. Mais à mesure qu'il est véritablement homme, c'est-à-dire que son intelligence et ses forces morales dominent ses tendances purement personnelles, à mesure que les circonstances de la vie sont en harmonie avec son caractère, on le voit se rapprocher du type que je viens de tracer.

Je ne puis parler maintenant des nombreuses divergences qui, chaque jour, se produisent entre ce type et la réalité. Cependant, malgré la diversité des caractères et des circonstances, il est peu d'hommes qui s'éloignent jamais d'une manière absolue, dans les grandes phases de leur vie, du tableau que je viens de tracer.

CHAPITRE VI

DES FACULTÉS

Méthode pour distinguer les facultés primitives des facultés dérivées. — De l'influence des circonstances sur les facultés. — Analyse sommaire des facultés reconnues par la phrénologie.

Nous venons de voir que tout dans l'esprit de l'homme est spontané à l'origine.

Le seul phénomène mental qui paraisse, au premier abord, se distinguer des mouvements instinctifs, c'est la puissance réflective, celle par laquelle l'esprit se reconnaît ; la réflexion subjective enfin.

Mais, malgré le caractère spécial de cette puissance, tout semble indiquer qu'elle est — elle aussi — spontanée à sa première apparition, et qu'elle ne se différencie pas entièrement de l'instinct lui-même. L'observation permet de suivre la filiation par laquelle on arrive, du phénomène général que nous avons reconnu être la *sensibilité*, à tous les phénomènes particuliers auxquels on donne le nom de *facultés*. Quelle est la nature de ces facultés ? Devons-nous dire qu'elles sont autant de directions d'une même force, ou bien des forces spéciales ?

D'après les observations faites sur les animaux et sur

les hommes, nous avons toute raison de supposer qu'il y a, en effet, des forces ou des facultés primitives différentes les unes des autres; et que ces forces se rattachent à trois principes qui, bien que solidaires entre eux, présentent pourtant des manières d'être propres à chacun; ce sont : la vie, l'âme et l'esprit. La vie indépendante de l'âme, principe sentant — la vie et l'âme indépendantes de l'esprit, principe pensant — mais l'âme ne se manifestant jamais séparée de la vie, ni l'esprit, de l'âme.

Phénoménalement du moins, cette division est inattaquable. Car si l'esprit présente des phénomènes différents, qui paraissent dériver de parties distinctes de l'esprit lui-même, il n'en présente pas moins ces parties combinées ensemble, en des groupes dont chacun est caractérisé par une propriété particulière.

Aussi, en parlant de l'esprit, a-t-on toujours fait une distinction entre l'*âme* et la *pensée*, entre le sentiment et l'intelligence, bien que l'on ait employé ces expressions d'une manière plutôt vague que définie.

Souvent, par le mot âme, on entend, avant tout, le principe immortel qui anime notre corps. En ce sens, il est identique avec ce qu'on appelle *principe de la vie*. Selon une autre signification qu'on lui prête, il s'applique aux tendances instinctives et morales — quelquefois aux dernières seulement. Enfin, on lui a donné une plus grande extension encore en l'appelant *âme intellectuelle*, et en comprenant par là une âme ayant conscience de sa propre existence. Mais on emploie bien plus généralement le mot *esprit*, pour indiquer cette conscience intellectuelle.

Depuis les temps les plus reculés, les philosophes ont admis, en outre, des subdivisions de l'âme et de l'esprit. Platon, se faisant l'écho d'idées antérieures à lui, reconnaissait des *essences* et des *types*. Aristote modifia et développa ces notions en y ajoutant de nouvelles divisions de l'âme. Jusqu'à nos jours, les philosophes ont reproduit ces données, sous des formes différentes, et plus ou moins nombreuses, avec une tendance très-marquée à en multiplier les éléments constitutifs. Comme on l'a vu plus haut, ce sont les écoles écossaise et anglaise, et phrénologique, qui ont établi le plus grand nombre de facultés.

La nature intime de ces facultés, de même que celle de l'âme et de l'esprit, est conçue de bien des manières différentes par les écrivains. Les uns les regardent comme des phénomènes passagers, dépendant de l'action des causes externes sur l'esprit; d'autres les considèrent, pour la plupart du moins, comme forces virtuelles de l'âme, existant indépendamment du corps, quoique agissant de concert avec lui. Selon quelques-uns, les facultés sont de simples effets de la substance cérébrale, de l'organologie du cerveau — conception qui rappelle la théorie d'après laquelle les fonctions vitales seraient un simple résultat de la matière organisée. Pour d'autres, enfin, de même que l'organisation générale procède du principe vital, de même l'organologie cérébrale est l'effet de tendances spirituelles antérieures.

Dans cette dernière conception, il y a, jusqu'à un certain point, confusion d'emploi avec la fonction qu'on attribue au principe de la vie. Sans entrer ici plus avant dans ce sujet, je dirai que l'hypothèse spiritualiste satisfait nos aspirations les plus fortes et se trouve d'accord avec notre croyance en des principes, vital et spirituel, survivant à la destruction de notre corps. Les partisans de cette idée cherchent à la corroborer en citant l'influence marquée exercée par l'esprit sur l'organisation générale et surtout sur le cerveau ; mais, comme nous l'avons vu, il se produit également une influence en sens inverse.

Autrefois on appliquait le mot *faculté* aux seules puissances intellectuelles, mais aujourd'hui on ne l'emploie pas moins pour désigner les tendances morales et même instinctives. Beaucoup d'écrivains se servent pourtant, sans distinction, des mots : faculté, capacité, disposition, aptitude, fonction, qui expriment tous, d'abord, une action innée et spontanée ; et, en second lieu, une aptitude à recevoir des impressions, et le pouvoir de réagir.

La signification claire du mot *faculté* est donc : une puissance interne, *latente* ou *sensible*, selon qu'elle est en rapport ou non avec les circonstances extérieures.

Une faculté, entendue comme puissance active, est aussi inséparable d'un agent extérieur que la cause est inséparable de l'effet.

La faculté de la vision est concevable, indépendamment de la vision même, qui en est l'état actif, et dont l'analyse présente trois termes inséparables les uns des autres. La vision est le résultat de la réflexion des objets extérieurs sur l'organe visuel; et elle n'est pas plus dans l'œil même que dans l'objet extérieur à l'œil.

Le phénomène de l'ouïe n'est pas davantage dans l'oreille ou dans les vibrations de l'air. Ainsi il est de la dernière évidence que l'orage le plus violent, se déchaînant au sommet d'une montagne, n'y cause pourtant aucun *bruit*, s'il n'y a là une oreille pour l'entendre.

Pour ne donner qu'un exemple encore, prenons une faculté morale : On est parfaitement calme; on n'a la conscience d'aucune émotion; plus encore, la pensée est entièrement personnelle. Tout d'un coup, un être qui souffre se présente, et soudain la pitié s'éveille, accompagnée du désir de soulager l'infortune. Il y avait donc en nous une prédisposition à sentir la pitié et la bonté; mais, pour qu'elle devînt active, il fallait la présence d'un objet malheureux.

Nous touchons ici de près à la question si débattue de l'innéité des idées. Il est facile de se convaincre que les dispositions affectives intellectuelles sont innées, mais que les idées sont dépendantes des impressions extérieures : telle est la théorie phrénologique. En effet, il est impossible de se représenter une idée ou une émotion quelconque, d'une manière complétement abstraite, c'est-à-dire sans aucune relation avec des agents extérieurs. Que seraient les sentiments d'amour ou de haine, sans un objet à aimer ou à haïr? Que serait la notion de la forme, celle de la couleur, etc., sans la nature extérieure?

L'observation ne peut signaler aucun fait qui ne se rattache à ce que je dis. Les faits qui sembleraient y apporter une contradiction ne sont que des aspects différents de la loi, dépendant de la nature spéciale des facultés mentales. Il est constant qu'il y a certaines émotions et certaines idées qui paraissent dépendre plus de l'influence externe que des tendances internes; et d'autres, dans la production desquelles l'influence externe n'est ressentie qu'indirectement par l'intermédiaire d'autres facultés de l'esprit. Ces dernières, une fois mises en activité, ont, dans beaucoup de cas, le pouvoir de continuer leurs évolutions, c'est-à-dire de conduire toujours à de nouvelles conséquences, par leur énergie propre, sans recevoir aucune autre impulsion du dehors.

Ceci est vrai, notamment, de l'opération du raisonnement et de la formation des idées, dites pures. Une impression communiquée fait naître une conception, celle-ci une autre, et ainsi indéfiniment. C'est par de pareilles opérations mentales que l'esprit arrive à la conscience des vérités absolues, telles que l'idée du cercle — la conviction que deux lignes droites ne peuvent circonscrire un espace — l'idée de l'équité, etc. Cependant les idées les plus abstraites, non moins que les sensations les plus grossières, ont leurs deux éléments nécessaires : l'un intérieur, l'autre extérieur. Donc l'abstraction, dans un sens absolu, est impossible; en affirmer la possibilité, c'est soutenir qu'une notion, une idée, peuvent exister sans objet.

Les manifestations variées dont chaque élément mental est susceptible, ou les phénomènes divers auxquels il donne lieu, dépendent — nous sommes fondés à le croire — d'abord de sa virtualité propre, ensuite de la puissance naturelle des autres facultés, et enfin des circonstances qui en sollicitent l'activité. Chaque faculté se manifeste, en premier lieu, comme simple tendance, comme attraction; c'est là son essor instinctif, spontané. Ses manifestations ultérieures peuvent être modifiées par l'expérience, c'est-à-dire par la mémoire; et, ainsi répétée ou modifiée, l'impulsion primitive devient *désir*, car le désir ne peut être ressenti que là où il y a expérience du bien. Il y a encore un état au-dessus du désir, et 'que nous appelons *passion,* mot qui, malgré son application plus générale aux tendances les plus personnelles et à leurs combinaisons, se rapporte aussi aux facultés morales et intellectuelles, dans tous leurs modes de manifestation. Pour ce qui concerne les sentiments, le mot passion est employé pour en désigner les écarts, aussi souvent que l'essor légitime. De là, la division si généralement établie des tendances naturelles de l'homme, en bonnes et en mauvaises.

Loin d'étendre, pourtant, la même classification aux facultés intellectuelles, on en a presque toujours attribué les manifestations perverties aux circonstances extérieures, telles que l'éducation, etc. — Il serait pourtant juste d'appliquer aux unes et aux autres le même *criterium.*

Ici nous trouvons devant nous cette question : Quel est le moyen de reconnaître l'essor *naturel* d'une fa-

culté? — Problème dont la solution nous mettra à
même de décider si l'on peut qualifier de bon ou de
mauvais un élément mental *primitif.*

Une faculté primitive, selon Gall et les phrénologistes,
doit réunir les conditions suivantes[1] :

« 1° Elle existera dans telle espèce d'animaux, et
non pas dans telle autre ;

« 2° Elle variera dans les deux sexes de la même
espèce ;

« 3° Elle ne sera pas proportionnée aux autres facultés du même individu ;

« 4° Elle ne se manifestera pas simultanément avec
les autres facultés, c'est-à-dire qu'elle paraîtra ou dis-
paraîtra plus tôt ou plus tard ;

« 5° Elle pourra agir ou se reposer seule ;

« 6° Elle pourra être propagée seule et d'une manière
distincte, des parents aux enfants ;

« 7° Elle pourra conserver seule son état de santé,
ou tomber malade. »

Une vérification de cette méthode de reconnaître les
facultés primitives, serait celle qui trouverait également son application dans la détermination des éléments primordiaux d'un système quelconque, soit dans
l'ordre de l'histoire naturelle, soit dans l'ordre cosmique. Par ce mot de système, appliqué à la nature,
nous entendons un ensemble de puissances tendant

---

1. Voyez Spurzheim, *Observations sur la Phrénologie,* p. 126.
Paris, 1818.

vers un but donné, lequel but ne peut se comprendre que comme l'expression unitaire ou harmonique de toutes les forces élémentaires de cet ensemble. Or, pour que ce but puisse être atteint, il faut que chaque élément d'un système ait la propriété d'unir son activité à celle de tous les autres éléments. En effet, chaque fois que, dans une création reconnue comme système complet, il y a perturbation, manque d'harmonie, d'unité dans l'ensemble, on les attribue à la présence de quelque puissance étrangère aux éléments constitutifs du système.

De même, en considérant l'homme dans son ensemble, si nous le reconnaissons comme un système, il faut admettre que lui aussi a un but préétabli, et qu'il doit se manifester comme un tout harmonique.

Ce but, nous sommes en droit de le déclarer, d'après l'analyse rigoureuse de tous ses motifs d'activité, c'est le bonheur. Or, le bonheur suppose un perfectionnement graduel, et dépend, non-seulement de la pleine activité des facultés, mais de leur harmonie entre elles et avec la création extérieure.

Si ceci est vrai, avant qu'un fait mental puisse être accepté comme faculté primitive, il faut donc qu'il satisfasse à cette première condition de pouvoir se coordonner avec les autres facultés, de manière à former un tout harmonique et à permettre à l'homme d'entrer en accord avec le monde extérieur. Cette condition suppose le pouvoir de réaliser le bonheur, à la fois pour l'homme et pour ses semblables. Ceci admis, toute tendance ou état d'esprit opposé à ces deux résultats, ou seulement à l'un deux, doit être regardé comme un effet subversif d'une force primitive, et non comme la force primitive même : et on trouvera, en l'analysant, qu'il provient toujours de circonstances extérieures en désaccord avec notre nature.

Littéralement, le mot *circonstance* signifie ce qui existe autour. Pris dans son acception la plus générale, il indique quelque chose qui est en relation avec un fait, sans être essentiel à son existence; mais plus strictement, il signifie la condition ou les conditions extérieures par lesquelles le sujet se trouve affecté.

C'est dans cette dernière acception qu'il faudrait prendre le mot *circonstance* dans notre étude de l'esprit humain ; car, comme nous l'avons vu, les tendances mentales sont les agents, et les circonstances extérieures les compléments indispensables à la réalisation des phénomènes de l'esprit.

Les circonstances qui forment le milieu dans lequel l'esprit se développe et se meut, comprennent donc toutes les choses extérieures qui sont dans une relation quelconque avec la nature humaine. Pour traiter cette étude avec tous les développements qu'elle comporte, il faudrait entreprendre l'observation et l'analyse des circonstances telles qu'elles ont existé jusqu'à ce jour, afin de distinguer celles qui sont adéquates à notre nature primitive de celles qui ne le sont point. En second lieu, il faudrait rechercher, théoriquement et par voie d'expérience, les conditions qui peuvent manquer encore à notre bien-être présent et futur.

Ainsi dirigée, cette étude serait à la fois du domaine de l'histoire et de la science. Mais il suffira à notre thèse de classer les circonstances, tant sociales que matérielles, sous deux chefs principaux : celles dont l'individu ou la société héritent, et celles qu'ils créent par eux-mêmes.

Sous le titre de circonstances matérielles, on comprend l'ensemble des conditions propres à notre globe, à sa culture, à son climat, et en général l'influence des lois physiques sur notre constitution. Il semble à première vue que plusieurs de ces circonstances ne peuvent rentrer dans la seconde catégorie que je viens d'indiquer, puisqu'on les regarde assez généralement comme fatales, et comme devant être acceptées telles que nous les trouvons, qu'elles soient ou non en harmonie avec notre nature physique. Mais en y regardant de plus près, on verra qu'il y a peu de ces conditions extérieures qui ne soient susceptibles de modifications, et même qui ne puissent être amenées à s'accorder avec nos exigences diverses. Par exemple, les maladies de notre planète, indiquées par les disettes, les émanations pestilentielles et les irrégularités des saisons, peuvent être combattues par des moyens que la science a précisément pour mission de découvrir. On sait que dans l'espace de deux générations, le défrichement et la mise en culture d'un territoire peuvent changer la condition physique des habitants, au point que la débilité corporelle et les vices

héréditaires de constitution arrivent à faire place à la
santé, à la force et à la longévité. Or, de tels changements ne peuvent avoir lieu sans que l'esprit s'en ressente.

Les circonstances que nous avons appelées sociales
embrassent, outre plusieurs des conditions spécialement désignées comme matérielles, les relations de
l'homme avec ses semblables; elles comprennent ainsi
tout ce qui peut affecter son être moral et intellectuel.
En première ligne se présente l'influence de l'éducation, soit sur l'individu, soit sur la masse. Il est incontestable que cent individus pris au hasard, il y a un
siècle, dans une ville quelconque de l'Europe, devaient
représenter une somme d'intelligence beaucoup moindre que le même nombre de nos contemporains pris au
hasard en Prusse ou aux États-Unis par exemple : en
Prusse, où l'instruction est obligatoire, et aux États-
Unis, où les institutions et les mœurs s'accordent pour
procurer au plus pauvre une éducation primaire que la
richesse seule pourrait donner ailleurs.

Dans l'état même de nos sociétés, nous pouvons nous
faire une idée des résultats qu'il serait possible d'obtenir, si l'on parvenait à arracher à leur triste condition
les enfants nés et élevés dans la misère, pour les en-
tourer de soins attentifs, leur donner une éducation li-
bérale, et ouvrir plus tard un libre champ à l'exercice
de toutes leurs facultés.

Quant à la modification des circonstances par une
société donnée ou par un individu, nous retrouvons

dans l'histoire de toutes les époques une aspiration plus ou moins générale vers le perfectionnement ; aspiration qui augmente graduellement à mesure des progrès accomplis. Et ce que les sociétés réalisent d'époque en époque, l'individu le réalise aussi sur lui-même, en rompant avec des habitudes ou des idées contractées dès l'enfance, et en cessant de se conformer aveuglément aux usages et aux mœurs de son époque. Dans ces deux faits, nous retrouvons ce que nous avons appelé création des circonstances par l'individu ou par la société.

La position de l'homme, relativement aux circonstances extérieures, est donc à la fois passive et active : passive quant à celles que j'ai nommées héréditaires ou relatives au milieu dans lequel il se trouve à sa naissance ; active en ce qu'il acquiert, par le développement de son intelligence, le pouvoir de modifier sa condition. C'est cette prérogative de choisir qui crée sa responsabilité.

Cette grande tâche qui incombe à l'humanité, de modifier tout ce qui l'entoure suivant ses besoins, a été poursuivie dès les âges les plus reculés, soit inconsciemment, soit à dessein. A l'origine, l'homme manquait de tout ; mais, différent en ceci des êtres inférieurs, il aspirait à améliorer sa condition, et, ne possédant pas comme eux les moyens naturels de se défendre et de subsister, il aurait promptement péri, s'il n'eût été virtuellement adapté à sa situation par l'esprit inventif dont il est pourvu, et qui lui permet de satisfaire à son besoin inné de progrès et d'amélioration.

Ses premières inventions furent les moyens grossiers mais efficaces de pourvoir à sa subsistance, d'attaquer et de se défendre, et de se mettre à l'abri de l'inclémence des saisons. D'autres besoins se firent rapidement sentir, suivis de nouvelles inventions (ce mot étant synonyme de modification des circonstances).

C'est ainsi que l'homme a progressé, ses désirs augmentant sans cesse à mesure que ses moyens d'action se perfectionnaient, et ces mêmes perfectionnements le conduisant à de nouvelles inventions, qui ont passé graduellement du domaine de l'art rudimentaire dans celui de la science. Le but suprême de cette grande évolution a toujours été le bonheur et l'élévation de l'humanité, lesquels, bien qu'ils ne soient pas entièrement compris dans les circonstances extérieures, en sont du moins inséparables. De fait, plus on étudie notre nature et celle du monde extérieur, plus il devient évident qu'elles sont créées pour s'harmoniser. Nous voyons partout que les conditions physiques du globe se plient à nos besoins, à mesure que nous apprenons à bien connaître les lois de ces conditions.

Que notre destinée soit d'établir une harmonie parfaite entre notre nature et les choses qui lui sont extérieures, c'est ce que nous n'examinerons pas; mais il y a un fait qui nous suffit pour le moment, et ce fait, le voici : quelque vouée à la souffrance qu'ait été l'humanité jusqu'à ce jour, chaque homme considéré individuellement et la société prise en masse possèdent, dans une certaine mesure, le pouvoir d'améliorer une situation donnée, et de transmettre à ceux qui leur succèdent des circonstances plus heureuses, c'est-à-dire des conditions plus favorables au perfectionnement de la race.

De ce qui précède, nous pouvons conclure que la connaissance des conditions normales nécessaires au libre essor et au développement progressif de l'activité humaine, est indispensable à l'étude théorique et pratique de la psychologie.

Je vais maintenant indiquer brièvement les éléments de l'esprit — ou les facultés — reconnus par la phrénologie.

Bien que je n'accepte pas de tous points les définitions ou les analyses qu'on trouve dans les ouvrages de phrénologie, cependant je dois dire que, sauf un petit nombre d'exceptions, j'admets comme *primitives* les facultés reconnues telles par Spurzheim et la plupart des phrénologistes.

Voici la liste de ces organes, avec une courte analyse [1] pour chacun d'eux.

1. *Amativité :* Attraction bissexuelle. Cet instinct porte les sexes à s'unir dans une sympathie des sens. C'est la base de l'amour, mais il ne le constitue point sans le concours de l'*adhésivité*.

[1]. Ces analyses se retrouvent, beaucoup plus étendues, dans mon ouvrage *Die Phrenologie*, imprimé en 1844 chez l'éditeur Krabbe, à Stuttgard.

L'amativité est en général plus active, et persiste plus tard dans la vie chez les hommes que chez les femmes.

2. *Philogéniture:* Amour des enfants. Cet instinct est en général plus accusé chez la femme que chez l'homme : il prévient le dégoût que le soin des enfants pourrait éveiller, et fait accepter les sacrifices que les femmes sont en tout temps, et bien plus que les hommes, appelées à faire pour leurs enfants. Lorsque cette tendance est hautement développée, en combinaison avec certaines autres facultés, elle n'est pas éveillée seulement par la possession d'enfants à nous : elle se fait sentir longtemps d'avance comme désir d'en posséder, et s'étend à tous les enfants.

3. (A) *Concentrativité :* Pouvoir de concentrer plusieurs facultés sur un sujet donné.

Comme, dans l'état normal, chacune de nos facultés agit de concert avec certaines autres, selon des lois fixes de combinaison, il est difficile de concevoir *à priori* qu'il y ait une faculté primitive ayant pour but de les faire agir ensemble ou, comme on dit, de les concentrer. Aussi je considère que d'autres observations et analyses sont nécessaires pour faire accepter définitivement cette faculté. Voici du reste la description qu'en donne M. Combe, qui fut le premier à en parler [1] : « Il y a des personnes qui possèdent une facilité naturelle

1. Voir le *Nouveau Manuel* de M. George Combe, page 63.

à concentrer leurs sentiments et leurs pensées, sans pouvoir être distraites par l'irruption d'émotions ou d'idées étrangères à l'objet de leurs méditations. Ces personnes sont maîtresses de leurs sentiments et de leurs facultés intellectuelles, et elles peuvent les employer entièrement à l'exécution du dessein qui les occupe. »

3. (B) *Habitativité :* Amour des lieux. Spurzheim fut le premier à l'indiquer, et y attribuait précisément l'organe affecté, selon M. Combe, à la concentrativité. Plus tard, M. Vimont reconnut qu'il occupe seulement la moitié supérieure de cette partie du cerveau.

La même réserve paraît indiquée pour cette faculté que pour la concentrativité.

4. *Adhésivité :* Instinct d'attachement, base de l'amitié. C'est le besoin d'aimer sans distinction de sexe.

Cet instinct est un des premiers à apparaître dans l'enfance, un des derniers à disparaître dans l'âge avancé. Il s'étend jusqu'aux animaux domestiques et même jusqu'aux objets inanimés.

5. *Destructivité :* Instinct de l'attaque, propension à détruire.

Cette faculté est la base de ce genre de courage qui se dessine comme bravoure. Elle communique de l'énergie à toutes les autres. Dans certaines combinaisons et en certaines circonstances, elle produit des résolutions tranchées, pas moins dans une voie bonne et humanitaire que dans une voie mauvaise et personnelle. Sa manifestation la plus isolée est le besoin de détruire sans avoir égard à l'objet qu'on détruit, le besoin de faire valoir la force physique.

Cette faculté est une des premières actives chez les enfants. Généralement elle est plus puissante chez les hommes que chez les femmes.

6. *Combativité :* Instinct de la résistance.

Cette faculté porte l'homme à résister chaque fois qu'il rencontre une barrière quelconque à sa libre activité. C'est un élément essentiel du courage. Son développement prédominant amène le désir de lutter. Dans la règle, il est plus grand chez les hommes que chez les femmes. Active dès le jeune âge, cette faculté se tempère souvent, comme la destructivité, à mesure que l'intelligence et les sentiments moraux se développent.

7. *Secrétivité :* Instinct de retenue, de réserve; tendance à voiler ses sentiments et ses pensées.

Les gens chez qui la secrétivité domine les autres facultés ne procèdent que par biais; leur langage est évasif. — C'est la faculté rétentive par excellence; l'élément instinctif de la ruse, de la finesse, dont le complément se trouve toujours dans l'intelligence.

Cette faculté est d'un grand secours dans la domination de soi-même.

8. *Circonspection:* Instinct de prudence, de précaution, d'appréhension.

Cette faculté donne la tendance à regarder autour de soi, pour se prémunir contre toute espèce de péril. Quand elle est dominante, elle produit une disposition craintive et mélancolique. Quand elle fait défaut, surtout lorsque la secrétivité est faible, elle rend l'homme étourdi : tout secret lui échappe, il pense tout haut.

Au premier abord, il n'est pas facile de distinguer entre la circonspection et la secrétivité. Ce n'est qu'en analysant quelques-uns des effets de ces deux facultés, qu'on arrive à se rendre compte nettement de leur différence.

Le trait distinctif de la secrétivité est le pouvoir de voiler ses sentiments; le trait distinctif de la circonspection est le désir d'éviter le danger. Ainsi, quand la circonspection est très-active, elle fait perdre contenance dans les moments difficiles : on devient peureux, par conséquent embarrassé. La secrétivité, au contraire, concourt au développement du sang-froid, en aidant à dominer l'expression extérieure des émotions. La circonspection peut aussi nous donner, il est vrai, le *désir* de cacher ce que nous ressentons; mais, quand elle est réduite à ses propres forces, elle nous fait le plus souvent trahir ce désir.

L'organe de la circonspection est en général plus grand chez les femmes que chez les hommes. Mais il n'en est pas de même de l'organe de la secrétivité. On attribue à tort à la prédominance de celui-ci chez les femmes l'habitude qu'elles ont de cacher leurs pensées ; tandis qu'elle leur vient beaucoup plus de l'éducation et du milieu dans lequel elles sont obligées de vivre, que de la force primitive de la faculté même. Quant à la circonspection, déjà en vigueur chez les enfants, elle perd souvent une partie de son activité dans l'âge viril, pour la regagner plus tard à l'approche de la vieillesse.

9. *Acquisivité* : Instinct d'acquérir et de conserver ce qu'on possède. C'est là sa manifestation la plus directe. Lorsque cette faculté a une activité moyenne, elle donne le goût de l'économie : sa prédominance mène à la parcimonie, à l'avarice.

Modérément active chez l'enfant, l'acquisivité prend des forces avec l'âge, et c'est une des facultés qui s'affaiblissent les dernières.

10. *Estime de soi* : Sentiment de sa propre valeur ; confiance en soi ; base du sentiment de la dignité personnelle, qui se constitue à mesure que l'estime de soi est associée avec l'intelligence et les sentiments supérieurs. Cette faculté est aussi un puissant auxiliaire du courage. Elle constitue, avec l'approbativité, la base essentielle de l'ambition, portant plus particulièrement à l'ambition du pouvoir, tandis que l'approbativité porte surtout à l'ambition de la gloire !

Sa trop grande prédominance sur les autres facultés produit l'orgueil et la suffisance, une tendance à critiquer les autres et à se comparer avantageusement avec eux ; très-souvent elle donne un maintien froid, réservé.

Cette faculté est généralement plus accusée chez les hommes que chez les femmes.

11. *Approbativité :* Désir de l'approbation, de l'admiration d'autrui, désir de plaire.

Sans constituer à elle seule l'ambition, cette faculté en est un élément essentiel.

Lorsqu'elle prédomine démesurément sur les autres facultés, elle produit, entre autres fâcheux effets, la mauvaise honte, la susceptibilité, la jalousie.

Il y a une grande ressemblance entre plusieurs des effets de l'approbativité et de l'estime de soi, et elles sont presque toujours associées dans leur action. Cependant elles ont chacune leur caractère bien distinct. L'estime de soi s'attend à recevoir, comme chose due, une certaine attention, et n'en ressent aucune reconnaissance ; mais, si la flatterie est poussée si loin que l'intelligence est forcée d'en apercevoir l'exagération, l'estime de soi s'en trouve offensée. — L'approbativité, au contraire, désire et recherche l'attention, sans être assurée de la mériter ni de l'obtenir ; elle ne se refuse pas au plaisir de recevoir des louanges, même en sachant qu'elles sont poussées jusqu'à l'adulation.

L'estime de soi, si elle rencontre la négligence et le ridicule au lieu de l'attention et du respect, s'en offense, mais trouve du soulagement à mépriser celui qui lui a manqué. L'approbativité, en de pareilles circonstances, s'offense et se fâche aussi ; mais ses sensations les plus marquantes sont la honte, la confusion.

12. *Fermeté :* Instinct de stabilité, de fixité. Cette faculté donne lieu à la résolution, à la persévérance ; elle est un élément important du courage ; elle aide à don-ner de la suite dans les projets. La qualité de la fermeté se présente pourtant à notre esprit plutôt comme une manière d'être que sous la forme distincte que revêtent les autres facultés ; elle se manifeste toujours comme soutien de celles-ci. On peut dire d'elle qu'elle oppose une résistance inerte et passive, comme le rocher qui ne cède pas, mais n'avance jamais. Elle revêt une forme active, lorsqu'elle est unie à la destructivité et à la combativité. Ainsi la résolution et la persévérance elles-mêmes sont le résultat d'une combinaison de la fermeté avec les facultés énergiques de la destructivité et de la combativité, le tout éclairé par l'intelligence. — Dénuée d'intelligence, la fermeté devient entêtement : on est ferme, dans le vrai sens du mot, seulement quand on sait pourquoi on persiste dans une idée ou dans une intention.

13. *Conscience :* Sentiment d'équité, instinct du de-voir, qui impose le désir d'agir envers autrui comme nous voudrions qu'on agît envers nous-mêmes.

Lorsque cette faculté est hautement développée, elle produit un besoin constant de justice ; elle est la source première de l'indignation ; elle est aussi la base de la loyauté.

Cette faculté n'apparaît qu'assez tard chez les enfants, mais elle reste longtemps active dans la vie.

14. *Vénération :* Sentiment de respect, de déférence.

Cette faculté entre pour une grande part dans l'enthousiasme de tous les genres. Elle ne produit pas à elle seule le sentiment religieux, mais elle en est un élément important.

Active de bonne heure, c'est une des facultés qui s'effacent les dernières.

15. *Bienveillance :* Sentiment de bonté, de charité.

C'est la faculté la plus impersonnelle que nous possédions. Elle n'a pas d'autre motif de sollicitation que la sympathie pour le bonheur ou la douleur d'autrui. Donc, le principe d'égoïsme, inhérent à différentes doses dans toutes nos affections, se perd ou devient imperceptible dans celle-ci.

Elle est active de bonne heure et dure tard dans la vie.

16. *Espérance :* Sentiment d'anticipation joyeuse, qui nous promet d'avance l'accomplissement de nos vœux.

Quoique admise comme primitive, cette faculté ne peut se concevoir sans désir préalable, tandis que le désir peut exister parfaitement sans l'espoir.

C'est un élément du sentiment religieux. C'est aussi

10

un puissant auxiliaire du courage, partout où il y a entreprise, lutte, hasard à courir. Dans ces circonstances, loin de se laisser déprimer par les doutes que suggère l'intelligence, elle domine celle-ci, et donne un avant-goût du succès. Bien souvent les instincts d'attaque et de défense, celui de la fermeté même, ne suffiraient point à nous donner la victoire, si l'espoir ne stimulait pas nos efforts.

Cette faculté est active de bonne heure, et, sous différentes formes, dure toute la vie.

17. *Merveillosité :* Foi instinctive. C'est un élément essentiel des sentiments religieux, poétique et artistique. Dans certaines combinaisons avec d'autres facultés, elle porte à la superstition, et ce fait est assez fréquent pour avoir amené Spurzheim à appeler d'abord cet organe celui de la *surnaturalité*, nom qu'il changea par la suite en celui de *merveillosité*. Je crois que l'expression *tendance à la foi*[1] répond mieux à sa fonction primitive, car la foi est toujours un effet instinctif de l'âme, et ne s'applique, dans sa pureté primitive, qu'à des choses qui n'ont point encore été assujetties à des preuves définitives, qui ne sont pas encore devenues l'objet d'une conviction raisonnée.

L'absence de la merveillosité ne produit pas directe-

---

1. L'auteur a motivé longuement l'application du nom *tendance à la foi*, à cet organe, dans un ouvrage intitulé : *Corso di Frenologia*, édité à Milan, chez Crespi, en 1844.

ment le scepticisme, comme le croient beaucoup de phrénologistes, mais on conçoit facilement qu'elle peut le favoriser. Cependant il est possible d'avoir cet organe très-développé, et d'être très-peu ouvert à toute idée nouvelle. Ces divers résultats se rapportent à la loi de l'association des facultés. L'estime de soi, par exemple, favorise largement l'esprit dogmatique, qui peut être sceptique aussi bien que crédule, tandis que la conscience et la vénération donnent une disposition à peser les mérites des idées d'autrui. La merveillosité et l'esprit philosophique ne sont pas nécessairement opposés, comme on le croit en général. Lorsqu'ils sont combinés, ils produisent cet état qu'on a nommé le *doute expectant* — état où l'esprit attend une démonstration décisive qui permette de repousser l'erreur ou de saluer une vérité nouvelle.

18. *Idéalité :* Sentiment du beau, de l'idéal ; aspiration vers la perfection.

Cette faculté a reçù différents noms, mais tous les phrénologistes s'accordent à reconnaître qu'elle est un élément essentiel de l'imagination ; aussi Gall l'avait-il appelée *le sens poétique.* L'observation la plus positive fait voir que, selon que l'idéalité se combine avec les sentiments, les facultés perceptives ou les facultés réflectives, il y a imagination sentimentale, artistique ou intellectuelle. Associée avec l'intelligence, surtout avec l'intelligence et la merveillosité, elle donne lieu à un esprit fécond en hypothèses. L'idéalité et la merveil-

losité se lient de la manière la plus étroite : l'une et
l'autre, chacune avec des nuances propres, portent à
l'enthousiasme : toute imagination, toute foi complète
est toujours de l'extase, et cette extase ne peut pas exister sans la conception complète de son objet et une foi
entière en lui.

19. *Imitation :* Instinct qui nous porte à reproduire
ce qui est perçu et conçu par l'intelligence.

L'imitation se présente sous deux formes : volontaire
et involontaire. Les enfants, et même les personnes plus
âgées, reproduisent souvent inconsciemment le son de
voix, les gestes, etc., de leur entourage. Mais c'est surtout dans l'imitation *volontaire* que la faculté spéciale
dont nous parlons se montre d'une manière remarquable. Unie aux facultés intellectuelles, elle produit
alors l'aptitude aux beaux-arts et aux arts utiles ; unie
aux sentiments, elle produit le talent dramatique.

Cette faculté est très-active chez les enfants, et généralement plus marquée chez les femmes que chez les
hommes.

Les phrénologistes ont remarqué que le défaut de
cette faculté laisse les personnes trop graves, rend les
manières trop monotones. Cette observation a sans doute
une certaine portée, car la faculté de l'imitation, par sa
propriété de se lier aux gestes naturels à toutes les facultés, et même de reproduire involontairement les
gestes et l'expression de physionomie des autres, doit
entrer pour beaucoup dans ce qu'on appelle les ma-

nières expansives. Toutefois la présence ou l'absence
de l'imitation n'explique qu'en partie la froideur, la réserve, ou l'expansion et l'amabilité. C'est là encore une
question qui se réfère beaucoup plus à l'ensemble du
caractère qu'à aucune faculté spéciale.

J'ai dit ailleurs[1] que l'originalité n'est nullement
incompatible avec la faculté imitative, lorsque celle-ci a
son juste contre-poids. Mais si au contraire elle est peu
accusée, il est certain qu'on n'observera pas, dans ses
réalisations artistiques, les proportions vraies de la nature.
A ceux qui ont de faibles pouvoirs réflectifs, l'imitation
fait suivre aveuglément la trace des autres hommes.

20. *Individualité :* Perception des entités ; faculté
qui porte à distinguer un objet, dans son ensemble,
d'avec un autre.

Les phrénologistes lui rapportent, non-seulement la
perception des individualités, mais encore celle de leurs
attributs. Ils lui assignent aussi des perceptions abstraites.

Cette faculté est une de celles qui exigent le plus d'é-
claircissements. Quoi qu'il en soit de son analyse philosophique, une chose est positive : c'est que les personnes
qui possèdent à un haut degré l'organe appelé *individualité* sont portées à observer beaucoup les objets
physiques.

1. *Galerie phrénologique :* Appréciation phrénologique d'Alexan-
dre Dumas, imprimée dans le *Zoist.* Londres.

Dans le premier âge, cette faculté fait trouver du plaisir à la simple perception des objets ; plus tard, lors du plein développement de l'intelligence, elle donne du goût pour l'étude des sciences naturelles. Elle est aussi un élément essentiel de l'aptitude aux arts plastiques.

21. *Configuration*[1] *:* Perception des contours. Élément nécessaire de l'aptitude aux arts plastiques, à l'architecture, à la mécanique ; base du talent pour le dessin linéaire.

22. *Étendue :* Perception des distances, des dimensions.

Cette faculté est quelquefois représentée par les phrénologistes comme le sens géométrique par excellence. Mais il est évident qu'elle partage cette propriété avec la configuration. Ce que l'observation directe nous fait voir de plus sûr à cet égard, c'est que l'*étendue* saisit la distance d'un objet à un autre et la dimension des objets, soit par la vue, soit par le toucher. Elle contribue au talent pour les arts plastiques, et est indispensable surtout pour rendre la perspective. Elle contribue aussi grandement au talent d'exécution musicale.

---

1. Le lecteur reconnaîtra sans peine celles de ces facultés dont la dénomination, telle qu'elle a été consacrée par l'usage, est défectueuse, en ce qu'elle exprime l'objet auquel s'applique la faculté, plutôt que la faculté elle-même. Telles sont, par exemple, la *configuration*, l'*étendue*, la *couleur*, les *nombres*, etc.

23. *Pesanteur :* Perception de la gravitation, de l'é-
quilibre, de la pression et de la résistance des masses.

Cette faculté est un élément de toutes les aptitudes
qui se rapportent à l'habileté manuelle et à l'adresse du
corps. C'est encore un élément important du génie
mécanique et du talent d'exécution musicale.

24. *Couleur :* Perception des nuances et de l'harmonie des couleurs.

25. *Localité :* Perception des positions relatives des
objets; mémoire des lieux; faculté de s'orienter.

C'est un élément important du talent du géographe
et du paysagiste, et l'un des premiers éléments du goût
pour les voyages.

26. *Nombres :* Appréciation des rapports, facilité à
assembler les nombres, disposition au calcul.

Cette faculté est la base de l'arithmétique. Unie aux
facultés supérieures de l'intelligence, elle produit l'aptitude aux mathématiques, et plus spécialement à l'*analyse mathématique.*

Les phrénologistes ont jeté très-peu de lumière sur
cette faculté : ils sont généralement d'accord avec tout
le monde quant à la grande influence qu'exercent d'autres facultés perceptives sur la disposition au calcul.
Mais pour éclaircir la vraie nature de cette faculté, et
pour déterminer sa véritable position dans le cerveau,
d'autres études et d'autres observations sont encore né-

cessaires. En attendant, il faut noter que la facilité au calcul se montre quelquefois chez les enfants ou chez les hommes dont l'intelligence est très-inférieure, tout aussi spontanément qu'aucune autre faculté admise comme primitive.

27. *Ordre :* Disposition à la coordination symétrique, instinct d'arrangement matériel.

C'est l'un des éléments de l'aptitude à la classification, car celle-ci suppose aussi des facultés supérieures.

Plusieurs des effets attribués à cette faculté par les phrénologistes paraissent être plutôt des résultats composés, dans lesquels entre aussi la *configuration.* On observe bien que l'organe assigné à l'arrangement symétrique se trouve chez les personnes qui manifestent du goût pour l'ordre matériel. Mais l'analyse de la faculté elle-même est encore très-incomplète.

28. *Constructivité :* Perception et conception de l'influence mutuelle des formes et des forces, tendance et aptitude à construire, instinct mécanique.

Examinée de près, la constructivité ne fait pas double emploi, comme on pourrait le croire, avec certaines autres facultés perceptives, telles que la pesanteur, l'étendue, etc.; car la tendance à faire un tout de plusieurs éléments divers décèle une propriété bien distincte de celle qui s'observe dans chacune des facultés auxiliaires de la constructivité. Outre les conceptions de la pesanteur, de l'étendue, de la forme, etc., éléments indispensables à la conception constructive, celle-ci implique la conscience du plan d'après lequel l'homme construit.

C'est la faculté par excellence de l'Artisan. La Science et l'Esthétique de la construction dépendent, ici encore, des facultés supérieures de l'esprit.

La constructivité est plus qu'une *perception*, comme l'entendent les phrénologistes : l'élément de *conception* est très-prononcé chez elle, et marque son acheminement vers les facultés supérieures de l'intelligence.

Cette faculté est la base des aptitudes à l'architecture et à la mécanique. Elle est active de bonne heure.

29. · *Éventualité :* Perception des événements.

Événement veut dire *changement*, et les changements ont lieu au dedans de nous aussi bien qu'au dehors : l'action de la faculté de l'éventualité est donc de saisir les modifications qui ont lieu autour de nous et au dedans de nous.

Cette faculté est un élément de l'aptitude aux études historiques; elle est d'un grand secours aussi dans les sciences et dans la littérature, par l'esprit de détail qu'elle y apporte.

Elle est active de bonne heure chez les enfants.

30. *Temps :* Perception de l'intervalle écoulé entre deux sensations, appréciation des rapports de succession dans la durée, sentiment du rhythme. Élément essentiel du talent musical et chorégraphique; nécessaire aussi au poëte.

Broussais considère cette faculté comme indispensable à l'étude de l'astronomie, qui, dit-il, « en a besoin pour apprécier le temps que mettent les astres pour parcourir leur orbite. » Mais une telle appréciation est évidemment erronée, car cet ordre de recherches, étant du domaine des sciences mathématiques, se réfère principalement aux facultés des nombres et de la causalité.

31. *Tons :* Perception des vibrations sonores, appréciation du rapport des sons, perception et mémoire de la mélodie, base du talent musical.

Cette faculté aide à acquérir une bonne prononciation. Dans la langue écrite elle est d'un grand secours en introduisant l'euphonie dans l'arrangement des mots. Dans l'art de la déclamation elle aide en outre à trouver des inflexions de voix harmonieuses.

32. *Langage :* Perception du rapport des sons articulés avec les émotions et les pensées ; pouvoir d'exprimer la pensée par des paroles ; mémoire des mots ; élément, par conséquent, de la disposition à apprendre les langues.

33. *Esprit de saillie :* Perception des contrastes, des antithèses.

Cette faculté est appelée *gaieté* par la plupart des phrénologistes. Quelques-uns ont senti pourtant que ce mot n'en exprime pas la fonction primitive. La gaieté réelle est un effet du contentement général de l'être, et peut se rapporter plus particulièrement à l'activité des facultés les plus expansives. Ce semblant de gaieté qui provient d'un esprit vif, et qui est loin de correspondre nécessairement à un état de satisfaction intime, se rapporte plus particulièrement à l'esprit de saillie.

Broussais attribue la gaieté des enfants à l'activité excessive de cette faculté; mais l'enfant est gai parce qu'il n'a point souci de l'avenir, et que son intelligence mobile conserve peu le souvenir d'un passé bien court.

Les effets de l'esprit de saillie, aussi bien que la partie du cerveau qu'on lui reconnaît pour organe, nous portent à regarder cette faculté comme intellectuelle, et non comme un sentiment ou un instinct. C'est une des trois facultés par lesquelles nous apercevons les lois qui régissent les phénomènes. C'est une perception supérieure, la perception des contrastes.

On comprend qu'une pareille perception donne lieu, en de certaines combinaisons, à l'*esprit* proprement dit. Les phrénologistes ont donc raison de dire que cette faculté fait apercevoir le côté ridicule des choses, et que, unie au langage, elle se manifeste par les bons mots, les jeux d'esprit, etc.

C'est un élément essentiel de l'esprit de critique, de l'esprit comique. Dans l'art du dessin il produit les caricaturistes, en permettant de saisir ce qui est le plus saillant dans une physionomie, dans un objet, et de l'exagérer en le reproduisant, afin de le faire apercevoir aux autres.

34. *Comparaison :* Perception des analogies; tendance à établir un parallèle entre les choses ou les phénomènes.

Cette faculté est active de bonne heure chez les enfants.

L'analyse de la comparaison exige encore de grandes
recherches. Voici ce que l'observation phrénologique
a établi jusqu'à présent : chacune des facultés perceptives sert à reconnaître les rapports analogiques
entre les objets qui sont spécialement du domaine de
leur activité propre; ainsi la *configuration* reconnaît
les ressemblances de forme; les *tons*, celle entre les
différents sons musicaux. Mais si on veut comparer
entre elles une couleur, une forme, une idée, une sensation, c'est la faculté spéciale de comparaison qui est
mise en jeu.

Cette faculté inspire le langage figuré; c'est un élément des talents de l'orateur et du poëte.

Certains phrénologistes attribuent à la *comparaison*
la perception des différences, des contrastes, aussi bien
que celle des ressemblances et des analogies; mais je ne
saurais admettre que cette faculté ait une action aussi
étendue. D'ailleurs, les phrénologistes eux-mêmes admettent aussi que la fonction principale de l'esprit de
saillie est précisément la perception des différences.

L'observation des phénomènes de l'esprit confirme
l'existence d'un pouvoir distinct pour chacune de ces
deux perceptions; car on voit des personnes qui sont
beaucoup moins aptes à saisir les différences, les contrastes, qu'à apercevoir les analogies, et réciproque-

ment. Or, si les perceptions des analogies et des contrastes relevaient de la même faculté, on les rencontrerait toujours toutes les deux chez le même individu.

35. *Causalité :* Perception de la relation de cause à effet ; faculté de déduction et d'induction ; conception de la série naturelle des phénomènes.

Cette faculté est active de bonne heure chez les enfants. Elle donne lieu à ce genre de curiosité qui demande toujours le *pourquoi* des choses.

La causalité est la base de l'esprit philosophique ; elle est nécessaire dans toutes les sciences ; essentielle à l'intelligence de leurs principes.

Tout raisonnement exige, pour être complet, trois opérations : relier les effets aux causes ; établir les analogies, saisir les contrastes. Dans chaque système il y a différents aspects ; l'esprit de saillie les saisit. Dans chaque système il y a lieu à établir des analogies, et la comparaison les constate. Enfin partout il y a cause et effet, et c'est la causalité qui en établit la relation.

Alimentivité, ⎰ Instincts conservateurs par excel-
Biophilie, ⎱ lence.

Les phrénologistes sont plus divisés d'opinion sur la nature de ces facultés que sur celle de toutes les autres. L'observation ne m'a pas permis de vérifier la position de ces organes dans le cerveau. Quant à l'existence d'un instinct qui préside au choix des aliments, et d'un ins-

tinct primitif d'amour de la vie, je la crois très-probable [1].

On suppose que l'alimentivité détermine le choix des
aliments. Elle produit, dans certaines combinaisons
avec d'autres facultés, le raffinement, la délicatesse du
goût. On attribue à son activité trop isolée la glouton-
nerie et l'ivrognerie.

La variété des goûts qu'on remarque parmi les hommes
est un fait qui appuie l'idée d'un instinct primitif d'*a-
limentivité;* mais il ne faut pas oublier l'énorme influence que peuvent avoir l'état du corps et le tempérament sur la production de ces goûts.

Cette faculté admise, on comprend qu'elle peut recevoir son éducation spéciale et être modifiée par le
caractère général de l'individu. Mais l'observation ne
constate pas de rapport nécessaire entre le raffinement
de l'esprit et celui du goût. Au contraire, on voit des
gens qui ne sont nullement remarquables par des qualités morales ou intellectuelles, et qui ont cet instinct
des combinaisons d'aliments, qui fait le *gastrosophe.* On
voit également des êtres d'un haut raffinement intellectuel, qui sont parfaitement indifférents à ce qu'ils
mangent.

Par analogie, on peut admettre aussi bien un instinct
pour distinguer les saveurs qu'une faculté pour dis-

---

1. On trouvera dans mes deux ouvrages déjà cités (*Corso di Frenologia* et *die Phrenologie*) des études physiologiques et philosophiques sur ces facultés.

tinguer les couleurs. On voit donc que la phrénologie ne confond pas la faculté de l'alimentivité avec le simple appétit.

La *Biophilie* est l'instinct d'attachement à la vie.

S'il est nécessaire, dans l'étude de la faculté d'alimentivité, de tenir compte de certaines considérations d'un ordre purement physiologique, il n'est pas moins indispensable, dans les observations qui ont pour but de constater l'existence d'une faculté primitive d'amour de la vie, de peser l'influence des mœurs et des circonstances spéciales — l'état de malheur ou de bonheur des individus. Néanmoins, lorsqu'on a bien tenu compte de toutes ces causes modificatrices, on a lieu toujours de reconnaître l'existence d'une faculté spéciale d'attachement à la vie; car les plus malheureux sont souvent ceux qui craignent le plus la mort; tandis que, parmi ceux qui sont les mieux partagés, quant aux biens de ce monde, on en trouve qui sont indifférents à la vie.

Pudeur. Les phrénologistes n'ont pas rapporté ce sentiment à une tendance primitive, et je n'en ai rencontré aucun qui ait voulu l'admettre. M. Adolphe Garnier, dans un excellent article sur ce sujet, dit [1] : « Lorsque, dans mes entretiens avec Spurzheim, je lui ai demandé compte de ce principe de la nature humaine,

---

1. *Psychologie et Phrénologie comparées*, par Adolphe Garnier. 1839.

je l'ai trouvé, comme nous le sommes tous, les yeux et les oreilles fermés par l'esprit de système... Il y aurait donc ici une lacune dans la phrénologie. Si le sentiment de pudeur peut s'attacher à un organe, il faudrait peut-être le chercher dans la partie antérieure du front, près des facultés qui jouissent de la beauté physique et qui souffrent de la laideur matérielle. »

Les phrénologistes et les écrivains en général attribuent la pudeur plutôt à l'influence de l'éducation : là où les premiers l'ont observée comme une tendance naturellement plus forte chez les uns que chez les autres, ils l'ont rapportée à l'action collective de certaines facultés, et surtout à l'action combinée de l'*amativité*, de l'*approbativité* et de la *secrétivité*.

Je ne doute nullement que l'influence du désir de plaire, combiné avec la tendance à cacher nos émotions, ne puisse faire naître un sentiment pudique; mais le sentiment ainsi produit sera tout de circonstance, et proportionné au désir de plaire qu'on peut avoir dans un cas donné. Outre que nous voyons de véritables signes de pudeur chez certains animaux, il y a lieu d'observer de très-bonne heure chez les enfants une grande différence par rapport à ce sentiment. L'observation fait voir que, indépendamment de toute éducation, une émotion de pudeur perce chez les uns, tandis qu'elle fait défaut chez les autres.

Dès l'année 1840, j'ai soutenu l'existence de cette faculté. Dans mes cours donnés à Milan à cette époque, et imprimés en 1841, j'ai constaté, d'après un grand nombre d'observations, qu'il existe un rapport entre la tendance à la pudeur et cette partie du cerveau située entre les organes d'idéalité et de conscience. La position de cet organe à côté de ceux de facultés aussi élevées me paraît plus raisonnable que celle proposée par M. Garnier.

CHAPITRE VII

Je vais maintenant appliquer la méthode de vérification que j'ai proposée pour reconnaître les facultés primitives, à l'étude successive de la *philogéniture*, de l'*estime de soi*, de l'*approbativité* et de la *vénération*.

La caractéristique de la faculté de *philogéniture* est une attraction pour les enfants. Nous laisserons de côté la question de savoir si la sphère d'action de cette faculté s'étend à tous les enfants, ou seulement à ceux qui nous appartiennent.

Si nous essayons de faire remplir par d'autres facultés la fonction attribuée à celle-ci, nous trouvons qu'elles sont toutes insuffisantes. On pourrait croire, par exemple, que la conscience et la bienveillance seraient capables de suppléer la philogéniture, c'est-à-dire que les individus et la société trouveraient un motif pour prendre soin des enfants, soit dans un sentiment de devoir, soit dans la compassion qu'inspire la faiblesse. Mais l'harmonie n'est pas complète lorsqu'un acte a pour seule cause déterminante le sentiment du devoir, et que celui-ci exige un sacrifice de la part de quelqu'une des autres facultés. De même, les soins qu'on donnerait aux enfants par compassion, ou (en prenant la bienveillance dans son sens le plus élevé) par un désir de les rendre heureux, pourraient encore exiger un sacrifice, car le désir de faire du bien n'implique pas nécessairement l'absence d'antipathie. En effet, à part que l'enfant est dans un état de faiblesse, et qu'il fait éprouver du plaisir ou de la souffrance, il n'y a pas de rapport nécessaire entre la bienveillance et lui, tandis que le bruit et la plupart des exigences des enfants sont en eux-mêmes très-désagréables. Mais l'instinct de philogéniture a la propriété, tout à la fois de neutraliser l'impatience et le dégoût, et de transformer en plaisir les soins à donner aux enfants. Ainsi, cette tendance étant bien *sui generis*, et capable de nous procurer du plaisir à nous-mêmes et d'être utile aux autres, réunit les conditions caractéristiques d'une faculté primitive.

Passons maintenant à une autre faculté. La fonction immédiate de l'*estime de soi* est la confiance en ses propres forces. On pourrait croire que si la résistance et la fermeté sont des tendances inhérentes à l'esprit, une faculté spéciale donnant confiance en soi-même n'est pas nécessaire; il n'en est rien; car il existe une différence manifeste entre le courage, qui est le sentiment de la réaction, et l'estime de soi, qui est la tendance à trouver bien tout ce qui est en nous.

Mais, dira-t-on, si l'estime de soi est un sentiment

purement personnel, comment peut-elle être une source
de bien pour les autres? Je vais montrer cependant
qu'elle l'est, à la fois directement et indirectement. Chez
un homme bien organisé, l'estime de soi, comme toute
autre faculté, est sous le contrôle de toutes celles qui
lui sont supérieures. Il en résulte que sa satisfaction légitime demande le concours, non-seulement des facultés morales telles que la conscience, la bienveillance, la
vénération, mais encore celui de l'intelligence ; et chacun
de ces divers pouvoirs tend à nous faire sentir et apprécier
les mérites , les besoins et les droits des autres. Ainsi
comprise, l'estime de soi devient le désir de la supériorité ; elle aspire avec avidité à tout ce que l'intelligence
reconnaît comme noble et grand ; elle donne naissance
à l'émulation, pousse au perfectionnement de soi-même,
et, à mesure qu'elle accomplit sa mission, répand le bien
autour d'elle. L'estime de soi, sous le contrôle d'autres
facultés, passe donc de la forme du simple contentement
de soi-même à celle du désir moral de se perfectionner,
désir dans la satisfaction duquel il y a contentement
personnel et avantage pour les autres.

La faculté qui nous fait aspirer à diriger les autres
est particulièrement nécessaire, toutes les fois que les
hommes s'unissent dans un but collectif, qui demande
le concours d'une certaine quantité de forces physiques ou intellectuelles. L'exécution de ces entreprises
collectives, qui sont la vraie puissance des sociétés or-
ganisées, rend nécessaire une hiérarchie, laquelle, à
son tour, appelle la subordination. Or, pour que les su-

périeurs soient obéis, il faut qu'ils se croient capables
de commander. Les inférieurs, de leur côté, ont besoin
de sentir que leurs chefs ne doutent pas de pouvoir les
conduire au but.

Cette faculté fait aussi chercher le moyen d'exercer
un pouvoir sur les autres et sur la Nature, en entre-
prenant de grandes choses. Si les hommes ne tentaient
jamais rien sans avoir la certitude absolue de pouvoir
réussir, la somme de progrès et le nombre des découvertes seraient fort restreints. La confiance innée qu'on
peut atteindre le but fait essayer de l'atteindre, et sans
elle on ne trouverait qu'un bien faible concours chez
ses semblables. Ceux-ci en bénéficient donc directement.

Ce que je viens de dire de l'estime de soi correspond
à ce qu'on entend généralement par ambition ; mais
l'ambition est de deux sortes : l'une, l'ambition du
pouvoir, se rapporte à l'estime de soi; l'autre, l'ambition de la gloire, se rapporte à l'approbativité.

L'approbativité nous fait sentir le besoin — indépendamment de toute affection spéciale — d'inspirer à nos
semblables une bonne opinion de nous. Quoique trop
souvent elle donne naissance à des actes futiles qui méritent plutôt le nom de vanité, il n'est pas moins vrai
que son but essentiel est d'inciter l'homme à acquérir
une solide instruction dans la science, dans les arts,
dans la littérature, et généralement dans toutes les branches d'activité où il peut se rendre utile et agréable
aux autres ; car, par là seulement, il peut espérer de

conquérir l'approbation sincère et permanente de la masse.

Ainsi cette faculté contribue au bien général et à la satisfaction personnelle : dès lors, comme il est tout aussi évident que ses résultats ne peuvent pas provenir d'une autre source, elle réunit les propriétés d'une faculté primitive.

Nous dirons la même chose de la quatrième faculté.

On pourrait croire que le jugement porté par l'intelligence doit rendre inutile la tendance spéciale attribuée à la *vénération*. Mais l'appréciation, seulement intellectuelle, des mérites des autres, n'est que passive : si à cette appréciation vient se joindre la conscience, le résultat prend une forme active, car alors nous éprouvons le besoin de reconnaître manifestement le mérite. Cependant ce n'est point encore là la vénération, il y manque un élément, qui est l'abnégation spontanée. La conscience nous fait reconnaître le droit qu'a le mérite à nos hommages, et nous commande ainsi l'abnégation comme un devoir ; mais cette abnégation n'est pas nécessairement exempte de rivalité ou de jalousie. En conséquence, la relation harmonique peut n'être sentie que par l'objet apprécié. Pour rendre cette harmonie réciproque, l'acte d'abnégation doit être accompagné d'un sentiment de plaisir, ce qui ne peut provenir que de son entière spontanéité. L'affection envers tout ce qu'on reconnaît pour grand — laquelle est le caractère principal de la vénération — ne procure pas seulement une satisfaction personnelle, mais elle est encore d'une utilité générale, en ce qu'elle entraîne la subordination, qui est un élément nécessaire de l'ordre social.

Nous allons maintenant examiner quelques-unes de ces tendances auxquelles la phrénologie ne reconnaît pas d'organes spéciaux; mais qui sont le résultat d'une combinaison de facultés, réunies par affinité. Ces tendances, qu'on ne peut classer comme *groupes* primitifs, pour les distinguer des *facultés* primitives, sont destinées à produire, de même que celles-ci, le bien de l'individu et le bien d'autrui. Nous prendrons pour exemples l'amour filial et l'amour fraternel, qui sont évidemment nécessaires à l'harmonie des relations sociales, puisque les liens de famille y occupent le premier rang.

Nous avons vu que l'amour des enfants, comme élément mental primitif, est rigoureusement nécessaire à la protection de l'âge tendre, puisque les enfants ne sont pas, et ne peuvent pas être indépendants de leurs parents; tandis que les parents le sont de leurs enfants, auxquels ils n'ont pas à demander la satisfaction de leurs besoins matériels. Il n'en est pas de même pourtant au point de vue moral, et bien que le désir d'un retour d'affection ne tienne qu'un rang tout à fait secondaire dans l'amour paternel, et se trouve presque absorbé par le dévouement, il n'en est pas moins vrai qu'il peut se manifester comme un besoin puissant, et occasionner de terribles souffrances là où manque l'amour filial. On peut donc présumer que la nature aura pourvu par quelque moyen à sa satisfaction; sans cela, notre constitution mentale manquerait d'un élément nécessaire d'équilibre, et ne serait pas un système complet, ou, ce qui revient au même, opposerait un obstacle insurmontable au bonheur de l'homme.

Les habitudes et l'éducation ont été considérées par quelques écrivains comme les seules sources de l'amour filial. Elles y contribuent certainement pour beaucoup ; mais ce serait bien mal observer que de ne pas voir que l'amour filial, comme le courage, l'honneur, la modestie , tout en se développant par l'éducation, peut exister sans l'aide de celle-ci, tandis que souvent tous ces sentiments viennent à manquer, en dépit de l'éducation la plus soignée. Ce fait seul indique que, lorsque ces sentiments existent, c'est avant tout en vertu d'une disposition naturelle primitive.

Cependant l'amour filial n'est pas une tendance mentale *élémentaire*, comme l'amour paternel. En observant les petits enfants, nous voyons que leur affection se porte indistinctement sur tous ceux qui prennent soin d'eux et qui contribuent à leurs plaisirs. L'amour filial se consolide comme sentiment moral, seulement à mesure que l'enfance disparaît pour faire place à l'adolescence. Ce fait s'explique : quoique toujours basé sur l'affection (*adhésivité*), l'amour filial, en effet, ne se constitue définitivement que par le concours des facultés qui se développent le plus tard ; il n'apparaît dans l'esprit comme un sentiment spécial,

que lorsque l'enfant a conscience du lien qui l'attache
à ses parents. En réalité, on peut dire que l'amour
filial est le résultat de toutes ces tendances que nous
appelons ordinairement affectueuses, morales et religieuses.

En analysant le sentiment d'amour fraternel, on le
trouve également d'une nature composée. Dans la première enfance, il n'existe que comme affection générale
ou amitié enfantine. Jusqu'à un certain âge les enfants
ne font aucune distinction entre leurs frères et sœurs
et leurs autres camarades, leur préférence dépendant
entièrement du degré de sympathie qu'ils ressentent
pour les uns ou pour les autres. Lorsque, plus tard, on
a conscience d'un sentiment particulier pour un frère
ou pour une sœur, ce sentiment, en tant qu'affection,
est distinct de l'amitié que nous ressentons pour tous
ceux avec lesquels nous avons les mêmes liens de sympathie ou d'habitudes, par son association avec notre
amour *filial*. Que ce soit à notre insu ou non, un
frère ou une sœur est toujours présent à notre esprit
comme l'enfant de nos parents, réuni avec nous dans
leur amour. Ce sentiment instinctif d'union dans la
piété filiale explique, indépendamment de l'éducation,
les faits quelquefois cités de frères qui éprouvent une
émotion affectueuse en se rencontrant pour la première
fois dans l'âge adulte. Mais un autre élément peut aussi
être en jeu : c'est l'idée de la solidarité, devant le monde,
de tous les membres d'une même famille, pour tout ce
qui concerne son honneur et sa considération.

Que nous analysions toutes nos amitiés réelles, et nous trouverons qu'elles diffèrent avant tout de l'amour fraternel, au point de vue affectif, par ce reflet de la piété filiale. L'existence de ce dernier élément suffit toutefois pour distinguer l'amour fraternel de l'amitié, comme lien de famille. Or, la nécessité de l'amour fraternel provient de ce qu'il est le complément de l'amour des parents, lequel, pour son entière satisfaction, demande à voir tous ses objets unis par une affection réciproque.

On rencontre une répugnance générale à considérer l'amour filial et l'amour fraternel (qui sont deux des trois liens de consanguinité) autrement que comme des éléments *instinctifs* et primitifs de l'esprit. Mais à part qu'il faut constater les faits tels qu'ils sont, il est clair qu'un pouvoir complexe de l'esprit est supérieur à un pouvoir simple, puisqu'il combine tous les avantages de la faculté qui lui sert de base avec ceux des autres facultés qui concourent à sa formation. Un pouvoir composé a sur un pouvoir simple la supériorité de la matière organisée sur la matière inorganique, ou d'un accord sur une simple note. Il embrasse un plus grand nombre d'objets : sa sphère d'action est plus vaste.

C'est précisément cet élargissement de la sphère d'action, aussi bien d'un pouvoir composé que d'une faculté simple, qui en indique l'élévation hiérarchique : élévation qui est toujours corrélative d'un accroissement d'affinité avec l'intelligence, et d'un plus grand degré du principe généreux.

Prenons pour exemple le groupe de facultés éminemment sociales : l'*amativité*, l'*adhésivité*, l'*approbativité*,
la *vénération* et la *bienveillance*.

L'amativité est la plus intermittente de toutes les affections ; elle est aussi la plus personnelle, étant susceptible de passion sans générosité. Elle se raffine et se modifie de plusieurs manières par l'influence des facultés
supérieures, mais elle *peut* agir seule. Le nombre de
ses objets est limité, même dans son essor isolé, bien
plus encore dans son essor composé.

. La sphère d'action de l'adhésivité, de l'affection ami-
cale, est plus étendue. L'adhésivité s'applique à plusieurs
personnes en même temps, et sans distinction de sexe.
Son action est plus constante que celle de l'amativité ;
elle peut même continuer sans intermittence. A l'origine, c'est un besoin personnel, par conséquent sa base
est égoïste ; mais différent en ceci de l'amativité, sa satisfaction est inséparable d'un certain accord avec ses
objets ; elle souffre de leur souffrance ; par conséquent
elle est généreuse. Elle n'est pas exclusive : le dicton
« Les amis de nos amis sont nos amis » en représente le
rayonnement. Cette tendance caractéristique à grouper beaucoup de personnes autour de soi a pour effet
de mettre des caractères variés en rapport avec les particularités de notre caractère propre, et d'éveiller ainsi
des émotions, des sympathies diverses. Des nuances
d'amitié sont ainsi produites ; ce sont autant d'émotions
différentes qui éveillent l'attention spéciale de la perception des faits — puis d'autres facultés de l'intelli-

gence, et donnent lieu, par suite, à l'appréciation et au choix.

Mais, quelque étendue que soit la sphère d'action de l'adhésivité, l'amitié n'existe qu'à une condition — celle d'un rapport personnel avec ses objets. Tandis que l'action de l'*approbativité* ne se borne pas à ceux que nous connaissons, ni, par conséquent, à aucun nombre limité de nos semblables. Elle peut s'étendre d'un individu à un parti, à la patrie, à tous nos contemporains, et même à la postérité. Ce n'est pas tout : elle peut éveiller une ambition infinie, si elle est associée avec une croyance dans notre pouvoir de plaire à Dieu. Son impulsion est égoïste, il est vrai ; rien de ce qu'elle fait n'est inspiré par une pensée absolument impersonnelle ; mais nous voyons la preuve qu'elle renferme aussi un élément généreux, dans le fait qu'elle ne peut se satisfaire sans chercher à contenter les autres. Ses sources de peine et de plaisir sont aussi nombreuses que les possibilités de louange et de blâme ; et elle ne peut se satisfaire qu'en appelant à son aide la coopération d'autres facultés, et particulièrement de l'intelligence.

La *vénération* est le sentiment des mérites des autres, comme l'estime de soi est le sentiment de son propre mérite. Comme les deux dernières facultés nommées, elle prend une forme définie ou s'applique à un objet spécial, par suite des sympathies que d'autres sentiments éveillent. Son appel à l'intelligence est augmenté par la diversité de ces sympathies ; elle donne lieu à

l'appréciation intellectuelle des différents degrés de mérite, et fait naître ainsi la conception de la hiérarchie.
Son action est plus vaste que celle de l'approbativité ;
elle s'étend à la fois au passé, au présent et à l'avenir.
C'est le lien d'affection entre nous et la grandeur passée,
et elle respecte d'avance le progrès et la grandeur à venir. Dans l'esprit religieux, elle s'étend jusqu'à la divi-
nité.

A première vue, il n'est pas facile de reconnaître un
essor égoïste à la vénération, ni de concevoir qu'aucune
faculté puisse avoir un champ d'activité plus vaste.
L'élément égoïste de la vénération se révèle pourtant
par le fait qu'elle est toujours l'écho de nos goûts, de
nos sympathies personnelles. Nous ne vénérons que les
êtres dont les qualités nous plaisent; la vénération est
silencieuse devant toutes les autres qualités, si élevées
qu'elles puissent être.

La *bienveillance*, au contraire, n'écoute aucunement
nos sympathies personnelles; ce qui est agréable ou désagréable pour le reste de nos facultés ne la touche
point lorsqu'elle est en face de la souffrance. Sa supériorité en générosité est égalée par son action dans le
temps; toute tradition de douleur, comme tout fait de
souffrance dans le présent, éveille en elle un écho de
pitié, et sa sympathie s'étend sur les maux qui sont à
prévoir dans l'avenir. Elle pousse l'homme à exercer
les puissances de son âme à prévenir ces maux, et le
rend capable d'une entière abnégation. Et ce n'est pas
encore rendre justice à toute son excellence; elle a une

qualité encore supérieure, et que j'indiquerai au chapitre suivant.

Cette rapide étude sert à démontrer que le rang d'une
faculté peut être reconnu par l'étendue de son application, par l'évolution de l'instinct généreux et par sa
puissance à solliciter le concours de l'intelligence.

CHAPITRE VIII

DU VICE ET DE LA VERTU

Je viens de montrer que la tendance essentielle de tous les éléments primitifs de l'esprit est vers le bien; c'est-à-dire que chacune d'elles, dans des conditions normales, doit concourir nécessairement au bien-être de l'individu et de la société. Le fait que le mal domine si largement dans le monde ne détruit nullement cette proposition, car, de ce que des éléments sont excellents eux-mêmes, il ne s'ensuit pas que le bien seul puisse en sortir ; comme nous l'avons vu, il y a encore ici une question de circonstances.

En effet, en thèse générale, la question du bien et du mal, individuels et collectifs, du vice et de la vertu, dépend bien plus de l'accord ou du désaccord des conditions extérieures avec la nature de l'homme, que des imperfections primitives de son caractère. Avant de s'enquérir de la cause de ces imperfections, dont on ne saurait nier l'existence, et de rechercher à quel degré l'homme est libre de se diriger vers le bien ou vers le mal, il importe de se faire une idée aussi nette que possible des deux termes génériques qui expriment les limites de toute action humaine, savoir : la *vertu* et le *vice*.

L'attraction et l'aversion, qui sont les premières manifestations de notre être, sont les précurseurs immédiats du plaisir et de la douleur ; et c'est de la connaissance des sources variées de ces derniers que proviennent toutes nos idées du bien et du mal pour nous-mêmes et pour les autres; car les actes que nous appelons bons sont toujours en rapport avec le plaisir, et les actes que nous appelons mauvais le sont toujours avec la douleur.

Souvent, il est vrai, le plaisir est suivi de la douleur (comme lorsqu'un appétit immodéré est satisfait au détriment de la santé), de même que la douleur est suivie du plaisir (comme il arrive lorsque des efforts pénibles aboutissent à un résultat heureux).

Cependant, le plaisir de manger, pendant qu'on satisfait l'appétit, ne peut être regardé autrement que comme un bien ; si l'appétit est satisfait avec imprudence, ou que l'estomac soit faible et que l'indigestion s'ensuive, le mal qui en résulte n'est pas causé par le plaisir antérieur, mais par des conditions qui étaient en désaccord avec ce plaisir.

La même chose est vraie lorsque le bien paraît provenir du mal. La douleur ressentie dans le cas que j'ai supposé est la conséquence d'un effort développé pour vaincre des conditions qui ne sont pas en harmonie avec les désirs actuels. Quand ces conditions inharmoniques sont écartées ou modifiées, elles font place à d'autres conditions qui s'accordent avec le désir, et le plaisir en est la conséquence.

Quelque banales que puissent paraître ces observations, elles sont pourtant nécessaires, car il est certain que le plaisir, *en lui-même*, est trop souvent considéré par les moralistes comme capable de produire le mal, et c'est là une confusion d'idées qui conduit aux doctrines les plus fatales au progrès : à savoir, que le mal est inhérent à notre nature, et par conséquent qu'il est de nécessité absolue de réprimer, du moins en grande partie, l'essor de nos facultés.

Mais, quoique le plaisir ou la peine constituent la mesure de ce que nous appelons *bien* ou *mal*, soit pour nous-mêmes, soit pour les autres, il ne faut pas cependant confondre le plaisir inséparable de la satisfaction d'une faculté, avec l'*opportunité* de cette satisfaction. Cette opportunité est une question de liberté, tant pour ce qui regarde les droits et les exigences des autres facultés, que relativement aux droits et aux exigences de nos semblables. Ainsi, par exemple, cela peut être un plaisir, comme c'est incontestablement un bien, d'acquérir des connaissances ; cependant, si nous demandons à nos facultés intellectuelles une attention trop prolongée, nous contrevenons aux lois de l'organisme vital, et il peut en résulter de l'irritabilité nerveuse, et par conséquent la douleur. Ou bien encore, lorsque la satisfaction d'une de nos passions, bonne en elle-même, est suivie de remords, c'est qu'en recherchant cette satisfaction nous avons violé les exigences de la conscience morale.

Cette opportunité, par rapport à nous-mêmes ou aux autres, constitue en majeure partie ce que nous entendons par le mot *vertu*. Si nous considérons un grand nombre d'actes appelés vertueux, nous verrons qu'ils sont tous le résultat d'une activité mentale, dont le but est le bien; et tout but suppose une appréciation de conditions ou d'opportunité. Par conséquent la vertu est, en dernière analyse, *un moyen pour arriver à une fin*, et non, comme certains moralistes semblent la définir, une faculté en elle-même.

Ainsi, au point de vue *abstrait*, la vertu réside dans l'intention, qui seule est en question lorsqu'on juge de la moralité d'un acte. Lorsque l'intention est mauvaise, nous ne considérons pas l'acte comme vertueux, dût-il en résulter du bien; tandis qu'au contraire nous sommes portés à pardonner à celui qui nous fait du mal, lorsque son intention est bonne.

Pourtant — et ceci prouve qu'en *pratique* la vertu est considérée comme un moyen — lorsqu'il arrive qu'une personne animée de bonnes intentions produit habituellement le mal, on se sert de toute autre expression que du mot *vertu* pour désigner le mobile qui la pousse à agir.

Mais il y a un élément qui entre essentiellement dans toutes nos conceptions, soit abstraites, soit concrètes de la vertu : c'est l'idée de l'*effort*, qui implique le sacrifice ou la subordination volontaire d'une partie de

l'esprit à l'autre. A cet état passif qu'on appelle inno-
cence, le mot vertu n'est jamais appliqué.

Si donc la vertu implique l'idée de sacrifice, sa plus
haute expression est nécessairement le dévouement ou
l'abnégation de soi-même. Mais l'homme a en lui d'autres sentiments que la conscience morale et la bienveillance ; des sentiments moins élevés il est vrai , mais
très-légitimes, et qui demandent des satisfactions. De
la sorte, bien que le dévouement soit un des plus nobles
traits de notre nature, ce serait une erreur de vouloir
construire un système moral et social sur une base
aussi exceptionnelle, et de demander à la nature humaine plus qu'elle ne peut, et surtout qu'elle ne veut
donner. La vertu devrait être enseignée comme conduisant à un ordre moral, dont profitent également
l'individu et la société. De fait, à part l'amour du bien
pour le bien en lui-même — dont je reparlerai, et qui
certainement se manifeste chez les natures élevées — la
vertu doit être regardée comme tout aussi personnelle
que sociale, et tout aussi efficace pour le bonheur de
l'individu que pour celui de ses semblables. Nous
voyons qu'en réalité ce point de vue est celui des écrivains religieux, puisque, contradictoirement à la doctrine que la vertu doit être pratiquée pour elle-même,
ils lui offrent une récompense, dans la perspective d'un
bonheur éternel.

La hiérarchie des vertus est identique avec celle des
facultés et de leurs combinaisons. Il n'y a point de vertu
en dehors des sentiments sociaux, et nul sentiment n'est

social, s'il doit, pour se satisfaire, ne tenir aucun compte
du bonheur d'autrui. A mesure que nous nous élevons
dans l'échelle des facultés, nous trouvons que le principe de la générosité, le désintéressement, se mêle de
plus en plus au principe d'égoïsme, et que les facultés
dans lesquelles l'élément personnel est le moins prononcé, sont la source des plus hautes vertus.

Mais aussi, plus une faculté est élevée et plus elle
peut produire de bien — plus, dans certaines conditions, elle a de pouvoir pour le mal; car lorsque, par
le fait d'une intelligence insuffisante ou mal dirigée, ou
du manque d'ordre hiérarchique dans l'organisme mental, une des facultés élevées ne fonctionne pas normalement, la quantité de mal qui peut en résulter est proportionnée, non-seulement à l'étendue de la sphère
d'action de cette faculté, mais encore au pouvoir qu'elle
a d'entraîner celles qui lui sont inférieures. Considérons les maux innombrables causés par la *conscience* et
par la *vénération* mal dirigées. Les guerres religieuses,
les persécutions et les tortures judiciaires ne montrent-
elles pas que ces facultés si élevées peuvent, lorsqu'elles
sont peu éclairées, inspirer ou tolérer des actes qui nous
paraissent aujourd'hui des crimes horribles?

Le fait que toutes nos facultés renferment à divers
degrés une certaine dose d'égoïsme, ne vient en aucune
façon contredire le principe que le bien est la raison
d'être de tous les éléments constitutifs de l'esprit humain. Dans de justes limites, l'égoïsme est une condition indispensable au bonheur individuel; philosophi-

quement parlant, il n'est autre chose que l'impulsion primitive de nos tendances, leur essor naturel vers la satisfaction. Ainsi compris, il ne mérite nullement l'odieux qui s'attache à ce mot, car le bonheur de l'individu n'est pas nécessairement hostile à celui du prochain ; bien au contraire, par suite de la solidarité des intérêts humains, l'un est dépendant de l'autre. Dans ses manifestations légitimes, l'égoïsme ne peut offenser que ceux dont la propre personnalité cherche à imposer l'abnégation à autrui.

A mesure que nous avancerons vers une organisation sociale plus favorable à l'éclosion de toutes les natures, et à l'exercice des droits de tous, il deviendra plus évident que l'intérêt de chacun est compatible avec l'intérêt général. On verra alors qu'il est possible d'équilibrer les exigences personnelles avec la générosité, et d'exclure ainsi ces deux extrêmes inharmoniques, qui sont : d'un côté, la poursuite de l'intérêt, commençant et finissant à l'individu; de l'autre, ce complet désintéressement qui, en général, est le résultat d'une fanatique et décevante idée de la vertu, ou d'une organisation mentale incomplète.

Chez les organisations supérieures une semblable abnégation peut se rencontrer quelquefois, mais c'est comme exception, et jamais comme règle : car plus une organisation est riche, plus ses facultés sont nombreuses et puissantes, plus le besoin de les exercer devient impérieux.

La bienveillance elle-même n'est pas entièrement

exempte de personnalité : mais cette faculté se distingue
de toutes les autres, en ce qu'elle marque le point où la
conscience de la peine et du plaisir prend les autres
pour objet au lieu de soi-même. Sa souffrance est la pitié, et sa jouissance le bonheur des autres. Sans mélange d'aucun sentiment étranger, elle est égale pour
tous, et indépendante de toute sympathie particulière.
C'est ainsi qu'elle diffère de nos autres affections, lesquelles s'adressent à des objets de leur choix, tandis
que la bienveillance entre en activité partout où elle
rencontre un être qui souffre ou qui est heureux.

Le mot bienveillance, employé en phrénologie, n'exprime que faiblement l'action de cette faculté. Je l'ap-
pellerais plutôt : amour puissantiel, charité universelle.
L'observation des faits conduit à la reconnaître comme
une faculté primitive ; cependant son existence comme
telle, est un des points controversés de la philosophie
phrénologique. On l'a considérée simplement comme
un mode d'activité des affections, et l'un des critiques
les plus consciencieux de la phrénologie, M. Adolphe
Garnier que j'ai déjà cité, en parle comme d'un « phé-
« nomène qui paraît n'être qu'un mode ou un degré
« *inférieur* des affections du cœur [1]. » Mais, bien que
toutes nos affections puissent nous amener au sacrifice
de nous-mêmes, leur premier mouvement n'est-il pas
évidemment commandé par un besoin de satisfaction

---

1. La *Psychologie et la Phrénologie comparées,* par M. Adolphe
Garnier, page 358.

personnelle ? La bienveillance, au contraire, donne sans demander, et sans avoir besoin de retour. N'est-ce pas un fait d'expérience journalière, que bien des gens qui aiment avec passion, ou qui sont dévoués à un ami, à un enfant, sont indifférents à tout le monde, sans émotion devant les souffrances des autres, et insensibles à leurs joies, tandis que, d'un autre côté, on voit des hommes qui, ne demandant aucun retour affectueux, ou se résignant facilement à en être privés, sympathisent cependant avec tous leurs semblables, s'apitoient sur ceux qui souffrent, et se réjouissent avec ceux qui sont dans la joie ?

La bienveillance n'est pas la seule faculté de notre esprit qui recherche le bien pour lui-même. Il y en a une autre — la *conscience morale* — qui est également absolue dans son amour du bien ; mais ce bien est ici d'une autre nature. La conscience est un sentiment si étroitement lié aux jugements de l'intelligence, et si dépendant de ceux-ci, quant à son application, que beaucoup d'écrivains sur cette matière doutent encore si elle est une faculté primitive, dans le sens d'une impulsion irréductible à d'autres éléments, ou un pouvoir composé de plusieurs autres, et particulièrement basé sur l'intelligence.

Quelque opinion qu'on ait à cet égard, on définit généralement la conscience comme : « une faculté ou pouvoir qui juge du bien et du mal, » ou « une faculté ou pouvoir qui juge de la justice ou de l'injustice de nos motifs, et les approuve ou les désapprouve. »

Il y a cependant des personnes qui nient que la con-science soit un pouvoir moral, et qui pensent que les effets qu'on lui attribue sont dus uniquement au senti-ment ou à la connaissance de ce qui est le bien pour l'individu même.

De toutes ces manières d'envisager la question, la première me paraît être la seule vraie, savoir, que la conscience est une faculté primitive.

Ceux qui la font dériver de l'éducation, de l'expérience ou de l'intérêt personnel seuls, affirment que nos appré-hensions du bien et du mal sont d'origine purement in-tellectuelle, et s'acquièrent par la même voie que toutes nos autres idées : en d'autres termes, que les notions du bien et du mal sur lesquelles les hommes sont d'accord, correspondent à certaines manières de sentir dont les conséquences sont reconnues par l'expérience, comme favorables ou défavorables au bien-être de l'in-dividu et de ses semblables.

Mais la conscience doit être plus que cela, car on voit des hommes qui, de leur propre inspiration, conçoivent des principes moraux tout autres que ceux consacrés par l'expérience et l'éducation. C'est également une erreur de supposer que la conscience n'est qu'un juge-ment ou une connaissance intellectuelle du bien et du mal. Ce n'est pas plus exact que de croire que l'amour consiste seulement à savoir qu'il existe un autre sexe. La simple connaissance, en tant que fait, qu'il y a des couleurs distinctes ne suffit pas pour les distinguer, pour les percevoir ; cette perception néces-

site une faculté spéciale, et il en est de même du bien
et du mal.

Cela est si vrai qu'il arrive quelquefois qu'on hésite
devant une résolution à prendre, parce qu'on a comme
une sensation vague qu'il y a là une question de bien
ou de mal, et qu'en même temps le jugement est impuissant à discerner clairement entre eux ; tandis que,
dans d'autres cas, la *connaissance* de ce qui est bien et
de ce qui est mal laisse le *sentiment* indifférent, et
n'éveille aucune préférence.

Cela revient à dire que l'on peut comprendre, sans le
sentir, ce qu'il y a de bon ou de mauvais dans un acte
donné, d'après certaines règles acceptées. Que l'on envisage en tous sens les actes humains avec les seules lumières de l'intelligence, et l'on n'arrivera jamais à saisir la
notion propre de ce que l'on exprime par le mot *juste*.
L'intelligence peut nous donner plus ou moins l'idée de
l'ordre dans les rapports humains, mais elle ne nous
suffira point pour nous élever au sentiment du *droit*
d'autrui, qui est le véritable sentiment du *devoir*. Or,
c'est précisément ce *sentiment* d'une différence entre le
bien et le mal, qui constitue ce que nous appelons la
conscience morale.

De fait, il y a peu de gens qui, en analysant ce qui se
passe en eux-mêmes, ne soient amenés à établir une
distinction essentielle entre : *reconnaître* intellectuellement que telle ligne de conduite est bonne, et *sentir*
qu'on doit préférer telle manière d'agir à telle autre.

C'est dans ce sens que la phrénologie admet la *cons-*

cience comme sentiment moral et primitif. Le mot *équité* est celui qui en exprime le mieux les effets ; il signifie égalité et réciprocité de droits et de devoirs. Il correspond à la loi : « faites aux autres ce que vous voudriez qui vous fût fait. » Il embrasse à la fois l'individu et ses semblables.

Le mot *justice* correspond à la loi écrite, au droit conventionnel ; le mot *équité* à la loi naturelle. Aussi avons-nous dans le jury une cour d'équité qui éclaire la marche de la justice.

La meilleure définition que je puisse proposer pour la conscience, en tant que faculté innée, est : *attraction pour la vérité.* Plus nous étudions la nature humaine, soit en nous-mêmes, soit chez les autres, plus nous découvrons de raisons pour reconnaître qu'il y a dans l'homme un principe instinctif qui lui rend le vrai et le juste attrayants ; principe dont la mission est d'exercer une pleine et entière autorité sur les autres inclinations, et qui, lorsqu'il est violé, se fait sentir comme *remords*, indépendamment de toute crainte relative aux suites de l'acte.

Ce sentiment est, avec la bienveillance, le plus absolu que nous possédions. Si la bienveillance nous porte à nous sacrifier pour le bonheur d'autrui, la conscience peut nous conduire à nous sacrifier nous-mêmes et ceux que nous aimons le mieux aux lois de l'équité. La conscience s'applique à un principe, et non aux individus ; il n'y a pour elle ni grâce ni faveur.

Cependant, tout en reconnaissant que l'homme est

doué de ces attributs élevés, il faut aussi admettre qu'il nous présente dans l'histoire, comme dans la vie de chaque jour, un triste spectacle. En vérité, nous ne pouvons le considérer, au point de vue général, soit dans le présent, soit dans le passé, sans qu'il s'offre à nos yeux sous un aspect malheureux : triste assemblage de stupidité, d'hypocrisie, de vice et de crime, en proie à toutes les funestes conséquences d'un égoïsme désordonné et révoltant. Et je n'entends pas ici parler seulement de ces cas extrêmes prévus par la loi, mais de cette vulgarité de cœur et d'esprit qui se trahit par l'envie du mérite et du bonheur des autres ; de cette soif de dénigrement, de ces habitudes de calomnie, qui empoisonnent les relations de tous les jours.

Mais, si sombres que soient les pages de l'histoire morale, passée ou présente, il n'est pas moins vrai que de nobles aspirations vers l'amour et vers la justice n'ont jamais fait défaut à l'humanité. A toutes les époques nous trouvons de nombreux exemples de dévouement à la vérité, et il est juste d'en conclure que ce qui se manifeste chez quelques-uns peut exister, quoique plus ou moins latent, chez les autres, puisque ces exemples de vertu ont le privilége d'exciter l'admiration dans tous les cœurs. Lorsque les passions basses et les intérêts personnels sont un instant assoupis, ne voyons-nous pas dans les masses l'aversion la plus sincère pour tout ce qui est faux et vil, l'horreur du crime, l'enthousiasme pour ce qui est noble et bon ?

L'histoire du genre humain fournit donc deux ordres

de faits : le premier, conséquence de l'égoïsme et des crimes de l'homme, et qui, pris isolément, amènerait à conclure que le mal est le fond de sa nature ; le second, consistant en ces actes de bonté, plus rares, mais spontanés, d'après lesquels on peut conjecturer ce que la nature humaine est capable de devenir.

Observons, en terminant, que ces derniers exemples de l'excellence virtuelle de l'homme sont corroborés par le raisonnement, tandis qu'il n'en est pas de même de la nécessité du mal ; le mal pouvant être attribué, le plus souvent, à des circonstances défectueuses, qui ne peuvent être améliorées ou écartées que par la connaissance des lois naturelles.

Cette manière de poser la question peut paraître apporter trop de restriction au libre arbitre. Aussi, comme ce sujet n'a pas moins d'importance pratique que d'intérêt théorique, avant de commencer mes recherches sur la nature, les conditions et les limites de la phrénologie appliquée, il est à propos d'examiner ce qu'il faut entendre par le libre arbitre, et quelle est la valeur des objections qu'on a élevées contre la phrénologie en l'accusant de fatalisme.

CHAPITRE IX

DE LA FATALITÉ ET DU LIBRE ARBITRE

On fait généralement à la phrénologie le reproche de justifier les doctrines fatalistes. Je vais examiner en quoi cette accusation est fondée.

Depuis que l'on s'est occupé de l'étude de l'esprit humain, nulle question n'a été plus controversée que celle de la liberté morale. D'une part, les fatalistes purs n'ont vu dans l'homme qu'un ensemble de lois réglant un mécanisme dont les effets étaient aussi nécessaires, aussi *fatals*, que le sont les effets des lois physiques. D'autre part et à l'extrême opposé, se trouvent les partisans du libre arbitre pur, qui reconnaissent dans l'homme une puissance ou une faculté entièrement indépendante de toute loi, de toute condition : faculté spontanée et libre dans son essence, d'une manière absolue.

A y regarder de près, la différence entre ces deux ordres de conceptions n'est qu'apparente : au fond, la même idée, la même affirmation est contenue dans les deux, à savoir : celle d'une puissance qui ne relève que d'elle-même — d'une puissance inconditionnelle. L'idée d'une nécessité absolue, éternelle, infinie, implique l'idée de liberté, puisqu'elle suppose une puissance qui ne peut se concevoir que comme agissant sans mobile — indépendante de tout contrôle. D'un autre côté, l'idée de la liberté absolue, éternelle, infinie, contient celle de la nécessité, puisque l'*inconditionnel*, l'*incréé*, ne pouvant pas être autre qu'il n'est, est sujet à la nécessité, en ce sens qu'il n'a pas le choix d'être ou de n'être pas.

Les principes des fatalistes et des partisans du libre arbitre absolu sont également métaphysiques, car dans l'un et l'autre il est question de causes premières — de l'absolu — conception que notre raison ne peut jamais embrasser, quoiqu'elle y tende sans cesse. Tout ce qu'elle peut saisir, c'est le *relatif*, champ unique de l'observation. Du moins tous les efforts tentés par les métaphysiciens n'ont, jusqu'ici, amené aucun résultat sur lequel le plus grand nombre des penseurs aient pu s'accorder. Certainement ce n'est point là un argument légitime contre la poursuite de pareilles investigations; la ténacité que des esprits supérieurs ont mise de tout temps à vouloir démontrer l'inconditionnel — qu'on le nomme cause première ou libre volonté — pourrait même être regardée comme une présomption que l'homme peut acquérir plus de connaissances qu'il n'en possède sur ce sujet.

Nous ne voulons donc pas dire que le problème de
l'absolu, de l'inconditionnel, soit au delà de la portée
de l'esprit humain : nous disons seulement que ce problème n'a pas encore été résolu.

L'opinion ou doctrine adoptée par la généralité des
penseurs, et qui est la plus féconde en résultats pratiques, est celle qui admet une liberté restreinte ou relative. En effet, chaque homme qui observe ce qui se
passe en lui-même y reconnaît quelque chose de libre,
qui n'est pas l'effet fatal des causes ou des lois dans
le sens d'un simple mécanisme. Et d'un autre côté,
cette même observation lui fait voir que ses déterminations et ses actes les plus libres se rattachent toujours à une cause appelée *motif*.

Cependant les partisans du libre arbitre absolu ,
comme ceux de la fatalité absolue, ne voient dans le fait
que des motifs sont nécessaires pour déterminer la volonté , qu'une doctrine fataliste déguisée ; parce que
ni l'un ni l'autre ne tiennent compte de la différence importante qui existe entre un motif, entendu comme cause
déterminant un acte moral, et une cause cosmique, déterminant un effet physique. Raisonnant comme si le
motif était au monde moral ce que la *cause* est au
monde matériel, pour eux l'homme, lorsqu'il agit d'a-
près un motif, agit nécessairement comme une machine.
Mais un motif est, à l'égard de nos actes, plus qu'une
cause cosmique n'est à l'égard des phénomènes qu'elle
produit. Un motif implique une intelligence faisant
partie de lui-même, tandis qu'une cause, dans le sens

matériel, n'est que la simple expression d'une intelligence extérieure.

En effet on n'applique jamais le mot *motif* aux actes que l'on suppose résulter de l'instinct seul, tels que les actes d'un très-jeune enfant. On parle de motifs seulement lorsqu'on juge que le principe intellectuel s'est adjoint aux impulsions instinctives, c'est-à-dire lorsqu'il peut y avoir *discernement*. Cependant le discernement seul ne constitue pas plus un motif d'action que l'impulsion seule : on peut très-bien discerner entre deux choses et demeurer parfaitement indifférent à leur égard. Un motif se compose donc du discernement et d'une impulsion ou désir préalable.

Une sorte de discernement est inséparable, il est vrai, du désir lui-même, mais ce discernement n'a trait qu'à l'*objet* désiré ; le discernement supérieur qui est nécessaire pour constituer un motif, s'applique à la *conscience* de notre désir même, et du rapport entre lui et sa réalisation. C'est précisément cette double conscience objective et subjective, qui fait que l'on pèse un motif contre un autre, avant de se résoudre définitivement à se laisser guider par l'un plutôt que par l'autre. Sans cette intervention de l'intelligence, il n'y a pas de liberté ; c'est l'intelligence qui fait choisir : deux désirs opposés se font sentir simultanément, et l'intelligence intervient pour peser les conséquences diverses et déterminer la décision.

Cette analyse fournit une réponse à ceux qui prétendent que le motif le moins fort peut souvent déterminer

nos actes, et qui cherchent ainsi à nier le rapport nécessaire entre le motif et la volonté. Tous les faits qu'on
cite pour prouver qu'il existe dans l'homme une liberté
indépendante du plus fort motif, ne résistent pas à l'a-
nalyse. On prétend, par exemple, que l'homme agit
souvent en opposition avec ses désirs les plus violents ;
qu'il peut, malgré des sollicitations illicites, résister à
leur entraînement, souffrir la torture et la mort plutôt
que de trahir un ami ou de renier sa foi. Mais n'est-il
pas évident qu'en de pareils cas l'esprit est aux prises
avec des alternatives liées elles-mêmes à des motifs dont
le plus fort détermine la volonté?

Si l'on résiste à la tentation de céder à une passion
illicite, c'est qu'on a trouvé un motif assez fort dans le
principe moral, dans le sentiment du devoir, etc. Si
l'on préfère la mort à l'infamie de trahir un ami ou de
renier sa foi, c'est qu'on éprouve l'amour du bien plus
qu'on ne craint la mort. Il est important de tenir compte
du fait que les sentiments les plus tumultueux ne sont pas
nécessairement les plus forts. Il n'y a pas un homme qui
ne résiste souvent à des désirs pressants, en réfléchissant
aux conséquences éloignées qui pourraient résulter de
leur satisfaction. En de pareils cas, je le répète, n'est-il
pas évident que le motif le plus fort est celui qu'approuve la raison?

D'un autre côté, quoique la volonté libre ne puisse se
concevoir sans l'intervention de l'intelligence, l'action
de celle-ci, unie aux impulsions ou désirs, ne confère
pas toujours le pouvoir d'accomplir l'acte moral. Le

13

motif raisonné constitue une condition *indispensable* pour la liberté morale, mais seulement une *condition*.

Prenons pour exemple un joueur. En quittant, après une perte, la table de jeu, il voit clairement la ruine qui l'attend, et reconnaît combien est illusoire l'espoir de regagner ce qu'il a perdu ; il prend pour la centième fois la résolution de ne plus jouer. La conscience de son devoir envers ceux qui dépendent de lui, sa dignité d'homme, tout lui dicte clairement la conduite qu'il devrait suivre ; et pourtant le lendemain, il s'abandonne de nouveau à la passion qu'il condamnait la veille. S'il n'écoute pas les avertissements de son intelligence, c'est que certains de ses désirs ont une force suffisamment dominante, soit pour la faire taire, soit pour la diriger vers d'autres conclusions. Lorsqu'il quitte la table de jeu, il est sous le coup du désappointement ; les facultés qui lui font trouver un si puissant attrait au jeu sont maintenant fatiguées, son espoir est déçu, ses illusions détruites. Il se trouve alors dans les circonstances favorables à l'exercice de la conscience et de la raison, et il voit toute l'ignominie et toute la folie de sa conduite. Lorsque, plus tard, la vue d'une table de jeu fait revivre en lui la funeste passion, c'est que son imagination, excitée par un espoir dominant, lui peint la riante image du succès, bien plus vivement que la prudence et la mémoire ne lui retracent sa douloureuse expérience.

L'intelligence a donc conçu et indiqué fort clairement la conduite qu'il convenait d'adopter, la direction dans laquelle la volonté *devait* agir, sans que cependant la volonté ait agi efficacement.

Ce que l'expérience nous fait voir de plus clair dans la question de la liberté morale, c'est que nous avons le pouvoir de développer en nous l'habitude d'agir selon des motifs raisonnés, de régler nos choix en les rapportant à des principes de conduite reconnus par l'intelligence comme dignes d'être permanents. Aussi, si, d'une part, la liberté absolue n'est susceptible d'aucune démonstration, d'autre part, il faut constater le fait qu'un sentiment de liberté existe en nous, et ce sentiment, nul raisonnement ne peut le détruire. Aucun homme n'est véritablement fataliste dans la pratique de la vie ; aucun n'est sans avoir quelquefois la conscience qu'il peut choisir entre des alternatives ; aucun homme ne se croit donc entièrement passif dans le mouvement général des choses.

Il résulte de ces considérations : 1° que la volonté n'est jamais libre, dans ce sens qu'elle serait indépendante de tout motif ; 2° que la liberté de la volonté existe à des degrés différents chez les différents individus, selon le rapport de leur intelligence avec leurs sentiments et leurs instincts.

La diversité de facultés parmi les hommes, d'où résulte la supériorité des uns sur les autres, n'est pas un fait proclamé seulement par la phrénologie, qui, à cet égard, n'avance rien de neuf — rien que l'observation la plus ordinaire ne confirme. Pourquoi donc l'accuse-t-on spécialement d'être inconciliable avec la

responsabilité morale? Il semblerait vraiment que c'est
parce qu'elle admet la diversité des organisations cérébrales comme correspondant à la différence qui existe
entre les facultés naturelles, soit de l'individu, soit des
différents hommes — différence dont personne cependant ne doute plus aujourd'hui. Ainsi, dit-on, la
phrénologie fait dépendre le sentiment du bien et du
mal d'un organe qui est quelquefois si pauvrement
développé, qu'il est facilement paralysé par l'action
supérieure d'autres facultés plus égoïstes, lorsque les
organes correspondant à ces dernières sont plus volumineux; en sorte que le voleur ou l'assassin ne serait
responsable de ses actes que selon qu'il possède plus
ou moins de matière cérébrale.

La moindre réflexion suffit pourtant pour faire comprendre que s'il y a une proposition dans la doctrine
phrénologique qui semble entraîner des conclusions
fatalistes, ce n'est pas celle qui assigne à chaque faculté
mentale un organe spécial dans le cerveau; mais bien
celle qui affirme la diversité des facultés mêmes des
différents hommes, et par conséquent la diversité dans
la direction et dans la force de leur volonté. Il faut donc
admettre que l'organologie phrénologique laisse la
question de la volonté libre, précisément au point où
elle était avant la découverte de Gall.

Mais, à supposer qu'il en fût autrement, il n'appartient pas à la phrénologie de concilier ses observations
avec une proposition métaphysique, comme celle de la
liberté inconditionnelle; il est plutôt du devoir du mé-

taphysicien de faire concorder ses dogmes avec les observations phrénologiques, à moins qu'il ne puisse démontrer l'inexactitude de ces observations ; chose qui
ne lui sera pas possible à l'égard des grands faits essentiels de la phrénologie, de ces faits que tout anthropo-
logiste est forcé de reconnaître.

Ce n'est qu'en poursuivant la méthode positive, c'est-
à-dire en observant toutes les faces et toutes les conditions de la nature humaine, que nous pourrons espérer
de découvrir un remède aux manifestations perverses des
instincts de l'homme, et au développement tardif de ce
qui est bon en lui. Cette méthode positive est celle du
phrénologiste scientifique ; il n'affirme rien ; il observe
les phénomènes de la nature humaine, constate le rapport entre les lois organiques et les manifestations de
l'esprit, et établit le fait que ces manifestations diffèrent
grandement, selon que le cerveau qui leur sert d'instrument est bien ou mal organisé — sain ou malade.

On ne fait aucune difficulté pour admettre cette vérité dans les *cas extrêmes :* personne ne songe à nier le
rapport qui existe entre la folie et l'idiotisme d'une part,
et un état maladif ou incomplet du cerveau de l'autre.
Or, le phrénologiste ne fait que particulariser cette observation générale. Il maintient que la dépendance des
lois mentales et organiques est si étroite que l'homme
progresse ou se détériore, non-seulement au physique,
mais aussi au moral, selon qu'il observe ou qu'il néglige les lois naturelles.

En insistant sur cette conclusion, la phrénologie, loin

de nier la liberté et la responsabilité de l'homme, proclame que son système psychique le rend capable d'une volonté rationnelle ou éclairée, et elle reconnaît que le progrès est un effet direct de cette volonté et de cette intelligence.

La part de responsabilité personnelle de chaque individu dans son propre perfectionnement est sans doute en rapport avec ses dons naturels, mais elle est en rapport aussi avec les avantages que lui fournit la société; en d'autres termes, s'il existe une responsabilité individuelle, il y a aussi une responsabilité collective. Nous vivons dans un état de société qui, malgré son incontestable supériorité, par rapport au passé, est encore impuissant à donner un juste degré de satisfaction aux besoins physiques et moraux d'un grand nombre de ses membres. Ceux-ci se trouvent par conséquent dans les conditions les plus propres à tenir constamment en jeu leurs facultés les plus égoïstes et les moins sociales. Plus on descend dans ce qu'on appelle, avec une triste vérité, les *basses classes* de la société, et plus on voit combien sont rares les occasions où les facultés les plus élevées de l'âme pourraient trouver leur essor. Tant que celles-ci demeurent inactives, les instincts inférieurs eux-mêmes, manquant de leur contre-poids et complément naturel, ne peuvent fonctionner normalement; de plus, étant eux-mêmes continuellement et douloureusement comprimés, ils revêtent par gradation la forme du plus bas égoïsme.

Le résultat de cet état de choses, continué de génération en génération, ne peut manquer de frapper tout observateur visitant les divers quartiers d'une grande ville. La différence de physionomie et d'aspect général entre ceux qui sont mal nourris et habitent des rues humides et sombres, et ceux qui jouissent d'une certaine aisance et vivent dans des quartiers plus salubres, est aussi frappante que la différence de leur genre de vie et de leurs positions sociales. Ils semblent presque appartenir à des races diffférentes.

En présence de ces faits, aucun observateur sérieusement désireux de trouver un remède à de tels maux, ne refusera de reconnaître que leur cause immédiate gît dans le manque d'adaptation du milieu social et matériel où les malheureux et les ignorants sont confinés, aux nécessités physiques et morales de la nature humaine.

Il est vrai que nous cherchons presque en vain, même au milieu des classes les plus favorisées, une organisation cérébrale se rapprochant du type d'excellence que nous croyons devoir être atteint par l'humanité — bien plus, des organisations très-défectueuses même sont fréquentes parmi ceux qui n'ont jamais manqué de rien et ont eu tous les avantages de l'éducation. Aussi faut-il convenir que dans les classes les plus favorisées, comme dans les plus déshéritées, les sentiments supérieurs sont trop généralement comprimés ou mal dirigés. Combien, en effet, la société ouvre peu de carrières aujourd'hui qui s'accordent avec les principes d'une stricte morale! La conscience, par exemple, trouve rarement à s'exercer dans le cours de la vie, car, si elle était écoutée, ses prescriptions rigoureuses seraient trop souvent en opposition avec les intérêts les plus pressants de ce monde. Si donc un marchand, un spéculateur, un homme de loi répriment habituellement l'activité de leur conscience et de leur bienveillance, on comprend que les organes de ces facultés deviennent inertes, et se présentent moins développés dans les générations suivantes.

Pour me résumer, l'homme, comme tout ce qui existe, est soumis aux lois cosmiques; mais il est, en outre, soumis aux lois morales, qui l'obligent à savoir distinguer le bien du mal. C'est en vertu de ces lois qu'il est libre de rechercher les causes des maux dont il souffre, pour les combattre et les surmonter; qu'il est libre d'employer les richesses dont la nature l'a entouré à son bonheur et à son bien-être; qu'il est libre enfin, par l'étude de sa propre nature, par l'étude de ses rapports avec le monde extérieur et avec ses semblables, de se placer dans les conditions normales de son être.

Ceux donc qui soutiennent que l'homme est sous la domination d'une nécessité absolue, aussi bien que ceux qui lui attribuent une liberté absolue, sont également loin de la vérité; car nous ne pouvons concevoir la fatalité et le libre arbitre que comme essentiellement relatifs.

CHAPITRE X

APPLICATIONS DE LA THÉORIE

De la portée de la phrénologie comme science et comme art. — Des
tempéraments. — De l'action puissantielle des facultés, par suite de
leur combinaison hiérarchique et de la substance intime du cerveau.
— Du génie. — Des difficultés de la phrénologie appliquée et des réserves qu'elle comporte. — De la mesure de son utilité.

J'aborde maintenant la question de la portée véritable
de la phrénologie comme science et comme art; ses
applications possibles; les conditions indispensables à
leur réalisation; enfin leur degré de certitude et leur
utilité. Cette étude nous permettra d'apprécier combien
il est nécessaire de posséder de sérieuses connaissances
théoriques avant de chercher à appliquer la phrénologie
à l'analyse des caractères.

La phrénologie peut être appliquée d'une manière
purement expérimentale, ou d'une manière expérimentale et théorique.

Dans le premier cas elle se borne à tirer des conclusions quant au caractère d'un individu d'après une simple observation de sa tête, soit dans les grandes divisions qui correspondent aux tendances instinctives,
morales et intellectuelles, soit dans les divisions plus

détaillées, ou organes individuels, qui correspondent chacun à une seule faculté.

Ses applications deviennent à la fois expérimentales et théoriques lorsque l'observation dont je viens de parler est guidée par une connaissance approfondie de la nature des facultés elles-mêmes, des lois de leurs combinaisons et du degré de modification auquel les tendances naturelles sont sujettes par suite d'influences extérieures.

La première de ces deux applications, faite avec soin, peut, jusqu'à un certain point, conduire à des résultats utiles ; mais, comme je l'ai déjà dit en parlant de la méthode de Gall, une manifestation mentale n'est pas toujours proportionnelle au volume de l'organe correspondant ; pas plus que les tendances *générales* de caractère ne le sont aux dimensions des grandes régions du crâne.

Je montrerai cependant un peu plus loin que des cas semblables n'offrent qu'une contradiction apparente avec les principes phrénologiques, et qu'à l'aide des connaissances nécessaires en physiologie et en psychologie, ils ne présentent pas d'obstacle insurmontable à l'appréciation du caractère d'après l'inspection de la tête.

Mais avant de passer à ces considérations supérieures, il est essentiel d'en aborder une purement physiologique, à savoir si la conformation extérieure de la tête représente la forme du cerveau avec assez de précision pour nous permettre d'en apprécier la conformation pendant la vie. S'il n'en était pas ainsi, évidemment la phrénologie, comme science pratique, croulerait par la base.

Sans entrer dans tous les détails que comporterait ce sujet — détails pour lesquels je renvoie aux ouvrages anatomiques et phrénologiques — je présenterai quelques remarques générales, mais positives, à l'appui de cette proposition, que la conformation extérieure du crâne indique celle du cerveau.

Dans le développement embryonnaire de la tête, les renflements nerveux, sur lesquels le crâne se moule parfaitement, apparaissent les premiers. Le cerveau paraît d'abord sous la forme d'une vésicule. Vers le second mois de la vie du fœtus, cette matière du cerveau est entourée d'une substance mucilagineuse qui se transforme plus tard en cartilage. A l'époque de la naissance l'ossification du crâne n'est pas encore complète, et tout le monde sait que, pendant la première période de l'enfance, quelques-unes de ses parties ne sont pas fermées : ce sont les parties qui sont le plus éloignées des centres d'ossification, et qu'on nomme les *sutures* et *fontanelles*.

Personne ne met en doute que le crâne ne se moule sur le cerveau pendant la première période de sa formation ; mais lorsque, plus tard, il est complétement ossifié, on doute souvent que sa forme puisse encore être modifiée par la matière molle du cerveau. On croit, par conséquent, que les changements ultérieurs qui peuvent se produire dans le développement de cet organe ne sauraient être représentés au dehors. C'est néanmoins un fait certain que le crâne continue à se modeler sur le cerveau, à ce point même que, sous l'influence d'une

activité mentale forte et prolongée, la forme de la tête
change quelquefois avec une rapidité remarquable pendant l'âge adulte. Ce n'est, du reste, là qu'un exemple de ces cas nombreux et bien constatés, qui nous
montrent une substance dure cédant à l'action continue
d'une substance molle. Le cerveau presse sur son enve-
loppe, et les molécules osseuses, qui se renouvellent incessamment, se disposent de telle sorte que le crâne
s'adapte toujours à son contenu dans les lentes modifications auxquelles celui ci peut être soumis.

La seule objection plausible, en apparence, que l'on
ait opposée à la corrélation des saillies du crâne avec les
circonvolutions cérébrales, c'est que les deux tables dont
le crâne se compose ne sont pas invariablement paral-
lèles.

Il y a, en effet, entre ces deux tables un intervalle que
remplit une substance cellulaire spongieuse appelée
diploé. Mais cette conformation n'empêche que très-
rarement de reconnaître la forme générale du cerveau,
et même ses délinéations particulières, qui indiquent les
organes phrénologiques. On peut s'en convaincre par un
examen de la généralité des crânes; dans la plupart des
cas la divergence des deux tables est insignifiante, variant seulement d'une à trois lignes, alors que l'on rencontre fréquemment des différences de dix et douze
lignes dans les circonvolutions d'un même cerveau [1].

Une difficulté plus sérieuse, c'est de déterminer jus-

1. Voir l'*Appendice*, note C.

qu'à quel point le volume des organes cérébraux donne
la mesure des facultés correspondantes.

Gall reconnut tout d'abord que dans le cerveau, comme
dans tout autre système d'organes, la puissance ou la
quantité d'activité fonctionnelle ne peut être mesurée
d'après le volume *seul*. Il y a, en effet, une autre condition dont il faut tenir compte : la structure intime
de l'organisme cérébral, structure à laquelle les phrénologistes attribuent les qualités de vigueur et d'activité. En conséquence, au lieu de dire que le volume
d'un organe mesure sa puissance, il faut, pour être
exact, reconnaître que les manifestations de l'esprit sont
proportionnelles à la fois au volume du cerveau et à sa
structure intime.

La première de ces conditions est facile à constater;
mais la seconde, de laquelle dépend la finesse — la *tonicité* — du cerveau, est plus difficile à apprécier. Pour nous
guider dans cette appréciation, nous ne possédons encore que l'observation des tempéraments; mais ce moyen
peut nous suffire, car le cerveau obéit à la même loi
physiologique que le reste de l'économie animale.

On n'est pas d'accord sur le nombre des tempéraments, pas plus que sur leur nature intime ou leur
cause. L'opinion la plus généralement reçue, et qui me
paraît la plus juste, c'est que le tempérament dépend de
la prépondérance, soit d'un organe, soit de l'un des
systèmes généraux de l'organisme, lorsque cette prépondérance est assez accusée pour influencer toute l'é-
conomie, sans pourtant en rendre l'action anormale.

L'influence du tempérament sur l'esprit a été pleinement reconnue de tout temps; mais, ignorant les fonctions spéciales du cerveau, on a attribué à l'influence directe des tempéraments certains phénomènes de l'esprit, que l'on a trouvé, par une observation plus rigoureuse, en être tout à fait indépendants. Ainsi, c'est à tort qu'on a attribué d'une manière absolue l'*hilarité*, l'*inconstance*, au tempérament sanguin — la *violence* et la *ténacité* au tempérament bilieux; car ces attributs se rencontrent fréquemment, par suite de la conformation du cerveau, chez des personnes douées de tempéraments tout autres.

Les phrénologistes admettent quatre tempéraments : le nerveux, le sanguin, le bilieux et le lymphatique.

Dans le premier, le système cérébro-spinal ou nerveux, prédomine. Ses signes extérieurs sont : des cheveux fins, doux, peu abondants, peau douce, yeux brillants, muscles petits et grêles, teint pâle, tête grande relativement au reste du corps, délicatesse générale d'organisation, pouls vif et fréquent.

Dans le tempérament sanguin il y a prédominance du système respiratoire et artériel. Les signes extérieurs de ce tempérament sont : une poitrine large et pleine, abdomen plat, muscles bien développés, os compactes mais pas trop volumineux, teint animé, yeux clairs, gris ou bleus, peau douce et transparente, artères et veines se dessinant à la surface, pouls plein et fréquent, indiquant une circulation du sang très-rapide.

Le tempérament bilieux, qui dépend de l'action prédominante du foie, est indiqué par la couleur foncée des cheveux et de la peau, fermeté de la chair, contour du corps bien marqué, pouls dur et fort.

Enfin le dernier de ces quatre tempéraments consiste dans la prédominance du système lymphatique ; il est indiqué par la mollesse du système musculaire, une grande réplétion du tissu cellulaire, la tendance à l'obésité, la peau blanche et les cheveux ordinairement blonds, le pouls faible et lent, enfin par la lenteur de toutes les fonctions.

A ces quatre tempéraments, on pourrait ajouter d'autres états dans lesquels il y a prédominance *excessive* d'un système sur les autres, et qui sont reconnus aussi, par quelques physiologistes, comme des tempéraments. Non moins que les précédents, ceux-ci offrent des indications d'après lesquelles le phrénologiste peut conclure quelle est la structure et l'activité du cerveau : je veux parler de la prédominance des systèmes *veineux, musculaire* et *osseux.*

Dans le premier cas, les signes extérieurs se rapprochent beaucoup de ceux qui sont particuliers au tempérament bilieux, ce qui amène souvent à les confondre, bien que leurs effets soient très-différents. La chevelure est noire et matte ; les lèvres d'un rouge bleuâtre ; les yeux d'un brun jaune, comme ceux des nègres ; le pouls lent, irrégulier et mou ; l'individu éprouve de la répugnance pour tout ce qui est mouvement ; l'activité intellectuelle amène promptement de la fatigue et de fréquents accès de sommeil.

Le second cas est indiqué par un système musculaire
fort et serré; poitrine largement développée en comparaison de l'abdomen; épaules larges, tête petite. Ce
tempérament, quoiqu'il soit généralement accompagné
d'un système artériel très-énergique, est peu favorable
à l'activité mentale, la force nerveuse étant presque entièrement absorbée par les muscles.

Dans le tempérament osseux enfin, les os ont un développement extraordinaire; les articulations sont
fortes, les mains et les pieds courts et larges; souvent
aussi la partie antérieure de la tête est basse. Ce tempérament se trouve souvent combiné avec le musculaire.
La statue de l'Hercule Farnèse représente une union
des deux, qu'on nomme avec assez de justesse le tempérament athlétique.

Il faut beaucoup d'expérience et une observation très-
attentive pour interpréter correctement les signes du
tempérament, et pour en tirer des conclusions justes
sur la structure du cerveau. La difficulté de cette tâche
dépend de plusieurs circonstances. Un tempérament
existe rarement sans mélange; ils peuvent être tous
combinés en proportions égales, ou quelques-uns peuvent prédominer grandement sur les autres. En général,
il y en a au moins deux qui prédominent. Ces mélanges
de tempérament sont désignés comme sanguin-bilieux,
bilieux-nerveux, etc. Tout ce que le phrénologiste ou le
médecin peut faire, en présence de ces complications,
c'est de déterminer la moyenne d'action de chacun des
tempéraments qui se trouvent combinés ensemble.

La réunion des tempéraments bilieux et nerveux produit la vigueur et permet de résister à la fatigue du corps et de l'esprit. Le tempérament sanguin-nerveux est favorable au développement aussi bien de la vigueur que de la sensibilité.

Il ne faut pas oublier non plus l'âge, le sexe et la condition; car la signification des données que nous offrent les tempéraments varie avec toutes ces circonstances. L'activité du cerveau, par exemple, dépend, avant tout, de l'incitation d'un sang riche qui y circule librement et vigoureusement. Par conséquent, le tempérament le plus favorable est celui où le sanguin prédomine, et où le second rang appartient, soit au bilieux, soit au nerveux. Mais en appréciant l'influence de ce tempérament supérieur, il est nécessaire de considérer, non-seulement le développement du système de la circulation, relativement aux autres systèmes du corps, mais aussi la qualité du sang. Et comme celui-ci est enrichi ou appauvri selon la qualité de la nourriture, de l'air respiré, etc., il faut, avant de conclure définitivement sur le plus ou moins d'activité du cerveau, se rendre compte de la qualité de la nourriture, de celle de l'air habituellement respiré, de la profession, selon qu'elle est plus ou moins sédentaire, plus ou moins active, etc., etc.

Il arrive, en effet, assez souvent que, par suite d'influences physiques ou morales subies pendant longtemps, l'apparence générale du corps déguise la constitution primitive, et indique ce qu'on nomme un tempérament acquis.

14

Ainsi on voit souvent une mine *cachectique*, c'est-à-dire pâle, bilieuse, fatiguée, à une personne dont le tempérament était sanguin à l'origine, et l'est même encore à strictement parler. Il est facile, dans un pareil cas, de se tromper au point de croire le tempérament bilieux ou nerveux.

Il est toutefois d'une grande importance, non moins pour le médecin que pour le phrénologiste, de ne pas se laisser égarer sur le tempérament originel par des symptômes acquis et morbides; car souvent le choix des moyens hygiéniques ou thérapeutiques à adopter dépend de la justesse du diagnostic à ce sujet. Ainsi, dans une diathèse en apparence cachectique et nerveuse, comme celle dont je viens de parler, on appliquera timidement les remèdes et le régime aux symptômes seuls; tandis que si l'on soupçonnait la vraie force cachée de la constitution naturelle, on chercherait bien plutôt à adapter le traitement aux exigences primitives de la constitution qu'aux symptômes actuels. Un diagnostic correct sur ce point est d'autant plus important, qu'il serait généralement facile de régénérer un tempérament primitivement bon.

Ce qu'il importe de constater, au point de vue de la phrénologie, c'est que si, dans un cas donné, le tempérament naturel a été modifié ou remplacé par un autre, il est nécessaire d'en apprécier à la fois l'état primitif et l'état secondaire, afin de porter un jugement aussi correct que possible sur le degré de vigueur actuelle du cerveau. En outre, il ne faut jamais oublier que les influences *morales* ne sont pas moins puissantes que les influences physiques, pour modifier le tempérament primitif. En voici un exemple.

Deux jeunes gens, ayant toutes les apparences d'une constitution également vigoureuse, jouissant l'un et l'autre d'un tempérament sanguin prédominant, offriront, à mesure qu'ils avancent en âge, des tempéraments de plus en plus opposés, à cause de la différence de conformation de leur cerveau; différence qui les rend, à des degrés divers, impressionnables aux circonstances extérieures. Ainsi, l'un est doué d'une vive imagination, de sentiments personnels très-accusés, tels que l'amour, l'ambition, etc., tandis qu'il possède peu de courage et une grande propension à la prudence. Dans ces conditions, chaque secousse qu'il reçoit dans la vie laissera sa trace sur son système nerveux, et le rendra de jour en jour plus sensitif. Si les circonstances sont peu favorables au bonheur, sa vie se passera dans un état de sensibilité exagérée et de tristesse. Les fonctions végétatives se ressentiront de cette influence, et bien qu'un œil exercé puisse reconnaître plus tard quelques vestiges du tempérament originel, il est certain que les caractères du tempérament nerveux prédomineront en lui.

A travers les mêmes vicissitudes, l'autre individu, également doué d'imagination, du besoin d'émotions de tout genre, mais ayant *plus d'énergie, moins de prudence instinctive*, et — ce qui est tout aussi important — *plus de sentiments généreux* que le premier, arrivera à la fin d'une longue vie, toujours en possession de son tempérament primitif.

Il y a encore une condition dont il faut tenir compte en jugeant de la vigueur du cerveau : c'est l'habitude d'un certain exercice intellectuel ; exercice à l'aide duquel, lorsque les circonstances sont favorables à l'activité des facultés morales et affectives, le cerveau est maintenu en équilibre, et par conséquent fortifié dans toutes ses parties. De deux hommes, l'un, primitivement doué du meilleur tempérament et du cerveau le mieux conformé, mais dont les facultés intellectuelles n'auront point été cultivées, manifestera souvent moins de force morale que l'autre qui, malgré qu'il eût une organisation et des facultés inférieures, aura reçu par l'éducation un plus haut degré de développement intellectuel.

Cette exaltation du sentiment par la culture de l'intelligence n'est pas généralement admise. Rien de plus commun que d'entendre répéter que le travail de la pensée s'accomplit au détriment du cœur ; et cependant chacun sait que la grossièreté et la brutalité doivent être attribuées, dans beaucoup de cas, à la pauvreté de l'intelligence ou au manque de toute habitude de réflexion, bien plus qu'à l'absence des facultés qui produisent des actes de moralité, de générosité, et la délicatesse des sentiments.

L'influence de la culture intellectuelle sur le cerveau peut être évaluée d'une manière générale d'après la position sociale de l'individu. Je dis d'une *manière gé-*

nérale, car lors même que la culture intellectuelle et morale a été soignée, il arrive le plus souvent qu'elle n'a pas été bien adaptée aux exigences individuelles du caractère et des aptitudes.

On admet plus généralement l'influence des *senti-ments* sur l'intelligence ; mais encore n'en tient-on pas un compte suffisant, et néanmoins cette appréciation est de la plus haute importance lorsqu'il s'agit de porter un jugement phrénologique sur un caractère. Ainsi, pour donner un autre exemple, comparons deux autres individus placés dans les mêmes conditions sociales, et doués des mêmes avantages physiques et intellectuels, mais qui diffèrent par certaines facultés morales et af-fectives. L'un est ambitieux de gloire, et possède assez de courage pour combattre les difficultés; l'autre n'a point d'ambition, et éprouve plus que celui-ci le besoin d'affection et de vie expansive. Chez le premier, les fa-cultés intellectuelles seront stimulées, au plus haut point, par tout ce qui peut servir son ambition : chez le second, leur exercice se bornera au degré d'activité inséparable de leur besoin naturel de satisfaction, et elle pourra même souvent être neutralisée par l'ha-bitude d'une vie sensuelle.

Nous verrons plus loin qu'en appliquant cette loi de l'influence réciproque des divers éléments de l'esprit, on arrive à réfuter complétement certaines objections faites à la phrénologie, lesquelles, à première vue, peuvent paraître assez fondées.

Il y a, dans la pratique de la phrénologie, d'autres

difficultés encore, que l'on ne peut surmonter que par une connaissance approfondie de cette même loi, et de l'influence des circonstances extérieures. Ainsi, un organe cérébral grandement développé peut rester inactif, ou fonctionner seulement à de longs intervalles, tandis que la fonction d'un organe beaucoup moins accusé peut être très-énergique.

Voici un exemple de la première de ces difficultés — celle d'un organe volumineux restant inactif.

Il y a quinze ans, ayant été appelé à examiner la tête d'une dame, je trouvai l'organe de la philogéniture très-accusé. Son organographie indiquait aussi, comme traits prédominants de caractère, beaucoup d'énergie, du courage, de l'ambition, une forte intelligence, et une grande facilité de langage. De cet ensemble et de quelques autres considérations, je conclus aussitôt que, chez cette personne, l'amour instinctif des enfants ne se manifestait pas au degré indiqué par le volume de l'organe correspondant, mais que son action devait être souvent entravée par les besoins d'autres facultés, puissamment développées. En effet, quoiqu'il soit vrai que nos tendances les plus instinctives demandent avant tout leur satisfaction, en fait elles sont moins insatiables dans leurs exigences que les facultés plus élevées. Si donc, avec une organisation aussi puissante que celle dont je parle, les circonstances sont de nature à réprimer ou à affecter péniblement les tendances supérieures, il devient très-probable qu'un simple instinct, tel que l'amour des enfants, sera facilement absorbé; surtout si la position de fortune de la mère ne rend point nécessaire son dévouement personnel au bien-être de ses enfants.

Chez une personne douée de là même organisation, mais placée dans une condition moins fortunée, l'amour des enfants serait devenu plus actif, plus incessant, sous l'influence de la *conscience* et de la *bien-veillance*. La mère eût senti la nécessité d'un dévouement constant et personnel, en même temps que son intelligence eût imposé un frein à toute aspiration ambitieuse déplacée. Mais cette même intelligence, chez la dame dont j'ai parlé, devait plaider en faveur du droit de satisfaire toutes les facultés supérieures, en un mot, de vivre selon ses attractions naturelles.

Je sais que l'on est, en général, très-loin d'approuver cette manière d'envisager les questions qui touchent à l'indépendance de la femme : aussi, toute femme aspirant à exercer une activité morale et intellectuelle plus grande que ne le comporte la sphère d'action qui lui est arbitrairement dévolue rencontre-t-elle presque toujours très-peu de sympathie. Graduellement elle se sent isolée, incomprise, heurtée, ou tout au plus tolérée. Cette position l'amène elle-même à un état permanent de réaction contre tout ce qui l'entoure.

Cette influence du milieu social sur une organisation donnée constitue l'une des considérations par lesquelles je fus amené à supposer que l'amour des enfants devait avoir, dans le cas spécial qui nous occupe, une ac-

tion irrégulière et peu en rapport avec le volume de
l'organe de la philogéniture.

Entre autres conclusions je crus pouvoir affirmer
que, jusqu'à l'âge de l'adolescence, l'amour instinctif
des enfants avait dû se manifester, et qu'après un certain laps de temps il se ferait sentir de nouveau. La
première remarque était déduite de ce fait que l'ambition et les besoins intellectuels n'arrivent pas en général à leur plénitude avant l'adolescence ; la seconde,
de cet autre fait, que vers le dernier terme de la vie —
après une longue période de combats et d'émotions —
les sentiments qui ont subi les plus fortes agitations
perdent enfin de leur vigueur, et laissent le champ libre
à l'activité d'autres facultés. Or, aucun sentiment n'a
plus de chances de reprendre alors ses droits que l'a-
mour des enfants, qui est l'une des affections les plus
persistantes de notre nature.

Chez la personne qui a été l'objet de cette étude, les
faits ultérieurs sont venus confirmer ma théorie. Elle
éprouve aujourd'hui d'une manière *permanente*, pour
ses petits enfants, cet amour instinctif qu'elle ne res-
sentait autrefois, pour ses propres enfants, que par intervalles.

Je vais prendre maintenant un cas tout opposé — celui d'un individu manifestant dans l'une de ses facultés
une activité qu'on n'aurait jamais pu soupçonner, d'a-
près la simple observation de volume de l'organe correspondant. Voici un homme qui passe, à ses propres
yeux et aux yeux de tout le monde , pour posséder

l'amitié comme trait distinctif de caractère. Cependant chez lui l'organe de l'*adhésivité* est très-petit. Dans ce cas, la disproportion observée entre l'organe et la faculté provient d'un état général de l'esprit, d'où naît un sentiment continuel de dépendance. Il y a peu d'expansion générale, beaucoup de timidité, peu de courage physique, pauvreté de ressources intellectuelles, une faible tendance à l'espoir, et une grande susceptibilité, provenant d'un désir d'approbation insuffisamment secondé par l'énergie et la confiance en soi. Un homme ainsi constitué se retire en lui-même; il a horreur de tout ce qui exige une activité extraordinaire et de tout ce qui peut changer le cours habituel de sa vie. Un pareil état moral lui fait sentir constamment le besoin d'un appui : aussi recherche-t-il toujours la présence et les attentions de quelques personnes aimées, paraissant ainsi avoir une grande force d'affection. C'est de l'affection en effet ; mais une affection qui a infiniment plus besoin de *recevoir* des témoignages de bonté et de tendresse que d'en donner, et qui vivra juste aussi longtemps que subsisteront les conditions favorables à ce régime.

Si vous prenez une autre organisation aussi pauvre en *adhésivité,* mais avec plus de courage, plus d'espoir et moins de prudence, vous trouverez un être qui ne manifeste *aucun besoin d'amitié,* c'est-à-dire dont le caractère, sous ce rapport, est parfaitement représenté par l'organe correspondant.

En résumé, malgré toutes ces influences diverses qui peuvent modifier le rapport entre le simple volume d'un organe et la puissance de sa fonction, il reste pourtant établi que, dans l'immense majorité des cas, les dimensions des organes indiquent des facultés proportionnelles, et que la qualité du cerveau — de laquelle dépend sa vigueur — est révélée par le tempérament. La difficulté d'apprécier la quantité et l'énergie des facultés n'est donc pas insurmontable, à la condition que l'on possède les connaissances physiologiques et psychologiques indispensables pour faire de la phrénologie appliquée.

Il me reste à parler maintenant d'un ordre de phénomènes, dont les règles que je viens d'indiquer ne suffisent plus à rendre compte d'une manière satisfaisante. Ce sont les phénomènes de puissance et d'activité mentale, auxquels on a donné le nom de génie.

De telles manifestations colossales de l'esprit humain paraissent sans doute quelquefois dépendre de la combinaison hiérarchique des facultés; combinaison qui a la propriété d'en accroître la puissance. Mais, en outre, il existe une autre cause qui, jusqu'ici, a échappé à l'analyse des physiologistes, des phrénologistes et des psychologistes. C'est encore à l'ignorance de cette cause qu'est due la condamnation sans appel prononcée par certains esprits contre la phrénologie.

Spurzheim, dès l'abord, avait aperçu cet écueil. Il reconnaissait que, malgré les indications généralement précises qu'offrait le tempérament, quant à l'activité cérébrale, il devait exister d'autres conditions à cette activité : aussi suggéra-t-il l'idée que ces conditions pouvaient se trouver dans la longueur et l'épaisseur des fibres du cerveau.

M. George Combe chercha aussi à expliquer l'action puissantielle des facultés, et même le génie, par la finesse de structure du cerveau , dépendant de certaines combinaisons du tempérament.

De notre côté, nous admettons que la structure particulière du cerveau doit entrer pour beaucoup dans les phénomènes d'activité puissantielle, bien que la dissection de cet organe n'offre aucune indication en rapport avec le phénomène.

Il est à croire que, lorsque nous aurons des connaissances plus exactes sur les fonctions spéciales des substances grise et blanche du cerveau, et que l'analyse microscopique sera portée plus loin, nous obtiendrons quelque éclaircissement sur ce sujet. Dans l'état actuel de nos connaissances, les faits, comme je l'ai dit, paraissent établir que l'instrument immédiat de l'esprit est la substance grise du cerveau, et que la substance blanche n'est que le moyen de communication entre les différents organes cérébraux. S'il en est réellement ainsi, la capacité de l'esprit et la rapidité de la conception dépendraient grandement de la proportion entre les deux substances.

En attendant que les recherches ultérieures puissent jeter quelque lumière sur cette question, examinons quelques-uns des effets résultant de la *combinaison hiérarchique* des facultés dont j'ai parlé.

Toutes les facultés ont des affinités spéciales qui constituent le principe même de leur groupement. Quand l'une d'elles entre en activité, elle peut exciter celles qui appartiennent au même groupe, sans qu'il y ait intervention nécessaire d'aucune réaction extérieure. Ainsi l'*amativité* sollicite l'*adhésivité* ; les deux sollicitent l'*approbativité* ; celles-ci la *vénération*, et toutes les précédentes la *bienveillance*.

Lorsque l'amour est composé d'une pareille hiérarchie de facultés, il se produit une somme de force psychique qui ne saurait être prévue d'après une simple appréciation de chacun des organes cérébraux correspondants.

La loi d'affinité hiérarchique est plus rebelle à l'analyse, lorsqu'il s'agit des facultés intellectuelles, qu'à l'endroit des sentiments. Pour ces derniers, je crois avoir décrit[1] les principales lois de leurs combinaisons. Toutefois une longue expérience me permet d'indiquer, même pour les facultés intellectuelles, les phénomènes presque invariables de direction et de force mentales, produits par certaines combinaisons déterminées. Il en est même quelques-unes entre lesquelles il n'est pas difficile d'établir des affinités hiérarchiques qui donnent lieu à une activité puissantielle.

Par exemple, l'organe de la *localité*, dont dépendent la perception et la mémoire de la position relative des objets, renferme nécessairement des perceptions de

---

1. *Die Phrenologie*, Crabbe, Stuttgard, 1844.

forme, de lumière et de distance. Par conséquent,
quand les organes exclusivement affectés à ces dernières perceptions sont bien développés, en même temps
que l'organe de la *localité*, il faut attribuer à ce dernier
une plus grande activité que celle qu'il aurait sans leur
appui.

L'ensemble de ces perceptions confère une appréciation très-complète des beautés de la nature ; à cette
base artistique ajoutons la faculté générale d'*imitation,*
et l'on verra les perceptions et les conceptions se transmettre par le langage de l'art.

Si, en outre, les facultés *réflectives* sont actives, la
perception intuitive et le talent artistique seront exaltés
par la méditation des lois qui président à l'harmonie
plastique : de nouvelles conditions s'offrent ainsi à l'esprit, et conduisent à de nouvelles conceptions.

Si, enfin, les facultés spécialement affectées à l'*imagination* sont aussi très-puissantes, elles ont pour effet,
non-seulement de raffiner et d'exalter toutes les facultés
qui concourent à l'art intuitif et réfléchi, mais encore
(par un des effets propres à l'imagination) de faire agir
de concert avec celles-ci toutes les forces de la vie affective. C'est par là que la représentation plastique du
beau devient l'interprète d'émotions et d'aspirations,
que ne sauraient exprimer les natures artistiques moins
complètes.

Toutes les facultés sont susceptibles de former entre
elles des combinaisons spéciales qui donnent lieu à un
surcroît proportionnel d'activité, et c'est par la con-

naissance approfondie de cette loi que le phrénologiste peut arriver à reconnaître l'existence probable d'une grande activité mentale, activité que le volume seul de l'organe ne saurait déceler.

Mais, je le répète, la loi de combinaison hiérarchique des facultés ne suffit pas à expliquer le génie, qui se montre toujours comme un degré superlatif de puissance mentale, qui, dans quelque direction qu'elle pénètre, découvre de nouvelles vérités.

La *caractéristique* du génie est la spontanéité dans la création, c'est-à-dire l'intuition elle-même. Dans ce sens — et je crois que le mot n'en comporte aucun autre — le principe du génie se montre déjà dans les premières manifestations de notre existence : c'est ce principe que nous nommons l'instinct. Dans ses degrés divers, il n'est autre que l'aspiration vers l'inconnu, la conception des choses cachées, l'assimilation rapide de la vérité.

La différence phénoménale entre le génie et l'intelligence, c'est que celle-ci acquiert les connaissances *médiatement*, tandis que le génie les acquiert *immédiatement*. En d'autres termes, l'intelligence a la conscience du temps que nécessitent ses acquisitions ; elle peut, à volonté, retrouver le chemin qui l'a conduite à ses découvertes. Le génie, au contraire, ignore la route qu'il a parcourue, et n'a pas conscience de la durée des opérations par lesquelles il est arrivé à la vérité. Enfin, si l'intelligence s'occupe de son sujet, de son but, le génie s'y livre et s'identifie avec lui.

Le terme *génie* s'applique généralement aux seules facultés intellectuelles ; mais tous nos instincts et nos sentiments moraux ont droit à la même qualification, lorsqu'ils s'élèvent à la hauteur où l'intelligence prend le nom de génie.

Si l'intelligence d'un Laplace, d'un Newton, est capable de saisir intuitivement, c'est-à-dire avant la démonstration, quelques-unes des merveilleuses lois de la nature, il n'est pas moins vrai qu'il existe des organisations chez lesquelles les sentiments possèdent une délicatesse, un pouvoir d'expansion, une action illimitée, inaccessibles à la masse du genre humain. Parmi les effets qui dérivent de cette sensibilité puissante, lorsqu'elle est associée à l'intelligence, se trouvent la conception et l'interprétation des vérités de l'ordre moral et psychique, vérités qui peuvent ne rencontrer aucun écho chez le génie purement intellectuel.

En résumé, l'on devra se rappeler qu'entre certaines limites — que le talent du phrénologiste et des recherches scientifiques ultérieures peuvent reculer indéfiniment — il est possible de reconnaître le degré d'activité du cerveau d'après son volume et la nature du tempérament, ainsi que cette puissance spéciale que peut manifester soit un organe, soit un groupe d'organes ; puissance qui dépend du rapport hiérarchique des facultés. Mais en même temps il ne faut pas oublier qu'il reste toujours l'influence inexpliquée dont j'ai parlé, et qui peut, à un moment ou à un autre (bien

que le fait soit rare), opposer des difficultés aux inductions phrénologiques.

En indiquant les obstacles que l'on rencontrera dans
les études de cet ordre, je suis loin de vouloir poser
des limites aux applications de la phrénologie ; au contraire, tous mes efforts ont pour but d'indiquer un
champ plus vaste, en montrant clairement les difficultés
qui restent à vaincre. Il en résulte pour la phrénologie
un avantage signalé, c'est que l'étudiant est ainsi mis
à même de connaître la limite de ses moyens actuels
d'application : limite que la science a pour mission de
reculer incessamment, mais au delà de laquelle tout est
hypothèse.

Jusqu'à quel point la phrénologie, ainsi bornée, peut-
elle être utile comme art, c'est ce que nous allons bientôt voir ; mais, avant d'aborder ce sujet, je dois dire
quelques mots d'une des objections sur lesquelles on
s'appuie pour refuser de compter la phrénologie au
nombre des sciences.

La phrénologie, dit-on, présente certains cas d'exception ; elle ne peut donc pas être une science, puisque
les règles de la science n'en présentent pas.

Une pareille objection peut très-bien ne s'appliquer
à la phrénologie que par suite d'une interprétation
fausse des exceptions mêmes : interprétation qui provient de l'ignorance des lois d'après lesquelles les facultés se combinent, et de ce qu'on ne tient pas suffisamment compte, soit de la qualité du cerveau, soit d'autres
conditions dont j'ai parlé.

On a cité bien souvent le cas de *Mangiamele*, jeune pâtre sicilien, qui s'est rendu célèbre par son aptitude extraordinaire au calcul, et chez lequel l'organe des *nombres* était peu développé. Mais lors même qu'il faudrait admettre que les phrénologistes se sont trompés par rapport à la localisation de cette faculté, une pareille erreur n'infirmerait pas les observations relatives aux autres organes cérébraux. L'exemple en question ne met tout au plus en doute que l'exactitude de l'observation phrénologique par rapport à l'organe spécial des *nombres*. Et si, dans la grande majorité des organisations, on observe que la faculté du calcul est en relation avec une certaine partie du cerveau, une seule exception comme celle présentée par la tête de *Mangiamele* ne peut, en bonne logique, détruire la valeur de toutes les observations antérieures; car, dans les sciences d'observation, il suffit de la généralité des phénomènes pour en déduire la loi. Dans des circonstances semblables, une méthode vraiment scientifique exige qu'on étudie bien la *nature de l'exception*, afin de s'assurer si elle ne marque pas tout simplement l'apparition d'un fait nouveau, se rattachant à un ensemble de phénomènes ignorés jusque-là, mais soumis à une loi propre, qu'il est du devoir de la science de chercher à découvrir.

Dans la physiologie, par exemple, il se présente souvent des cas analogues à celui de *Mangiamele*. Ainsi, il est reçu que la puissance d'une fonction est proportionnelle au volume de son organe; cependant les physiolo-

15

gistes ne mettent jamais en doute qu'il existe un rapport entre la vigueur des sens externes et le volume des
nerf correspondants, bien qu'ils observent que, par
exception, un nerf manifeste un degré de vigueur hors
de toute proportion avec son volume. Non-seulement
de pareils cas se trouvent enregistrés dans les traités de
médecine, mais ils s'offrent souvent à l'observation ordinaire. Nous voyons le nerf olfactif posséder chez quelques personnes une sensibilité si grande, qu'il est affecté
au plus haut point par des odeurs nullement perceptibles
à la majorité des hommes. Sous l'influence d'une grande
excitation mentale, le sens de l'ouïe peut quelquefois
aussi percevoir des sons qui lui échapperaient entièrement dans son état normal. Il se peut alors qu'on
entende distinctement d'une chambre voisine un chu-
chotement qu'aura à peine saisi la personne à laquelle
il a été adressé.

Et néanmoins, je le répète, le physiologiste ne
doute pas qu'il existe un rapport entre les nerfs et les
sens; bien que ceux-ci manifestent parfois une intensité d'action, à laquelle le volume des nerfs ne correspond pas.

Mais il y a plus : refuser à la phrénologie un caractère
scientifique, en se fondant sur ce que ses observations
ne sont pas toutes d'une exactitude absolue, et donnent
lieu à des erreurs d'application, ne serait-ce pas le refuser aussi à la plupart des sciences? La physique, la
chimie, la minéralogie, la géologie, etc., ne nous offrent-
elles pas un grand nombre d'exemples d'incertitude,

quant à la valeur précise de certains faits observés, qui
semblent tout d'abord échapper aux lois générales ? A
l'extrême limite de toutes ces sciences, nous rencon-
trons des hypothèses, destinées, selon l'évidence de
nouveaux faits, à être rejetées ou définitivement incor-
porées à l'ensemble des vérités acquises.

Si ces remarques sont vraies, même pour des sciences
déjà constituées, elles s'appliquent à plus forte raison
à une science qui cherche à se fonder. La chimie est regardée comme une science, parce que le plus grand
nombre des faits qui la composent se rangent sous des
lois connues ; et certes, personne ne songe à lui contester ce titre, parce qu'elle offre des phénomènes non
encore expliqués, malgré l'observation la plus attentive
et des expériences souvent répétées. Il en est de même
de la physique ; jusqu'à Fresnel, la théorie de la lumière était aussi confuse et multiple qu'aujourd'hui elle
est une et simple. Et de nos jours, si l'on excepte les
belles recherches de Ohm, on peut dire que la théorie
de l'électricité n'est pas plus avancée que celle de la lumière ne l'était au temps de Newton.

La position de la phrénologie est exactement la même.
Son droit au rang de science doit être déterminé d'a-
près l'invariabilité des faits d'où sont tirés ses principes
fondamentaux, et non d'après l'inexactitude de certaines
observations. Or ces principes sont aussi solides que
ceux qui servent de base aux sciences officiellement reconnues, puisque les faits sur lesquels ils s'appuient
sont parfaitement établis.

Il ne s'ensuit pas cependant que la certitude des applications de la phrénologie réponde à la rigueur de ses principes, et cela est dû aux influences si multiples qu'exercent les conditions internes et externes sur le caractère naturel : influences qu'on ne peut estimer tout au plus que d'une manière approximative. En sorte que, malgré l'état d'avancement de nos connaissances des lois physiologiques et psychologiques, les conclusions de la phrénologie peuvent être affaiblies ou faussées par quelque influence imprévue ou inappréciable.

Du reste, les sciences physiques elles-mêmes n'échappent nullement à ces difficultés dans leurs applications pratiques; à plus forte raison, la science de l'esprit n'y échappe-t-elle pas davantage.

On peut se faire une juste idée du degré de certitude de la phrénologie comme Art, en la comparant à la médecine. La médecine est quelquefois appelée *science conjecturale;* elle est néanmoins basée sur une connaissance de lois positives, suffisante pour que tout médecin instruit, de talent et d'expérience ordinaires, puisse se faire une diagnose et une prognose dans la plupart des cas pathologiques. On peut dire avec assurance que pas un médecin sur cent ne confondra la pneumonie avec la pleurésie, ni l'état du pouls dans les maladies inflammatoires avec l'état du pouls dans les congestions.

Mais, à mesure que les symptômes se compliquent, la pratique de la médecine devient plus difficile. Le médecin franchit alors les limites de la science et devient un artiste.

Il en est de même du phrénologiste : celui qui a des connaissances et des moyens ordinaires, ne peut manquer de distinguer les traits de caractère qui résultent du développement des organes particuliers ou des régions du cerveau. Sur cent cas où l'on verra l'une ou l'autre des régions perceptive, réflective, morale ou instinctive, prédominer fortement sur les autres, tous les phrénologistes seront d'accord quant aux traits prédominants de caractère, et, sauf de rares exceptions, leur appréciation sera confirmée par les faits.

Mais à mesure qu'il y a variété dans le degré de développement des éléments psychiques, le phrénologiste a besoin du secours de l'expérience et d'un tact tout à fait individuel.

C'est ainsi que dans la phrénologie, comme dans la médecine, le génie est souvent appelé à suppléer l'insuffisance des données scientifiques.

L'art phrénologique, comme l'art de la médecine, se compose de plusieurs branches, et il arrive souvent que le praticien possède plus d'aptitude pour l'une que pour l'autre. Nous savons qu'un médecin a quelquefois plus de tact pour saisir les symptômes généraux que pour juger par induction de la marche probable de la maladie. De même, un phrénologiste peut posséder une facilité particulière, un talent spécial, pour saisir les effets généraux de caractère, tandis qu'il manquera de la finesse d'induction nécessaire pour tirer les conséquences de ses observations, c'est-à-dire pour analyser jusqu'aux nuances. En effet, dès que le phrénologiste veut saisir ces nuances, il faut qu'il tienne compte de l'influence de la combinaison et de l'évolution des facultés; qu'il cherche à établir la différence entre le caractère passé et le caractère présent; enfin, qu'il tire de ces données des conclusions quant aux manifestations qui doivent en découler.

La prétention de découvrir par la phrénologie le caractère passé et futur, surprendra peut-être ceux mêmes qui admettent la possibilité de reconnaître par ce moyen le caractère actuel. Le passé n'étant plus, et l'avenir n'étant pas encore, peuvent sembler enveloppés d'un mystère impénétrable. Mais il faut observer que le phrénologiste devant lequel se présente pour la première fois un individu dont le caractère actuel lui est tout à fait inconnu, est aux prises avec un mystère aussi profond que celui de son caractère passé et futur. On ne peut soulever le voile qui couvre ce mystère, qu'au moyen d'inductions basées sur l'organographie. Or, ces inductions, si elles s'appliquent à ce qui est, peuvent naturellement s'appliquer à ce qui a été, et à ce qui sera. Elles sont même plus sûres pour ce qui se rapporte au passé, car plus on est près de l'enfance, plus les manifestations des facultés sont naturelles, puisqu'elles ne sont pas encore modifiées par les influences innombrables du dehors.

D'autre part, le caractère présent est le produit de

toutes les émotions et impressions antérieures; les modifications qu'il subit dépendent de l'évolution consécutive des facultés, jointe à l'influence des circonstances
variables [1].

Si l'on examine, par exemple, la tête d'un enfant de
six ou huit ans, le jugement qu'on forme sur son caractère actuel doit être tiré de la connaissance des facultés
que l'on sait, comme règle générale, être actives à cet
âge — toujours sous la réserve de ce qui peut paraître
exceptionnel dans le cas dont il s'agit. Ainsi, si deux
enfants du même âge présentent à peu près la même
organisation sous tous les autres rapports, mais que
l'un d'eux ait l'organe de *l'amativité* bien plus fortement développé que l'autre, on peut prédire l'état
moral des deux, à l'âge de l'adolescence, avec une
exactitude presque infaillible. L'un aura un sentiment
d'amour précoce, quand le second sera encore occupé
des jeux de l'enfance; celui-ci poursuivra avec calme
le cours de ses études, tandis que l'imagination ardente et fantasque du premier s'opposera à toute attention soutenue, et que son esprit sera constamment
envahi par des aspirations sentimentales, des rêveries
poétiques.

Prenons un autre exemple : *l'amativité* est prédominante, *l'estime de soi* faible, et la *circonspection* fort
accusée. Ici le phrénologiste habile prédira, comme
dans le cas précédent, un sentiment précoce d'amour;

---

1. Voir chapitre V.

mais, en même temps, tristesse, timidité, taciturnité. Il ajoutera que ces tendances diminueront seulement avec le temps, et ne disparaîtront jamais tout à fait.

Ces exemples de la prognose phrénologique suffiront pour le moment; d'autres se présenteront d'eux-mêmes lorsque je parlerai de l'éducation.

En nommant l'Éducation, j'ai indiqué d'avance l'application la plus difficile de la phrénologie, et celle dans laquelle la responsabilité du phrénologiste est le plus engagée; application qui ne demande pas seulement un jugement complet du caractère actuel, mais encore une appréciation des phases successives du caractère futur. Cette appréciation exige une grande expérience des effets de la loi de l'évolution des facultés dans les différents individus. La connaissance de cette loi, telle que je l'ai indiquée dans le chapitre V, fournit au phrénologiste le modèle d'un caractère idéal dans tous les âges de la vie. Dès lors, pour lui, un sujet donné se rapprochera d'autant plus de la perfection que son organisation se prêtera mieux à la confirmation de la loi du développement consécutif des facultés.

Quelque difficile que soit cette application supérieure de la phrénologie, le praticien pourra éviter tout danger d'erreur, en se limitant rigoureusement, dans ses inductions, aux seules données que sa théorie et son expérience lui permettront de reconnaître comme sûres.

Dans ce chapitre, je n'ai dissimulé en rien les diffi-

cultés qui accompagnent les études phrénologiques,
à mesure que, de la simple observation des coïn-
cidences cranioscopiques avec les tendances spéciales, elles s'élèvent à l'opération plus complexe de
l'induction psychologique. J'ai fait remarquer qu'il
faut établir la distinction la plus essentielle entre les
larges principes de la phrénologie, en tant que physiologie du cerveau, et les efforts plus ou moins
heureux qu'on a tentés pour l'appliquer à l'analyse
détaillée des caractères, à l'aide des inductions psychologiques. Quelque forte que puisse être la confiance du phrénologiste dans l'exactitude de son
jugement, il doit toujours regarder comme conjec-
turales, au point de vue scientifique, de pareilles
appréciations détaillées. Cependant, en joignant la
prudence scientifique au talent et à l'expérience,
ces applications supérieures peuvent être extrêmement
utiles.

Indépendamment de la cranioscopie, la philosophie
phrénologique peut être du plus grand secours pour
le progrès et le bonheur des hommes, car elle nous
incite et nous aide à descendre continuellement en
nous-même, et à interpréter impartialement les actes
d'autrui.

Pour traverser la vie en étant utile à soi et aux autres,
tout en restant scrupuleusement fidèle à la justice
et à l'honneur, il faut une philosophie qui explique
l'homme à la fois en action et en principe — qui ne
lui permette pas moins de comprendre les autres que

de se comprendre lui-même. Et je crois que la con-
quête d'un pareil instrument de discipline personnelle
et de sociabilité, est la plus belle récompense qui puisse
couronner nos efforts dans le domaine de la psychologie.

CHAPITRE XI

DE L'ÉDUCATION

Des lois simples auxquelles toute éducation doit se rapporter. — De la
nécessité de modifier la méthode générale selon les exigences des
caractères particuliers. — Du secours que peut apporter une bonne
psychologie à l'éducation individuelle. — De la discipline personnelle.

Dans le dernier chapitre, j'ai dit que l'une des applications les plus difficiles et les plus importantes de la
phrénologie est celle qui a trait à l'éducation.

L'*éducabilité* est une conséquence de cette propriété
commune à tous les êtres vivants, de se laisser améliorer
ou détériorer par les influences auxquelles on les soumet. Le problème de l'éducation consiste donc essentiellement dans la création des circonstances les plus
propres à développer, chez un être donné, la plus
grande somme de perfection possible ; c'est-à-dire à
faire éclore et à diriger les qualités qui sont inhérentes
au germe.

C'est pourquoi, en principe, l'éducation s'étend aux
plantes et aux animaux. Il semble, à la vérité, que, dans
les plantes, l'éducation soit exclusivement passive ; mais
ce n'est là qu'une apparence, car en elles comme chez

les animaux, il y a action et réaction, seulement à des degrés divers. A mesure que nous montons l'échelle de la série animale, cette réaction revêt un caractère plus conscient, et son concours s'harmonise davantage avec l'impulsion donnée par l'agent éducateur; mais c'est dans l'homme seul qu'elle se manifeste pleinement, avec le sentiment de la dignité et du devoir.

La réaction volontaire des brutes sous les influences auxquelles on les soumet, a sa source principale dans une impulsion entièrement égoïste : ainsi un cheval ou un chien obéissent le plus souvent par crainte d'un châtiment, ou par espoir d'une récompense.

Le concours que l'homme prête aux influences éducatrices, dépend sans doute du même mobile individuel, mais cette réaction peut dériver aussi du désir moral de se perfectionner, et de la conscience de ce qui est dû aux autres.

L'homme, en tant qu'être éducable, doit être cultivé à la fois comme une plante, comme un animal, et comme un être moral et intellectuel ; l'éducation comprend donc la culture des fonctions physiologiques et des facultés mentales.

Considérée avec l'étendue que nous venons de lui assigner, l'éducation exige des conditions dont, jusqu'ici, aucun être humain n'a joui ; mais pour développer ce point de vue, il nous faudrait aborder des considérations sociales, qui ne sauraient trouver place dans une étude dont le seul but est de traiter de l'éducation, telle qu'elle est réalisable dans l'état actuel de la

société. Car, tout en cherchant à développer le plus possible les facultés dont l'individu est doué, il faut nécessairement tenir compte aujourd'hui des exigences
de sa position sociale. En d'autres termes, l'éducation
de chaque individu doit être modifiée plus ou moins,
selon les circonstances spéciales dans lesquelles il se
trouve.

Il est impossible de nier que cette nécessité restreint
de beaucoup les applications de la phrénologie à l'éducation. Ainsi, par exemple, son utilité la plus grande
est évidemment pour le cas où leur position sociale
laisse aux parents quelque latitude dans le choix d'une
carrière pour leurs enfants, et par suite, quant à la
direction à imprimer à leur instruction. Mais les pauvres eux-mêmes ne seraient pas entièrement exclus de
ces avantages, si dans les écoles et les ateliers l'on
consentait à se servir des indications que fournit la
phrénologie.

En considérant celle-ci au point de vue de ses applications à l'éducation, il est important de bien distinguer
entre ses deux branches : la Craniologie et la Psychologie. Cette dernière nous dévoile deux grands faits :
1° Que chaque esprit sain est composé d'éléments communs à tous les hommes ; 2° Que chaque individu possède dans l'ensemble de son caractère, c'est-à-dire dans
les proportions de ses facultés et dans leurs combinaisons, quelque chose qui lui est propre. Elle nous donne
enfin les traits généraux du caractère humain, l'ensemble
des attributs communs à la masse des hommes.

Quant à la craniologie, son utilité consiste à nous permettre de découvrir — sous les réserves que j'ai indiquées — les traits qui différencient les individus entre eux. Et quelque importante que puisse être, dans l'art de l'éducation, la théorie générale de l'esprit chez les enfants, il est évident que la connaissance de ce qui est particulier à chacun d'entre eux n'est pas moins nécessaire à l'instituteur.

Les méthodes ordinaires d'éducation se bornent à observer, dans un caractère donné, les phénomènes *actuels ;* elles ne fournissent aucun moyen, ni de vérifier si ces phénomènes embrassent bien tout ce que le caractère est capable de manifester, ni de s'assurer s'ils sont l'expression naturelle ou déviée des tendances primitives, ni enfin de juger à quel degré ils peuvent être transitoires.

Et pourtant on ne saurait douter des immenses avantages que l'on tirerait, dans l'éducation, d'une connaissance anticipée des facultés morales ou intellectuelles, qui doivent un jour manquer de force, ou n'agir qu'à l'état de combinaison avec d'autres facultés. On serait ainsi à même de leur préparer un développement de puissance et d'activité considérable, eu égard à celui qu'on aurait obtenu si on ne leur avait donné aucun soin particulier, avant que leur faiblesse devînt évidente à tous les yeux.

Par contre, il n'est pas moins important d'avoir un moyen de connaître de bonne heure les facultés qui, par l'effet de l'ensemble de l'organisation de l'individu, ne doivent se manifester qu'à la longue, à moins que les circonstances ne soient particulièrement favorables à leur éclosion. L'observation n'avait jamais découvert chez Alfieri le germe du génie poétique; il est certain pourtant que si son éducation eût été conduite d'après une connaissance profonde de sa nature morale et intellectuelle, il n'aurait pas passé une aussi grande partie de sa vie dans l'obscurité et l'ignorance de ses propres moyens.

L'histoire de Malherbe fait naître les mêmes réflexions.

Chateaubriand, parlant de sa jeunesse, dit qu'il passait pour un vaurien, un paresseux, un âne enfin — et l'extrême susceptibilité engendrée par l'atmosphère morale où ses premières années s'écoulèrent, ne le quitta pas même au temps de sa plus grande renommée : il était toujours en proie aux soupçons sur la sincérité des louanges dont on l'accablait.

Malheureusement il n'est pas donné à tous de démentir avec tant d'éclat les appréciations inintelligentes qui ont attristé leur jeunesse et faussé leur avenir. Combien restent toute leur vie sous l'influence oppressive de cette timidité morale, résultat de la prudence, du désir de plaire, et du manque d'estime de soi! Combien il en est auxquels les encouragements d'une bonté éclairée auraient suffi pour enlever à cette timidité son exagération, et la transformer en une habitude salutaire de s'observer et de se critiquer soi-même!

Le moyen de prévoir les développements futurs du caractère n'est pas moins précieux dans les cas où les pronostics flatteurs sur l'enfance sont appelés à être démentis dans un âge plus avancé. Un enfant peut avoir une prodigieuse mémoire, de la finesse d'observation, de la vivacité, surpasser tous ses camarades, et cependant ne montrer plus tard que fort peu de puissance intellectuelle proprement dite, et être un homme ordinaire. Ceci peut arriver alors même que toute la région intellectuelle du cerveau est pleinement développée, et l'appréciation de pareils cas est du ressort des branches supérieures de la phrénologie. Mais le plus souvent, quand des facultés précoces doivent tromper les espérances qu'elles ont fait naître, à l'époque où l'on s'attend à voir survenir la raison et le jugement, le front est volumineux seulement dans la partie perceptive, et les organes des facultés intellectuelles supérieures sont pauvrement développés. En basant la méthode d'éducation sur la connaissance de ces faits, c'est-à-dire en donnant un soin tout particulier aux facultés les plus faibles, on pourra souvent arriver à obtenir un état satisfaisant d'équilibre entre les facultés du raisonnement et celles qui sont simplement perceptives et mémoratives.

Ces remarques s'appliquent également aux affections et aux sentiments moraux. Que de fois les prévisions confiantes des parents sont trompées par un changement inattendu de caractère vers l'âge d'adolescence! Alors, la mère qui a observé avec le plus d'attention ses enfants, depuis leur naissance, découvre en eux ce qu'elle s'attendait le moins à y voir. Celui qui avait été l'objet de toutes ses espérances ne manifeste plus que l'indifférence et l'égoïsme, tandis que celui qu'elle avait toujours regardé comme étourdi et incorrigible devient le soutien et la bénédiction de sa vieillesse. Ignorant les vices qu'il aurait fallu combattre chez le premier, peut-être les a-t-elle encouragés à son insu, ou tout au moins a-t-elle négligé de cultiver avec soin les senti-ments plus généreux qui auraient opposé une barrière à l'envahissement de cet égoïsme qui maintenant fait son désespoir.

C'est qu'il en est des sentiments et des tendances morales comme des facultés intellectuelles. De même qu'une intelligence médiocre peut, à l'aide d'une édu-cation conforme à ses besoins, arriver à un développe-ment suffisant pour répondre aux exigences ordinaires de la vie, de même des sentiments moraux peu accusés peuvent être disciplinés et rehaussés par leur alliance avec d'autres facultés qui leur servent d'appui.

Une méthode d'éducation vraiment scientifique doit être dominée par les trois considérations suivantes : 1° la corrélation de l'esprit et du corps; 2° la propriété qu'ont les facultés mentales de converger les unes vers les autres et de se combiner entre elles; 3° la person-nalité qui est propre à chaque caractère, et qui résulte de ce que, dans les différentes organisations, les élé-ments primordiaux se trouvent combinés dans des pro-portions différentes.

16

De la première de ces considérations, nous déduisons
les règles hygiéniques et morales qu'il faut observer
pour maintenir un équilibre constant entre les deux
systèmes corporel et cérébral. Pour appliquer ces règles,
il est nécessaire d'apprécier la force de résistance du
cerveau ; laquelle, nous l'avons vu, est indiquée, en
dernière analyse, par le tempérament originel du corps,
bien qu'elle dépende aussi de conditions secondaires,
de l'air, de la nourriture et de l'exercice.

L'action réciproque du corps et du cerveau est très-
généralement reconnue en théorie ; mais on ne lui
donne pas assez d'importance dans la pratique. D'a-
près cette réciprocité d'action, l'éducation morale et
physique doit être commencée dès l'âge le plus tendre, et spécialement adaptée aux constitutions individuelles. Il faut se rappeler les faits généraux que
voici : l'inaction physique et mentale, mais physique
surtout, tend à laisser prendre un développement
trop prépondérant au système lymphatique ; d'un autre côté, l'exercice *du corps*, porté à l'excès, tend
à développer le système musculaire aux dépens du
système cérébral, tandis que trop de travail *mental*
donne lieu à une activité excessive du système nerveux, et peut amener tôt ou tard un état de débilité
mentale.

Il est si important de faire marcher de front ces deux
branches d'éducation, que je ne saurais trop insister sur
l'influence considérable du physique sur le moral. Je
ne doute pas que des observations attentives sur l'ac-

tion réciproque des viscères abdominaux et thoraciques, et du cerveau, ne puissent nous fournir des
inductions hygiéniques et thérapeutiques de la plus
grande valeur. Certaines passions (pour nous, par
conséquent, certaines parties du cerveau) paraissent
affecter spécialement certaines parties du corps. Le
plus souvent, les affections agissent sur le cœur; d'autres sentiments, et surtout ceux qui attristent, affectent non-seulement le cœur, mais les viscères inférieurs; l'espoir, la joie, influencent surtout le système
sanguin; le foie, l'estomac, les glandes salivaires sont
affectés, séparément ou ensemble, par la colère, la
peur, etc.

Des effets semblables s'observent aussi en sens inverse : un état maladif des organes abdominaux produit un état morbide de l'esprit. Il est à remarquer
que cette influence, quoiqu'elle s'étende jusqu'aux
facultés intellectuelles, est bien plus puissante sur le
sentiment; de même que les passions pénibles ou violentes sont plus nuisibles au corps que l'état le plus
anormal de l'intelligence.

Si le moral et le physique peuvent ainsi s'affecter
d'une manière nuisible, il est logique de supposer
qu'ils le peuvent tout aussi bien d'une manière favorable. Il faut donc admettre *à priori* qu'un état habituel
d'exercice et de satisfaction des sentiments et des facultés intellectuelles, est une condition nécessaire à l'existence complète de l'homme physiologique, aussi bien
que de l'homme moral. En effet, l'observation confirme

cette vue, et nous montre qu'un plein exercice mental est toujours favorable à la santé, et que, dans certains cas, il lui est même indispensable.

On comprend donc l'importance qu'il y a pour le bien-être des enfants, à ne pas les exposer à ressentir des émotions pénibles ou violentes, et à leur donner, autant que possible, des satisfactions nombreuses et variées ; à faire agir leur sentiment de concert avec leur intelligence, chaque fois que cela peut se faire, mais en donnant toujours, pendant les premières années, la plus large place au sentiment. Si, à un âge plus avancé, nous demandons davantage à l'intelligence, la peine qui accompagne la répression volontaire d'un désir, ou l'ajournement de sa satisfaction, est du moins compensée par la conscience d'accomplir un devoir, de faire un choix libre.

S'il est vrai que l'on commence aujourd'hui à reconnaître ces vérités en théorie, on est encore loin de leur donner toute l'importance que je leur attribue. Plus un enfant est jeune, plus la négligence à ces différents égards a de funestes effets : dans l'enfance le cerveau travaille encore à se consolider ; la vigueur est plus grande que la force ; la variété et le mouvement sont des besoins incessants et impérieux [1]. Cependant, tout en ne perdant jamais de vue le danger qu'il y a à fatiguer un jeune cerveau en le forçant de trop bonne heure à une application assidue, rarement je conseille-

---

1. Voir, dans l'*Appendice*, la note D.

rais, même pour les enfants d'une faible santé, une privation totale d'occupation intellectuelle. La quantité et le genre d'exercice mental qu'il faut donner aux enfants doivent être appropriés aux exigences individuelles, et la nécessité d'observer de près le degré de force dont le cerveau est doué n'est jamais plus grande que lorsqu'il s'agit des enfants précoces, même dans le cas assez rare où ils offrent une robuste constitution physique.

Il est souvent fort difficile de faire comprendre aux parents le danger de demander trop aux facultés intellectuelles et d'exciter outre mesure les sentiments. Alors, surtout, qu'un enfant possède quelque disposition remarquable — pour la musique, l'imitation, etc., ou bien une grande mémoire — les parents se laissent trop souvent aller à en provoquer incessamment l'exercice, au détriment d'autres facultés qui sont moins accusées, et qui, par ce procédé, sont réduites à une inertie encore plus grande, leur part de stimulant nerveux leur étant soustraite.

Nous touchons ici à la seconde des trois considérations que j'ai indiquées, comme devant guider toute vraie méthode d'éducation, à savoir, la propriété de convergence et de combinaison des facultés. C'est par elle que l'on apprend à éveiller l'action collective de ces dernières, dans toute région du cerveau qui a besoin d'une attention spéciale. C'est elle qui donne le moyen de faire converger l'action d'une région cérébrale vers celle des autres régions, afin d'établir cette réciprocité

constante de l'intelligence sur le sentiment, et du sentiment sur l'intelligence, qui nous procure le stimulant
le plus énergique et le plaisir le plus vif, dans l'emploi
de nos facultés.

On a trop l'habitude de regarder les facultés intellectuelles comme formant un système distinct de l'âme :
erreur qui surprend d'autant plus qu'elle est en contradiction avec l'expérience journalière. En effet, chacun
peut observer que la fatigue et l'inattention, qui surviennent si vite lorsque les enfants sont forcés d'employer exclusivement leurs facultés intellectuelles, sont
bien plus lentes à apparaître dans la poursuite de ces
études, où les facultés morales et affectives sont mises
en jeu, en même temps que l'intelligence.

Le fait est que le sentiment et l'intelligence ne sont
jamais entièrement séparés dans l'ordre de la nature,
et que, chez la plupart des hommes, la *direction* définitive que prend l'intelligence est inspirée par le sentiment.

On ne saurait trop insister sur l'importance de cette
vérité au point de vue pratique. Il est certain que lorsque l'intelligence est ainsi mise dans la voie qui lui est
propre, que ce soit par la force innée des tendances naturelles, ou par l'intervention de l'éducation, il se produit une stabilité et en même temps une ardeur au travail, qui ne sauraient se maintenir en dehors de l'action
combinée d'une grande variété de facultés intellectuelles
et de sentiments.

Ceux qui s'occupent d'éducation devraient donc se

rappeler que des intelligences d'une même catégorie,
quant aux proportions de leurs éléments constitutifs,
peuvent néanmoins être aptes à des travaux tout différents, par suite des influences diverses exercées sur
elles par les facultés morales et instinctives. Ainsi,
là où il y a grande prédominance de l'intelligence
sur les instincts et sur les sentiments, l'individu sera indifférent à toute spéculation sur la nature morale de
l'homme, et dirigera son attention de préférence sur
les phénomènes matériels. Et, soit dit en passant, de pareilles intelligences, quelque bien douées qu'elles puissent être pour la généralisation, sont amenées par la
nature même des sujets auxquels elles s'appliquent, à
faire usage plutôt de l'analyse que de la synthèse.

D'un autre côté, quand l'intelligence s'allie à des
sentiments moraux puissants et à de fortes affections,
elle est naturellement portée vers les études morales et
religieuses ; et alors, quelle que soit son aptitude analytique, c'est toujours la synthèse qui précède l'analyse,
et qui souvent la remplace.

Dans bien des cas il suffit d'un seul sentiment prédominant pour imprimer une direction spéciale à l'intelligence. Ainsi le *courage* peut éveiller le goût des
études relatives à la guerre ; l'*acquisivité*, le goût des
opérations financières et commerciales. La faculté intellectuelle appelée *esprit de saillie*, qui donne la perception des contrastes, peut ne produire que la gaîté et
l'esprit de repartie ; mais lorsqu'elle est aiguillonnée
par la *destructivité*, surtout par la *destructivité*, la com-

bativité et l'*estime de soi*, elle engendre une passion vive pour la critique et la polémique, et met en usage tout l'arsenal des armes offensives, depuis la plaisanterie jusqu'au sarcasme. De même, la direction spéciale du talent de l'artiste est toujours plus ou moins déterminée par l'influence des sentiments moraux ou des affections sur les facultés intellectuelles.

Dans tout esprit bien doué il est rare, pourtant, de ne rencontrer qu'une seule de ces combinaisons. De là la nécessité de *varier* les occupations — nécessité qu'il ne faut jamais perdre de vue lorsqu'on dresse un plan d'éducation. Ce besoin de changement diffère avec les individus, selon que les divers organes ou groupes d'organes cérébraux demandent plus ou moins impérieusement à être satisfaits. Il se fait sentir à travers toute la vie, mais c'est surtout dans l'enfance que son action est énergique ; aussi, lorsqu'on n'en tient pas suffisamment compte dans le plan général de l'éducation, voit-on apparaître chez les enfants la lassitude, l'inattention et l'impatience. C'est pourquoi il y a une vraie économie de temps à faire alterner les études, de manière à satisfaire à ce besoin inhérent à notre être ; et je m'empresse de dire que, dans la plupart des cas, on peut lier chaque nouvelle série de pensées et d'impressions à celle qui l'a précédée, de manière que l'une d'elles ne devienne jamais pour l'autre, un sujet de distraction permanente.

Les remarques que nous avons présentées sur le degré de force du cerveau et la nécessité de varier les occupations, fournissent une base suffisante pour apprécier la longueur qu'il convient de donner aux séances dans chaque cas particulier, la variété à introduire dans ces séances, et les intervalles qu'il faut laisser s'écouler entre elles. Les jugements ainsi formés seront presque toujours corroborés par l'observation ultérieure, à laquelle cependant ils devront se rapporter pour leur confirmation.

Cette restriction, je l'ai déjà dit, ne prouve rien contre l'utilité de la phrénologie ; elle signale seulement le contrôle auquel ses indications doivent être soumises, comme il en est, du reste, de toute application pratique d'un principe scientique.

La principale condition du succès, et en même temps la plus grande difficulté, dans l'éducation des enfants, consiste à obtenir leur attention d'une manière soutenue. Ceci ne peut se faire qu'en rendant leur tâche *agréable*, en cherchant à créer des conditions qui réunissent le plus d'éléments possibles d'inclination naturelle. Or, comme ces éléments varient de puissance selon les individus, il faudra, dans chaque cas, introduire quelques nuances dans l'application de cette méthode. Les ressources dont on peut disposer à cet effet sont aussi nombreuses que les facultés elles-mêmes, et seront indiquées, dans chaque cas particulier, par le degré d'activité de telle ou telle faculté, et sa tendance spéciale à converger vers telle autre. Ainsi, dans l'étude de l'histoire, on pourra éveiller d'abord l'intérêt d'un enfant, et par suite son attention et sa mémoire, en utilisant sa sympathie pour les actes d'intrépidité et les tentatives aventureuses. Un autre, par ses affections et ses sentiments généreux, se passionnera pour tout ce qui touche aux joies et aux douleurs humaines; et, sous l'influence de la *conscience*, son attention sera fortement soutenue à l'aide des faits et des raisonnements dans lesquels apparaît l'esprit de justice.

Ces moyens auxiliaires sont utiles surtout pour la culture des facultés intellectuelles qui ne montrent qu'une force secondaire, et que l'on néglige trop souvent, soit par ignorance de la méthode qu'il faudrait employer pour les éveiller, soit par suite de l'habitude de s'occuper trop exclusivement des facultés prédominantes. Il est vrai que la routine de l'éducation publique prévient en quelque sorte le dernier de ces dangers, auquel on est souvent exposé dans l'éducation privée. Mais elle a l'inconvénient de ne pas s'adapter aux exigences spéciales des caractères. Or, bien qu'une pareille adaptation soit évidemment impossible pour chaque individu, elle pourrait néanmoins s'exercer, dans une certaine mesure, au profit de catégories spéciales d'intelligences et de caractères. On ne saurait douter, en y réfléchissant, que bien des faiblesses ou des inégalités qui déparent les intelligences supérieures, sont moins l'effet d'un défaut naturel d'organisation que d'une éducation peu appropriée à faire valoir toutes les ressources naturelles.

Un dernier et inappréciable avantage que l'on pourrait obtenir en tenant compte de ces remarques, serait de prévenir en grande partie l'éclosion de ces goûts factices, de ces fausses ambitions, qui font naître si souvent des espérances trompeuses sur la vraie mission morale et sociale de l'individu. Sous l'influence d'une éducation conforme à l'ordre de la nature, on ne verrait pas si souvent se produire des goûts et des ambitions aussi peu justifiés par de véritables aptitudes.

A mesure que l'enfance fait place à l'adolescence, l'on voit en général diminuer le besoin de varier les occupations, et l'attention s'arrêter plus volontiers d'elle-même sur quelques études préférées.

Ce choix indique d'une manière générale les tendances dominantes de l'esprit, sans que néanmoins de telles indications puissent être données comme étant parfaitement sûres. Les caractères les plus tranchés ne tardent guère, sans doute, à prendre leur direction définitive; mais bien souvent les goûts et les aptitudes qui paraissent prédominer dans l'adolescence ne sont pas ceux qui domineront plus tard, et qui seront les plus utiles à la société et à l'individu. C'est ainsi que l'on perd un temps précieux dans de vaines poursuites, et cela est d'autant plus grave qu'en général c'est précisément pendant cette période que se décide la carrière qu'il faudra suivre toute la vie.

Un moyen de découvrir quels seront les goûts et les talents qui prévaudront définitivement dans chaque organisation, serait donc un des plus grands bienfaits de

la science. Il est vrai que notre état social ne permet
point encore à la masse des hommes de profiter largement de tels avantages ; mais ce n'est pas une raison pour
les rejeter entièrement ; car, même dans des limites res-
treintes, que de maux ne pourrait-on pas ainsi prévenir : mécontentements secrets de la carrière qu'on a
choisie, regrets tardifs sur de longues et infructueuses
années de travail, sacrifices pécuniaires enfin, dont on
aurait peut-être tiré un si grand parti en choisissant
une autre voie !

Les exemples abondent de vocations manquées : vérité bien connue sans doute, mais dont les parents
tiennent trop peu de compte lorsque le moment est venu
de choisir une carrière pour leurs enfants.

J'ai parlé de quelques signes trompeurs du caractère
futur, qui se montrent souvent dans l'adolescence ;
mais il en est d'autres, plus trompeurs encore. Souvent
des goûts et des aspirations peuvent revêtir pour un
temps, chez le jeune homme, une prédominance qui
n'est en aucune manière le résultat des dispositions
qu'elles semblent indiquer. Ces fausses lueurs peuvent
très-souvent être attribuées au seul désir d'imiter, par
vanité, ce qui est admiré chez les autres. Ainsi, tel
jeune homme veut être poëte, et croit naïvement en
avoir la puissance, tandis qu'il a soif seulement de la
gloire des poëtes. Quelque circonstance fortuite aura
imprimé à son ambition débordante cette direction particulière : il aura eu occasion de voir que les poëtes,

les hommes de lettres, sont admirés ; il veut suivre leurs
traces, espérant être admiré aussi.

Il peut se faire encore qu'un jeune homme se trompe
sur sa véritable vocation, sans que la vanité s'y mêle ;
il suffit pour cela d'un besoin vague d'activité, d'une
soif indécise d'émotions. Ainsi les aspirations enthou-
siastes, cet amour du bien et du beau qui souvent acquiert une si grande intensité à l'époque de l'adolescence, attirent l'individu vers tout ce qui est grandiose
et mystérieux, lui donnent un besoin ardent de prière,
d'adoration. Sur ces indices, il croit, et bien d'autres
avec lui, qu'il est irrésistiblement attiré vers la religion :
illusion qui se produit encore plus facilement chez les
femmes, à qui la vie offre beaucoup moins qu'aux
jeunes gens l'occasion de donner essor à leurs sentiments. Pourtant quelques années s'écoulent, et tout est
changé ; il se peut même que pas une seule de ces jeunes croyances ne survive.

Ces goûts transitoires, ces enthousiasmes éphémères
se montreront toujours, sans doute, chez les caractères
qui sont en voie de se constituer, et qui s'essayent en diverses directions ; mais, là où l'éducation est adaptée aux
besoins du caractère, ces sortes de phénomènes sont
plus rares, et laissent de meilleure heure le champ libre
pour l'exercice des facultés vraiment dominantes — de
ces facultés qui doivent conserver à travers la vie une
réelle permanence.

Ici se présente un nouveau danger. Si, convaincu de
ces vérités, on tente de *réprimer* les manifestations qui

paraissent anormales ou inutiles, au lieu de chercher à
les diriger dans un autre sens, on arrivera souvent à
produire un mal plus grand que celui qu'on cherche à
réparer. J'ai déjà parlé des mauvais effets que la répression et le manque de sympathie peuvent produire
sur certaines natures, prédisposées à la timidité morale. Alors même que la répression ne s'exerce que par
la sévérité et la froideur de maintien, et non par la contrainte physique, les inconvénients qu'elle entraîne sont
des plus graves pour les natures sensibles. Elle peut
faire naître chez elles le mensonge, ce vice si difficile à
extirper, une fois qu'il a pris racine. Sans doute le mensonge, comme d'autres vices, se transmet quelquefois
par hérédité ; mais le plus souvent les enfants, de même
que les hommes et les nations opprimés, y ont tout d'a-
bord recours comme à une arme du faible contre le fort.

Il a été dit, et avec une grande justesse, que lorsqu'on
cherche à réprimer les tendances naturelles au lieu de
les diriger, celles-ci, si elles sont douées de quelque vigueur, dévient vers le mal, plutôt que de se laisser an-
nuler, et en cela elles offrent une parfaite analogie
avec les forces physiques. Aussi faut-il reconnaître que
si l'on fait un emploi si fréquent du régime répressif,
c'est en grande partie parce que — faute de connaissances précises sur les éléments de l'esprit humain —
on ne distingue pas ce qui est fondamental et persistant
d'avec ce qui est dérivé.

Il me faut terminer maintenant par quelques con-

sidérations sur ce que j'ai appelé la discipline personnelle.

Il n'y a pas d'époque dans la vie où, à proprement
parler, l'on puisse dire que l'éducation est finie : à aucun âge l'esprit n'est exempt de la nécessité de se discipliner, car incessamment il est sujet à de nouvelles
évolutions, dépendant à la fois de sa force dynamique et des influences venant du dehors. Il est des
hommes qui se soumettent passivement à ces influences ; il en est d'autres qui exercent un choix entre
elles, c'est-à-dire qui les acceptent ou les repoussent,
de manière à donner à leurs énergies une nouvelle
direction.

C'est justement cet exercice libre, ce pouvoir de
distinguer et de choisir entre les influences extérieures, ou de réagir contre elles, qui constitue l'é-
ducation de l'homme par lui-même, ou la discipline personnelle. Disons tout de suite que la manière
d'exercer ce pouvoir détermine la supériorité ou l'in-
fériorité du caractère, et qu'il est de la plus haute
importance d'y être préparé dès la première éducation.

Or, l'enseignement ordinaire ne donne à l'enfant ou
au jeune homme que des notions générales du juste et
de l'injuste, et ne le prépare nullement à rencontrer
les mille cas particuliers dans chacun desquels il aura
besoin de se former un jugement précis et complet.
Pour se guider à travers les circonstances variées de la
vie, la condition la plus indispensable c'est de posséder

un moyen de comprendre les particularités de notre propre caractère, et d'interprêter correctement le caractère des autres.

Un des premiers effets d'une connaissance scientifique de la nature mentale de l'homme, est de détruire cette fausse idée qui souvent arrête tout effort de se corriger soi-même, à savoir : qu'à un certain âge le caractère ne se modifie plus, et que, dans le bien comme dans le mal, il a pris un pli qui ne s'efface jamais.

Il est vrai qu'à mesure que l'on avance en âge, on devient moins sujet à être modifié, soit par de nouvelles impulsions intérieures, soit par des influences extérieures. D'un autre côté, l'homme fait dispose de moyens que l'enfant ne possède pas, pour combattre les habitudes et les défauts qu'il a contractés, et pour développer ses tendances supérieures ; ce moyen, c'est la volonté exercée par l'expérience, et éclairée par une connaissance positive de son propre caractère. Mais, il faut le dire, si l'on n'a pas le pouvoir d'analyser les mobiles de ses actes et de ses pensées, la volonté de se discipliner doit toujours demeurer plus ou moins stérile.

Que d'erreurs, que de préjugés sont consciencieusement caressés, que de passions sont ardemment nourries, par ignorance de la vraie nature des sentiments d'où ils proviennent! Quelques exemples suffiront pour mettre en relief cette vérité.

Il n'est pas rare de voir prendre pour de l'amour ce

qui n'est que de la vanité. C'est la fortune, c'est la position sociale qui flattent alors l'amour-propre, mais il n'y a rien dans le sentiment éprouvé qui ait droit au nom d'affection du cœur. Si les avantages mondains possédés par la personne aimée viennent à lui être enlevés, cette pseudo-affection disparaît aussitôt. Ou bien encore on peut voir ses jours attristés, être dévoré de jalousie, sentir ce qu'on prend pour de l'amour augmenter à mesure que le danger de perdre l'objet aimé augmente, et pourtant, si on a la preuve que crainte et jalousie n'ont eu aucune raison d'exister, le bonheur que l'on éprouve n'est nullement en rapport avec la douleur qu'on avait ressentie. Il y en a qui sont allés jusqu'à vouloir se suicider, croyant aimer d'amour, alors qu'ils n'avaient aimé que par vanité.

Que de gens, aveuglés par l'orgueil, se croient, malgré les leçons de l'expérience souvent durement répétées, supérieurs en habileté pratique et intellectuelle; pour eux, ne pas réussir, c'est être poursuivis par la fatalité ou par la malveillance; la critique dont ils sont l'objet leur paraît motivée par l'envie et la jalousie. D'autre part, combien ne voit-on pas de personnes d'un mérite supérieur dont le talent est paralysé par leur défaut de confiance en elles-mêmes, et que leur timidité empêche de profiter des occasions favorables. Si elles savaient que leur timidité n'est inspirée que par un désir de plaire maladif, outré, elles trouveraient dans cette pensée un puissant motif de la combattre, et bien souvent elles réussiraient à la surmonter.

Les exemples d'un autre ordre ne sont pas moins nombreux.

A examiner de près certains fanatiques, certains bigots, il ne serait pas difficile de se convaincre qu'ils ne sont mus que par l'orgueil et des intérêts de secte, tout en croyant que c'est l'amour de Dieu seul qui inspire leur ardeur et les pousse à tous les sacrifices. Il n'est pas rare non plus de s'illusionner au point de croire qu'on est habituellement mû par le sentiment d'honneur le plus complet, alors que l'aiguillon qui nous pousse n'est qu'un seul des éléments de l'honneur — le désir de l'approbation. Telle personne scrupuleuse jusqu'à l'excès dans ses relations avec le monde, et qui aimerait mieux mourir que de manquer à une parole donnée, ne comprend plus la même nécessité dans un cercle plus restreint — dans sa famille, par exemple, où, habituée à dominer, elle s'inquiète fort peu de rechercher l'estime et l'approbation. Ces personnes ne savent pas que le véritable point d'honneur gît, avant tout, dans l'équité, et que le respect pour l'opinion n'en est qu'un accessoire; elles ne savent pas surtout que toutes leurs actions ne s'inspirent que de sentiments et de désirs purement personnels.

Certes, la puissance d'analyse subjective ne suffira pas à donner l'habitude de la discipline personnelle. Pour qu'elle concoure efficacement à notre amélioration, il faut qu'elle soit motivée par un sentiment moral supérieur. Mais rien n'est plus propre à faire naître le désir de veiller sur nos défauts, que l'habitude d'un examen intérieur, d'une analyse subjective, et il suffit quelquefois de solides connaissances psychologiques, pour mettre sur cette voie des personnes qui n'avaient jamais songé à la possibilité de se modifier.

Il est clair cependant que la moralité étant, avant tout, une affaire de rapports sociaux, il ne suffit pas de nous connaître nous-mêmes, mais qu'il faut prendre l'habitude d'observer les hommes d'une manière tout à fait *objective*, au lieu de les regarder comme notre propre reflet, et de supposer que les motifs de leurs actes sont nécessairement semblables aux nôtres.

Faute de cette habitude de tenir compte des légitimes exigences du caractère d'autrui, et d'examiner impartialement leurs motifs propres, bien des personnes qui seraient incapables d'un acte d'injustice dont elles auraient conscience sont habituellement injustes à leur insu.

La perspicacité dans le jugement du caractère d'autrui est si rarement proportionnée à l'intelligence dont on fait preuve à d'autres égards, que même dans la classe élevée, chez les familles où l'éducation a été l'objet de soins constants, nous voyons continuellement une remarquable incapacité d'interpréter les plus simples phénomènes moraux. Que d'exemples je pourrais citer de malheurs et de malentendus entre parents et amis, qui auraient été prévenus par une connaissance plus vraie de la nature humaine, et par l'habitude de se rendre compte des particularités de caractère de ses proches, au lieu de tout juger d'après ses sentiments personnels.

Nous trouvons un exemple frappant à l'appui de ces remarques dans l'analyse lucide que nous donne Benjamin Constant, de ses sentiments et de ceux de son père, alors que l'illustre écrivain était encore enfant.

« Les lettres de mon père, dit-il, étaient affectueuses, pleines de conseils raisonnables; mais à peine étions-nous en présence l'un de l'autre, qu'il y avait en lui quelque chose de contraint que je ne pouvais m'expliquer, et qui réagissait sur moi d'une manière pénible. Je ne savais pas que, même avec son fils, mon père était timide, et que souvent, après avoir longtemps attendu de moi quelque témoignage d'affection que sa froideur apparente semblait m'interdire, il me quittait les yeux mouillés de larmes, et se plaignait à d'autres de ce que je ne l'aimais pas.

«Ma contrainte avec lui eut une grande influence sur mon caractère : aussi timide que lui, mais plus agité parce que j'étais plus jeune, je m'accoutumai à enfermer en moi-même tout ce que j'éprouvais, à considérer les avis, l'intérêt, l'assistance, la présence même des autres comme une gêne et comme un obstacle, à ne me soumettre à la conversation que comme à une nécessité importune, et à l'animer alors par une plaisanterie perpétuelle qui me la rendait moins fatigante, et m'aidait à cacher mes véritables pensées. De là une certaine absence d'abandon qu'aujourd'hui encore mes amis me reprochent, et une difficulté de causer sérieusement que j'ai toujours peine à surmonter. »

Je crois avoir suffisamment établi dans ce chapitre

l'importance, au point de vue de l'éducation, d'une connaissance approfondie des principes psychologiques les plus essentiels, ainsi que le secours que la phrénologie peut prêter à cette connaissance. Nous allons aborder maintenant le sujet des aberrations de l'esprit, et chercher jusqu'à quel point la phrénologie peut éclairer cette branche à la fois la plus importante et la plus élevée de la médecine.

CHAPITRE XII

DE LA FOLIE

Parmi les heureux résultats que nous devons aux progrès des sciences, il en est peu qui soient plus dignes de remarque que les changements survenus depuis un demi-siècle dans la manière générale d'apprécier l'aliénation, et dans les moyens de traitement adoptés envers les aliénés.

Ceux qui connaissent le régime actuellement en vigueur dans les meilleurs Asiles, auront peine à croire que ces infortunés étaient autrefois l'objet des huées de la foule, et que les autorités elles-mêmes, les considérant comme un vil rebut, les faisaient jeter dans les cellules des hôpitaux et des prisons, où ils étaient battus et chargés de chaînes, quand ils se montraient insubordonnés.

L'honneur d'avoir mis un terme à ces pratiques inhumaines, et d'avoir inauguré un traitement scientifique des maladies mentales, revient de droit à Pinel, bien qu'en Angleterre Howard et Willis se fussent, avant lui, efforcés d'appeler l'attention publique sur la condition malheureuse des fous.

Malgré de grandes améliorations, il reste beaucoup à faire encore dans cette branche de la science médicale. Si, en France, en Allemagne, en Angleterre et aux États-Unis, un certain nombre d'établissements sont régis avec intelligence et humanité, il s'en rencontre pourtant, même dans ces pays, qui offrent tout au plus un abri à ces infortunés.

Le besoin de connaissances plus exactes et plus étendues au sujet de la folie est continuellement mis en évidence devant les tribunaux, par la difficulté d'arriver à un bon diagnostic de l'état de ceux qu'on soupçonne d'être atteints d'aliénation. Dans un grand nombre de cas, il n'y a aucune règle précise qui permette de déterminer ce qui doit être qualifié de folie, et quand la folie est constatée, d'en préciser l'étendue. Cependant, combien de telles questions intéressent la liberté individuelle et la sûreté publique ! A peine paraîtra-t-il croyable un jour que, dans notre siècle, l'incertitude de la science et de la législation ait rendu possible la séquestration sans juste motif, soit par ignorance, soit dans une intention criminelle. Les annales des tribunaux témoignent que parfois de simples singularités ont pu servir de prétexte à la réclusion d'individus dont l'état mental était aussi sain que celui de la majeure partie de leurs semblables.

Quels que puissent être les efforts de l'autorité pour prévenir de pareils abus, il est évident que les modifications à introduire dans la législation devront toujours être faites sous l'inspiration de la science médicale. Mais, qu'il s'agisse de faire un diagnostic pour déterminer le mode de traitement des aliénés, ou pour éclairer la justice, la condition indispensable à remplir est de posséder une connaissance scientifique du mécanisme de l'esprit humain à l'état de santé. C'est seulement à l'aide de la comparaison que fournit cette connaissance, qu'on peut déterminer exactement le point où la déviation de l'état de santé de l'esprit commence à devenir la folie.

Il s'agit donc, avant tout, de définir ce que nous entendons par un esprit sain. Nous n'en connaissons aucune définition qui soit entièrement satisfaisante; mais si, par le mot esprit, nous convenons d'entendre tous les phénomènes de la conscience sensible et intellectuelle — le *moi sentant* et le *moi pensant* — la santé de l'esprit, dans l'homme fait, suppose l'activité des désirs, des besoins et des aspirations, sous la direction d'une intelligence qui détermine ce que leur satisfaction a de légitime ou d'illégitime, et qui constate la réalité des objets auxquels ces désirs, ces aspirations et ces besoins s'adressent. Le manque de l'une ou de l'autre de ces conditions essentielles marque le point où l'aliénation mentale commence, c'est-à-dire la ligne de démarcation entre l'esprit qui est sain et celui qui ne l'est pas. Lorsqu'une seule de ces conditions fait défaut, il y a, à la rigueur, folie partielle ; mais de là à la folie complète, qui résulte de l'absence entière des deux, il y a d'innombrables nuances, qu'il est du devoir du praticien d'étudier sous le double rapport de leurs symptômes et de leur traitement.

S'il en est ainsi, dira-t-on, il y a peu d'hommes qui ne montrent quelquefois des symptômes de folie. Ceci est vrai, et c'est pourquoi il ne serait ni juste ni raisonnable de stigmatiser comme folie de légers écarts de caractère qui doivent rentrer plutôt dans la vaste catégorie des faits excentriques.

Qu'un homme soit irascible, et ne fasse aucun effort pour se maîtriser, mais qu'on lui reconnaisse le pouvoir de le faire quand il le veut, on ne peut le considérer comme fou; tandis que, s'il est prouvé qu'il n'a pas le pouvoir de se retenir, il n'y a plus lieu de douter de son état de folie. Dans le premier cas, les actes de violence que commet un homme sont justiciables des tribunaux; dans le second, il doit être regardé et traité comme un malade.

Si un homme d'humeur habituellement tranquille montre subitement une grande irascibilité, sans motif rationnel, il y a plus de raison de conclure à un dérangement de l'esprit, que si l'on observait le même degré d'irascibilité chez un homme d'un caractère naturellement violent; mais chez l'un comme chez l'autre, la seule preuve concluante de la folie est le manque de tout empire sur soi-même. Cette preuve, la loi la reconnaît, en trouvant une « circonstance atténuante » dans le fait qu'un crime aura été commis dans un accès de colère. En médecine, la nécessité de soumettre un individu à un traitement suivi est indiquée précisément par la fréquence de ces accès où il perd tout empire sur lui-même, et par l'insuffisance des motifs de sa colère.

Après avoir ainsi cherché de notre mieux le moyen de distinguer un esprit sain d'un esprit malade, nous pouvons passer à quelques considérations sur le siége et les causes de la folie.

Par suite d'une notion confuse et incomplète des rapports du cerveau et de l'esprit, — certains écrivains adoptent la doctrine que les viscères sont le siége des passions. On prétend que dans la plupart des cas de folie, soit aiguë, soit chronique, les viscères abdominaux présentent à l'autopsie des apparences anormales, telles que congestion, ulcères, etc. Les conclusions tirées de ces observations perdent pourtant singulièrement de leur valeur, lorsqu'on sait que les mêmes apparences se présentent souvent chez ceux qui ont pleinement joui de leurs facultés intellectuelles et morales jusqu'au dernier moment de leur vie.

Les mêmes difficultés se présentent lorsque nous cherchons à établir, par la dissection du cerveau, une relation entre le dérangement de l'esprit et les lésions de cet organe. En effet, le cerveau ne présente quelquefois aucune apparence anormale chez ceux mêmes qui sont morts dans un état de folie complète ; tandis que, d'un autre côté, des lésions du cerveau, de différentes espèces, ont été constatées chez des personnes qui n'ont jamais laissé voir aucun indice de folie.

Il faut donc avouer — malgré notre conviction intime que l'aliénation ne peut exister sans un état morbide du cerveau, — que nos connaissances, si limitées sur l'anatomie pathologique de cet organe, ne nous permettent pas de présenter cette proposition comme un fait démontré [1].

Si, depuis les travaux de Gall, l'opinion que le cerveau est l'unique siége de la folie, a gagné tant de terrain, c'est parce que, aussitôt qu'on admet que cet organe est le siége unique de l'esprit à l'état de santé, il est tout naturel de conclure qu'il est aussi le siége de la folie. Aussi, aujourd'hui, l'influence des viscères inférieurs sur le cerveau est-elle assez généralement considérée comme une cause purement *excitante*. L'explication s'en trouve dans le fait que le cerveau, étant le centre de la sensation et de l'énergie nerveuse, peut se trouver stimulé par un état maladif du corps, et surtout des organes intérieurs, au point de produire le délire ou même la folie permanente, selon que l'action morbide des viscères est aiguë ou chronique.

Pour le phrénologiste, non-seulement les maladies mentales ont leur siége dans le cerveau, mais telles parties ou tels organes du cerveau peuvent se trouver affectés, pendant que d'autres parties ou organes restent sains. Mais il ne s'ensuit pas qu'il soit possible, dans tous les cas, de déterminer, d'après la seule observation des phénomènes morbides, quelle est la partie

---

1 Voir, dans l'*Appendice*, la note E.

affectée ; il faut ici, comme dans toute autre application
de la phrénologie, le secours de l'analyse psychologique.

Ce qui importe, avant tout, dans le traitement de la
folie, c'est de connaître le caractère normal du malade,
et de ne jamais oublier que, de même qu'il n'y a pas
deux caractères sains absolument identiques, de même
chaque malade présente quelques particularités qui le
différencient de tout autre ; par conséquent, son traitement exige quelque chose de spécial. Telle est, d'ailleurs,
sur cette matière, l'opinion des plus grandes autorités.

Il est donc évident que la première condition de progrès pour le traitement de la folie, c'est la connaissance
des facultés primitives de la nature humaine, des lois
qui président à leurs combinaisons variées, et des rapports des facultés avec les différentes parties du cerveau.
La psychologie peut seule nous permettre de distinguer
les symptômes anormaux d'avec les facultés primitives,
c'est-à-dire d'établir un diagnostic, mesure qui précède
nécessairement toute considération des moyens curatifs
à employer.

Mais rapporter une affection mentale à sa cause n'est
qu'une partie du diagnostic ; il n'est, en effet, complet
que si on a déterminé le degré de développement de la
maladie, question qui embrasse celle du nombre et de
la nature spéciale des facultés malades.

Dans un très-grand nombre de cas on trouvera que
les facultés atteintes correspondent aux organes qui sont
le plus développés, coïncidence qui se rattache au fait

généralement admis par les médecins aliénistes, que ce
sont les traits les plus frappants du caractère normal
qui présentent des symptômes morbides chez l'aliéné;
en d'autres termes, que la manière de penser et d'agir
des fous n'est, en général, que l'exagération des tendances prédominantes de leur caractère primitif.

Cependant il arrive quelquefois que les facultés atteintes n'ont manifesté jusque-là aucune activité remarquable, et que les organes correspondants sont peu
développés.

Dans l'un et l'autre cas, une connaissance du siége
des facultés peut être extrêmement utile au médecin, en
lui offrant une indication, et du degré probable du
trouble organique du cerveau, et de la région précise
qui est affectée. Par exemple, si c'est dans les facultés de
l'*estime de soi* ou de l'*acquisivité* que se déclarent des
phénomènes pathologiques, et que les parties du cerveau en rapport avec ces facultés soient peu volumi-
neuses, on peut conclure qu'il s'y est produit un dérangement organique bien plus sérieux, que si ces organes
étaient fortement accusés.

Mais la perturbation mentale est souvent tellement
compliquée, qu'il est impossible de saisir aucun rapport
immédiat entre les symptômes dominants et tel ou tel
organe. Une maladie peut paraître ne se rapporter qu'à
un seul sentiment, tandis que réellement elle en intéresse plusieurs. Ainsi, une folie mélancolique, qui rendra indifférent à tous les intérêts ordinaires de la vie,
peut avoir eu pour principe une affection trompée; mais

le *désir de plaire*, l'*estime de soi*, et même la *conscience*, la *vénération* et la *bienveillance* ont pu se mêler à cette affection, en sorte qu'après un certain temps, la principale douleur ressentie sera causée par la nécessité de mésestimer l'objet d'un premier culte d'amour et de respect.

Un pareil état morbide peut se compliquer encore d'une véritable *métastase*, c'est-à-dire d'un déplacement, la maladie se portant d'une faculté, d'abord affectée, à une faculté d'un ordre différent. Ainsi, dans ce cas, il peut arriver, quand la maladie a revêtu une forme chronique, que l'influence de l'*adhésivité* et des autres facultés que j'ai nommées comme étant aussi affectées devient tout à fait secondaire. La maladie est alors fixée dans la région intellectuelle, c'est-à-dire qu'elle s'est transportée des lobes postérieurs et moyens aux lobes antérieurs du cerveau. En effet, les pensées pénibles, inspirées par les souffrances de sentiment, deviennent peu à peu des *idées fixes*, ou, pour parler physiologiquement, la partie du cerveau affectée à la mémoire des faits est arrivée à un état d'excitation permanente, et la mémoire devient involontaire et continue.

Un pareil état n'est que l'exagération de cette mémoire dont nous subissons tous quelquefois la tyrannie, lorsque le souvenir d'un sentiment nous obsède malgré nos efforts pour le chasser.

On comprend donc qu'il n'est pas toujours facile de rapporter directement les maladies mentales, surtout lorsqu'elles ont déjà duré longtemps, à telle ou telle partie du cerveau. Mais il n'en reste pas moins vrai que la phrénologie offre au diagnostic et au traitement de la folie, une base bien plus large et plus solide que celle tirée de la philosophie des écoles, laquelle ne distingue pas assez les facultés elles-mêmes, d'avec leurs effets dérivés et pervertis, non plus que les effets d'une faculté d'avec ceux d'une autre : confondant, par exemple, l'orgueil avec la vanité sous la désignation générale d'*amour-propre;* la frayeur superstitieuse avec les remords de la conscience, etc.

On me répondra peut-être que l'analyse minutieuse dont j'affirme la nécessité pour arriver à une diagnose des maladies mentales, et pour servir de guide dans le mode de traitement à suivre, n'a aucune portée réelle dans la pratique, et que tous les effets secondaires peuvent être traités par des remèdes applicables aux sentiments atteints les premiers. Pour des cas simples, qui dépendent principalement de causes physiques, cela peut être vrai ; mais pour les maladies compliquées de causes morales, il est de la plus haute importance de distinguer aussi minutieusement que possible la nature des symptômes. La mélancolie, l'irascibilité peuvent n'être que des effets secondaires. Il est des mélancolies obstinées dont la source première, par exemple, a été dans l'*espérance* — une espérance non soutenue par le courage, et accompagnée sans cesse de la crainte de ne pas atteindre son objet. Quelle différence entre cette mélancolie et celle qui provient de l'affection blessée !

Je ne désire nullement exagérer l'utilité que peut avoir
la phrénologie dans la découverte des causes de l'aliénation mentale, mais je suis convaincu qu'elle est du
moins capable de fournir les indications les plus précieuses à ce sujet. Dans toutes les branches des sciences,
à plus forte raison dans celle si difficile et si obscure
qui a pour objet les maladies mentales, le praticien aurait tort de ne pas tirer parti de toutes les sources d'information, et les observations phrénologiques méritent
qu'on en tienne compte, au moins dans cette mesure.
Un simple examen cranioscopique peut être très-utile,
pour aider le praticien à découvrir jusqu'à quel point
tel cas d'aliénation a une cause idiopathique ou sympathique. Si, par exemple, le cerveau est très-volumineux,
et que quelques-unes de ses parties soient beaucoup
plus développées que d'autres, on peut conclure qu'il
n'aura fallu qu'une légère excitation, soit sympathique,
soit morale, pour déterminer dans l'action du cerveau
une irrégularité à laquelle cet organe était déjà prédis-
posé. Parmi les cerveaux d'un volume ordinaire, il en
est aussi qui sont particulièrement exposés à perdre
l'équilibre de leurs fonctions, sous l'influence des moindres causes morales : tels sont ceux qui présentent les
organes de la fermeté, de la combativité et des facultés
réflectives pauvrement accusés, tandis que les organes
qui dénotent les affections et l'ambition sont, au contraire, fortement développés. Un homme ainsi organisé
est incapable de lutter contre les obstacles qu'il lui faudrait surmonter pour satisfaire ses désirs. Il y aura donc

en lui un élément de souffrance et de mécontentement
continuel qui pourra s'élever jusqu'au délire par l'effet
de la moindre circonstance fâcheuse.

Les moyens curatifs dont on dispose pour le traitement de la folie sont médicaux et moraux. On peut avoir
recours à tous deux à la fois, ou les employer séparément. Mais avant les remèdes, une question plus importante encore est celle des moyens de *prévenir* les maladies
mentales.

Les moyens préventifs qu'il est toujours bon d'employer consistent dans l'observance des conditions nécessaires à la santé du corps autant que du cerveau —
conditions dont j'ai parlé en traitant de l'éducation.
Mais il y a souvent aussi des précautions spéciales à
prendre, lesquelles sont indiquées et rendues nécessaires
par certaines particularités du cerveau. Ici encore l'habitude de l'observation phrénologique peut être d'une
grande utilité, par la puissance qu'elle donne de saisir
les causes morales prédisposantes, et les symptômes
précurseurs de la maladie mentale.

Après l'emploi des moyens préventifs, ce qu'il y a de
plus important, c'est de ne pas négliger les premiers
symptômes de folie. A son début, la maladie peut souvent être arrêtée complétement, et sans danger de re-
chute. Par malheur, ces premiers symptômes sont rarement bien interprétés, et on les regarde trop souvent
comme de simples bizarreries de caractère ; ce n'est, en
général, que quand la maladie est très-avancée, quand,

18

par exemple, le délire se déclare, qu'on recourt à la
médecine. Ce retard ajoute beaucoup à la difficulté du
traitement, recule la guérison et rend le malade bien
plus sujet aux rechutes [1].

La liste des agents médicaux généralement employés
dans le traitement de la folie est très-étendue, bien que,
dans cette branche de la thérapeutique, il se manifeste,
comme dans les autres, une tendance vers la simplifica-
tion des moyens curatifs. Cependant il y a beaucoup de
praticiens qui ont toujours une prédilection marquée
pour les pratiques violentes, telles que de fréquentes sai-
gnées aux bras, aux pieds, et même à l'artère temporale,
des moxas, des vésicatoires, des applications stimulantes
à la tête, etc. Ces moyens, justement appelés *héroïques*,
peuvent guérir quelquefois, mais il n'est pas douteux
qu'ils produisent souvent les effets les plus pernicieux.
Pinel et d'autres ont remarqué qu'une saignée appliquée
sans discernement peut souvent changer un état d'aliénation peu grave en démence ou idiotisme incurable.
J'ai eu l'occasion de voir, dans différents pays, de nombreux malades traités selon la routine ordinaire, alors
que l'histoire de leur maladie semblait indiquer qu'on
eût dû, avant tout, essayer les moyens purement pas-
sifs ou *expectants*, et qui consistent dans la propreté,
un air pur, une nourriture saine, et toutes les conditions favorables au repos de l'esprit. Dans bien des
cas où ces moyens simples conviennent seuls à l'état

1. Voir, dans l'*Appendice,* la note G.

des malades, la solennité des conseils d'un médecin, la vue seule des préparatifs pour le traitement, suffisent pour imprimer un caractère plus grave à l'indisposition mentale.

Le cadre de ces études ne me permet pas de faire une exposition de la thérapeutique de la folie. Je dirai seulement, qu'en tant que le cerveau est sujet aux lois qui régissent l'économie générale du corps, les mêmes principes thérapeutiques lui sont applicables ; mais il ne faut jamais oublier que le cerveau ressent l'influence directe d'un ordre d'agents qui n'affectent aucune autre partie du corps, si ce n'est par l'intermédiaire du cerveau. Je veux parler des influences morales que les statistiques des causes d'aliénation nous montrent comme étant la source première de la majorité des maladies mentales. Les causes les plus fréquentes sont effectivement le chagrin, la contrariété, la peur, l'incompatibilité des circonstances de la vie avec les exigences du caractère.

En me servant du terme *causes morales*, je n'entends nullement impliquer que le cerveau n'est pas toujours le *siége* de la maladie ; mais si nous admettons en principe que tout trouble des manifestations mentales doit être accompagné d'une lésion de cet organe, l'observation des faits nous oblige aussi à reconnaître que cette lésion peut être une conséquence aussi bien qu'une cause. En effet, si une proportion plus ou moins forte d'oxygène ou de carbone dans le sang peut exercer sur l'esprit une influence favorable ou défavorable, il est certain aussi qu'une impression morale pénible ou heureuse peut amener la compression du cerveau, ou accroître l'oscillation de ses fibres et le mouvement du fluide nerveux. Une vive émotion peut, aussi bien qu'un embarras de l'épigastre, occasionner l'apoplexie en retardant le retour du sang du cerveau. L'impression produite sur l'esprit par une nouvelle inattendue et pénible, est susceptible d'arrêter les fonctions physiologiques aussi complétement que pourrait le faire l'agent physique le plus puissant. Si les désordres du foie disposent à la mauvaise humeur et à la colère, il n'est pas moins vrai que tout sentiment violent et pénible peut porter le trouble dans les fonctions du foie. Nous savons tous, par de tristes et nombreux exemples, que le chagrin ou la frayeur peuvent faire blanchir les cheveux en très-peu de temps. Plusieurs de nos sentiments, surtout la *bienveillance*, qu'elle se manifeste comme pitié ou comme attendrissement à la vue du bonheur, exercent sur la glande lacrymale un effet tout aussi énergique que le gaz ammoniac le plus concentré.

En un mot, l'observation nous amène à conclure que l'action du corps et de l'esprit est toujours réciproque; mais elle ne nous permet pas d'assigner à l'un de ces agents une primordialité nécessaire sur l'autre, ni de déterminer la manière dont leur action mutuelle s'accomplit.

Si donc des influences morales peuvent jeter la perturbation dans l'économie physique, le plus simple raisonnement conduit à admettre l'efficacité d'un traitement reposant sur des moyens moraux ; et ceux qui regardent comme chimérique cette manière de voir n'auront qu'à y réfléchir sérieusement, pour reconnaître que leurs objections tiennent bien plus à l'ignorance de la méthode qui devrait guider le traitement moral, qu'à la démonstration de son inefficacité.

En assignant une aussi grande importance à l'observation des causes ou agents moraux, nous ne sommes pas moins fidèle à la méthode positive, qu'en attribuant une juste importance à l'observation des causes ou agents physiques. Les causes morales, aussi bien que ces dernières, ne sont que des phénomènes soumis à notre appréciation, et celui qui observe le plus grand nombre de phénomènes ayant entre eux une relation de cause à effet, sera le plus capable de concevoir un vaste champ d'effets ultérieurs, et aura à sa disposition un plus grand choix d'agents thérapeutiques.

Il est peu d'écrivains aliénistes, nous le savons bien, qui laissent entièrement de côté la question du traitement moral, mais aucun d'entre eux ne lui accorde sa vraie importance, et plusieurs comprennent sous ce chef les remèdes les plus violents, tels que la crainte de punitions, de la séquestration, des corrections corporelles, les douches et les bains de surprise, la camisole de force, les entraves, etc.

Pinel, Esquirol et d'autres, notamment Gall, Spurzheim et les phrénologistes en général, n'entendent par traitement moral que celui qui a pour effet de calmer

l'esprit, par exemple le bien-être général, des occupations intellectuelles, les distractions, les circonstances
propres à éveiller l'activité d'un sentiment nouveau,
comme contre-poids à celui qui est maladivement excité,
ou, comme le dit Esquirol, assez vaguement il est vrai,
la substitution d'une passion réelle à une passion imaginaire.

Mais, quoique excellents, ces moyens sont trop limi-
tés, et à part l'emploi qu'en font quelques médecins-
phrénologistes, ils sont subordonnés au jugement individuel bien plus qu'à des règles scientifiques. Leuret
a été jusqu'à déclarer positivement que « le traitement
moral n'est pas une science, mais simplement un art
ou une affaire d'inspiration [1]. » Je veux bien que ce
soit un art, mais ici l'art et la science peuvent-ils aller
l'un sans l'autre ? Quant à l'inspiration, je l'ai déjà dit,
les grands médecins en sont toujours doués ; mais l'inspiration sera d'un faible secours dans le traitement des
maladies mentales, si elle n'est pas éclairée par la science
psychologique.

Dans le traitement de chaque cas spécial, la première
chose à faire, c'est de se renseigner sur le caractère
naturel du sujet, afin d'apprécier les modifications que
la maladie y a apportées, ainsi que le nombre et la puissance des facultés exemptes de toute atteinte. Dans le
traitement moral, cette connaissance n'est pas seule-

---

1. *Indications à suivre dans le traitement de la folie*, par Leuret, in-8°. 1846.

ment utile, elle est encore indispensable dans bien des cas où la première condition de succès est de pénétrer les motifs d'action de l'aliéné, et de savoir à quelles facultés il convient d'adresser les moyens de persuasion.

Le praticien doit toujours avoir présente à l'esprit cette vérité, que les motifs d'action de l'aliéné peuvent être aussi variés que ceux de tout homme dans l'état de santé; mais que les plus puissants ne sont pas toujours les plus apparents. On remarque quelquefois chez les fous une dissimulation fort habile : j'ai eu l'occasion d'observer un aliéné qui, par ses dehors avenants et souriants, s'était fait auprès de ses gardiens la réputation d'une nature douce et inoffensive. La méprise de ceux qui le soignaient devint évidente plus tard, car on découvrit que depuis le commencement de sa réclusion il avait tourmenté en cachette un autre malade, en le piquant avec une épingle qu'il gardait soigneusement à cette fin.

La conformation phrénologique de cet homme rendait parfaitement raison d'un fait qu'on découvrait chez lui si tard : ses facultés dominantes étaient la *destructivité*, l'*approbativité* et la *sécrétivité*, tandis que la *bienveillance* faisait défaut, indiquant ainsi à la fois la véritable cause de ses manières prévenantes et la possibilité de la manifestation d'un caractère méchant.

Il est donc évident que la phrénologie peut être à chaque instant de la plus grande utilité au médecin aliéniste pour l'aider à interpréter le caractère et les motifs des actes de son malade, tout aussi bien qu'à l'éduca-

teur, pour juger les motifs et découvrir les germes du
caractère futur de l'enfant confié à ses soins.

On ne devrait jamais oublier qu'aucune règle de traitement ne doit être posée comme absolue, c'est-à-dire
ne doit être la même en tout point pour tous les malades. On répondra peut-être qu'un mode de traitement
invariable n'est jamais adopté par ceux qui soignent les
aliénés ; cependant certaines règles sont données par les
écrivains qui ont le plus d'autorité dans cette branche
de la médecine, comme ne devant, dans aucune circonstance, être négligées. Ainsi on prescrit de ne jamais exciter les idées ou les sentiments malades, de
n'employer jamais la plaisanterie, la contradiction ou
aucun genre d'opposition.

A vrai dire, il peut y avoir grand danger à le faire ;
mais l'art du praticien consiste, entre autres choses, à
savoir distinguer dans quelles circonstances de pareils
moyens peuvent être employés, et à les employer seulement quand il en est besoin, et au degré strictement
nécessaire. Voici, par exemple, un cas dans lequel il
serait désavantageux d'éviter absolument d'entretenir le
malade du sujet de sa folie : Un aliéné est atteint de monomanie religieuse, mais il est naturellement combatif,
rusé et intelligent; si vous vous abstenez entièrement
de lui parler de son idée dominante, ou que, sans
abonder dans son sens, vous subissiez passivement
son opinion, il finira par s'apercevoir que vous le mé-
nagez; sa défiance s'éveillera relativement à votre sincérité; il deviendra irritable et disputeur, et la diffi-

culté d'obtenir de l'ascendant sur lui sera d'autant plus grande.

En pareil cas, loin de craindre de toucher à l'idée ou à la passion anormale, il faudrait chercher au contraire à intéresser l'intelligence du malade au sujet même de sa maladie, afin d'amener une diversion.

La prescription d'éviter toute discussion avec les malades a été posée d'une manière absolue par quelques auteurs, en raison du principe que les erreurs de l'esprit sont au cerveau ce que les dérangements fonctionnels sont aux autres organes — principe provenant toujours de l'idée que toute maladie mentale est nécessairement *précédée* d'un dérangement de l'organisme. Esquirol, avec tous ceux qu'on regarde comme des autorités, abonde en ce sens lorsqu'il dit que « vouloir guérir les aliénés par des syllogismes et des raisonnements, c'est mal connaître l'histoire clinique de l'aliénation mentale [1]. » Spurzheim dit aussi : « Si la folie n'était pas l'effet d'une cause physique, elle devrait être guérie par le raisonnement. Cependant, tous les médecins qui ont conversé avec des aliénés et qui ont eu recours à la logique pour les guérir, sont d'accord qu'un tel traitement est peu utile [2]. »

Il admet cependant que si le raisonnement ne guérit point la folie, il peut changer la suite des idées d'un malade, mais que l'effet est moindre lorsque le trouble

---

[1]. *Dictionnaire des Sciences médicales*, tome XVI, page 225.
[2]. *Observations sur la folie*, page 281. 1818.

porte sur les sentiments — admettant ainsi, après tout, l'influence du raisonnement, car le plus ou moins d'effet obtenu ne fait rien à la question.

J'admets aussi que le raisonnement a plus d'action sur l'intelligence que sur les sentiments, mais j'assigne dans les deux cas, au raisonnement, une part plus considérable que Spurzheim. Je suis convaincu qu'il peut devenir un agent très-puissant dans les mains d'un praticien possédant l'art de faire agir de concert avec les facultés intellectuelles atteintes un ou plusieurs sentiments, *et vice versâ.*

Le raisonnement, toutefois, doit être employé bien moins dans l'espoir de convaincre le malade de son état d'illusion, qu'à titre de contre-stimulant, de véritable *révulsif* mental; car, outre la difficulté de l'amener, par la simple logique, à abandonner son idée, il y a danger — de même qu'avec les personnes saines — d'éveiller l'esprit de résistance (phrénologiquement, la combativité, l'estime de soi et la fermeté). Au lieu donc de créer une diversion à l'idée fixe ou au sentiment malade, on risque d'en accroître l'activité. L'indication du traitement peut consister, au contraire, comme je l'ai indiqué, à paraître abonder dans les idées de l'aliéné, tandis qu'on y greffe d'autres idées d'un ordre différent, par d'imperceptibles transitions amenées avec prudence; on peut ainsi espérer que la rectitude des idées nouvellement acquises parviendra à ramener à l'état normal celles dont le malade était obsédé auparavant.

Mais supposons qu'on admette l'utilité de ces moyens
de traitement, on dira peut-être, comme on le fait pour
l'éducation, que le praticien n'a pas besoin, pour se
former une idée juste du caractère de son malade,
d'autres lumières que de celles qu'il acquerra facilement par sa propre observation et par les renseigne-
ments qu'on lui donnera. Mais nous savons tous par
expérience, et je l'ai suffisamment démontré dans un
chapitre précédent, qu'il est bien difficile d'obtenir de
pareilles sources une connaissance exacte de la nature
intime d'un caractère. La phrénologie, au contraire,
indique immédiatement — sous la réserve déjà expli-
quée — la puissance des tendances naturelles, et nous
fait connaître, par conséquent, celles dont il conviendrait
de provoquer l'activité, soit dans l'ordre intellectuel,
soit dans l'ordre moral et instinctif. Tel malade restera
indifférent au profond développement d'un syllogisme,
tandis qu'on pourrait l'intéresser en mettant en jeu sa
perception d'analogie, ou celle de contraste, en combinaison avec telle ou telle faculté perceptive, selon l'organisation particulière du sujet.

Je dirai même que, dans un grand nombre de cas,
le seul moyen d'arriver à la modification des sentiments, c'est d'user de l'intermédiaire de l'intelligence.
Ceci devient de plus en plus vrai à mesure que nous
passons des penchants inférieurs aux sentiments les
plus élevés. Quoique la bonté et l'indulgence, mêlées
de fermeté, doivent être la base de tout traitement
moral, elles ne constituent pas le traitement entier.

Il est souvent possible, en causant sensément avec le malade, d'intéresser un sentiment, qui peut, à la fois, agir comme un révulsif sur les sentiments surexcités, et y exercer une influence bienfaisante. — Il ne faut jamais oublier non plus que la plupart des aliénés sont très-capables de juger notre conduite envers eux; il est donc très-important de les traiter avec loyauté et franchise.

Je ne saurais trop insister sur l'étroite liaison qui unit le sentiment et l'intelligence — sur la solidarité de toutes les facultés de l'esprit : l'indifférence sur ce point se montre trop dans la thérapeutique aliéniste.

Sans m'arrêter ici à démontrer l'étroite liaison d'instincts et de sentiments spéciaux avec telle ou telle faculté de l'intelligence, je dirai simplement que les facultés les plus personnelles ont une affinité directe pour la puissance analytique, et que les instincts et les sentiments dont les effets sont plus généraux, plus sociaux, appellent davantage l'activité des facultés généralisatrices, et par suite, de la puissance synthétique de l'intelligence.

Ainsi chacun sent l'affinité qui existe entre la *circonspection*, dont le mouvement primitif est de faire pressentir les conséquences fâcheuses possibles d'une position donnée, et la *causalité*, qui analyse, qui veut arriver au pourquoi de toutes choses, et qui prévoit les effets. C'est ainsi que la circonspection sans intelligence est crainte instinctive; avec l'intelligence, elle devient prévoyance.

Du reste, l'influence de l'exercice de l'intelligence en général, pour établir, dans un très-grand nombre de cas, la santé et l'équilibre de l'esprit, est reconnue de fait, puisqu'on permet diverses occupations intellectuelles aux fous. Il coule de source que si de pareilles occupations peuvent leur être utiles, il doit être bon de les mettre en rapport autant que possible avec des gens intelligents et sains, et d'éviter rigoureusement le commerce des fous entre eux. Il y a trente ans que, pour la première fois, dans l'asile des aliénés à Hartford, aux États-Unis, un comité de dames et de messieurs allait régulièrement causer avec les aliénés. C'est un dévouement qu'on voudrait voir imiter partout. Car si certains malades ont besoin d'être isolés, il en est d'autres pour lesquels la communication avec des étrangers intelligents et bienveillants est suivie des meilleurs effets.

Jusqu'ici je n'ai pas parlé des nombreux efforts tentés pour éclaircir la symptomatologie de la folie. Pinel et Esquirol ont beaucoup fait pour diminuer la confusion qui existait dans cette branche d'études ; toutefois, leurs connaissances inexactes et trop limitées en psychologie ont rendu défectueuses leurs classifications des maladies mentales.

Ainsi la *mélancolie* des anciens devenait pour Pinel une manie partielle quelconque, qu'elle fût triste ou gaie. Esquirol divisait ces maladies partielles en *monomanie* et en *lypémanie*, selon qu'elles étaient gaies ou tristes. La simple dénomination générale, *monomanie*, est cependant suffisante pour indiquer le dérangement d'une faculté seule ou d'un groupe de facultés, et c'est dans ce sens que le mot est assez généralement employé aujourd'hui.

Par le mot *manie*, on entend une folie générale, sans prédominance d'aucune idée ou passion particulière, mais accompagnée de fureur. Lorsque la folie affecte principalement l'intelligence, on l'appelle *délire*.

Il y a encore un état anormal de l'esprit, qui est quelquefois la conséquence de l'aliénation aiguë ou chronique, mais qui dépend plus souvent d'un défaut naturel de quantité ou de qualité du cerveau. Quand cet état anormal est l'effet d'une maladie mentale, il s'appelle *démence*, *stupidité*, *imbécillité;* quand il résulte d'un défaut de qualité ou de quantité du cerveau, il s'appelle *idiotisme*, et j'en parlerai bientôt.

La classification des symptômes de la folie ne peut, en bonne logique, être guidée que par la classification des facultés naturelles de l'homme à l'état sain; car, dans le plus grand nombre des cas, la maladie peut tout simplement être rapportée à l'action exagérée et irrésistible de telle ou telle faculté. Quant à ces conceptions bizarres de certains aliénés, souvent presque impossibles à analyser, les lois de la combinaison des facultés et de l'association des idées peuvent seules nous en donner la clef, sans toutefois nous permettre de les faire rentrer dans une classification régulière, pas plus que nous ne saurions classer les phénomènes de nos rêves.

Si dans l'indication des symptômes maladifs nous suivons la classification naturelle des facultés, il nous sera facile de reconnaître le nombre et la nature particulière de celles qui sont attaquées. Ainsi la manie, avec irritabilité et fureur, se rapporte principalement à ce groupe de facultés qui, à l'état sain, donnent de l'énergie et de la vivacité. La manie, avec fureur et délire, est compliquée d'une surexcitation de certaines des facultés intellectuelles.

De cette manière, la classification a *un sens pratique*, et l'avantage de permettre à l'observateur de saisir la différence qui existe entre les symptômes maladifs et les attributions saines de la faculté ou des facultés affectées.

CHAPITRE XIII

DE L'IDIOTISME, DE LA MONOMANIE, DE L'HYPOCHONDRIE, DE L'HYSTÉRIE ET DU SUICIDE

L'idiotisme est le nom donné à cet état de l'être, où il y a absence totale ou insuffisance de développement des facultés d'instinct, de sentiment ou d'intelligence.

L'idiotisme peut être congénial ou ne se montrer que plusieurs années après la naissance. Dans le premier cas, il est causé par une conformation défectueuse, ou par d'autres vices originels du cerveau; dans le second, on doit l'attribuer à quelque accident qui affaiblit ou arrête ultérieurement les fonctions cérébrales.

Ordinairement, les idiots de naissance ont une très-petite tête. Souvent toutefois l'arrêt de développement du cerveau n'a lieu que dans la partie frontale, siége de l'intelligence, tandis que les régions latérales et postérieures, et même la région coronale, ont acquis tout leur développement normal.

Il y a cependant des cas nombreux où la tête est démesurément grosse, par suite d'une accumulation d'eau dans les cavités du cerveau.

Dans des cas bien plus rares, l'idiotisme se déclare chez des enfants qui paraissent avoir le cerveau parfaitement conformé; mais presque toujours l'autopsie y découvre quelque lésion. Du reste, tous les auteurs reconnaissent que l'anatomie pathologique fournit des indices plus constants dans les cas d'idiotisme que dans la folie proprement dite.

Règle générale, l'idiotisme congénial est sans remède; cependant lorsqu'il dépend, soit d'un manque de ton, soit d'une accumulation d'eau dans le cerveau, le prognostic n'est pas entièrement désespéré, car l'hygiène et des médicaments, en modifiant le ton général du corps, peuvent apporter quelque heureux changement à cet état. Mais lorsque l'idiotisme provient d'un défaut de *quantité* du cerveau, il n'y a pas de remède. Tout ce qu'on peut faire pour les idiots de cette catégorie, c'est de les surveiller, afin qu'ils ne nuisent ni à eux-mêmes, ni aux autres.

L'idiotisme se présente avec des caractères plus ou moins complets; ses degrés peuvent être aussi nuancés que le sont les facultés de l'esprit; ils varient depuis l'absence de quelques-unes seulement des facultés intellectuelles ou morales jusqu'à l'oblitération entière de tout ce qui caractérise l'espèce humaine, et même le règne animal; car il y a des exemples, rares à la vérité, où les instincts de conservation eux-mêmes font défaut.

Chez quelques idiots, on trouve de l'habileté constructive, de la disposition pour la musique, etc. : chez

19

d'autres on rencontre l'affection la plus constante, le plus grand dévouement; leur caractère paraît être tout entier dans leurs bons sentiments. Enfin il en est qui ne manifestent que la méchanceté et une tendance invincible à l'hypocrisie et à la cruauté.

Bien qu'on ne puisse pas rendre les idiots assez intel-telligents pour qu'ils soient responsables de leurs actes, les moins disgraciés parmi ces infortunés sont encore susceptibles de retirer quelque avantage de l'éducation. La bonté et la persuasion peuvent beaucoup pour les rendre dociles envers ceux qui les soignent, et heureux de la discipline à laquelle on les soumet. Aussi voit-on des êtres, que leur intelligence défectueuse met au rang des idiots, suivre une occupation qui leur permet de gagner leur vie, grâce à quelque aptitude spéciale. Beaucoup même de ceux qu'on ne peut pas laisser libres, et qui sont les *incurables* de nos hôpitaux, s'occupent régulièrement au jardinage, au tour et à d'autres travaux manuels.

Il est très-difficile, pendant les premiers mois de l'enfance, de reconnaître les indices d'un idiotisme qui doit se manifester plus tard, sauf dans les cas où la conformation physique ne laisse place à aucun doute, ou lorsqu'il y a absence évidente des premiers instincts de conservation. Très-souvent la tête est fort petite et se développe rapidement; d'autres fois elle est excessivement grosse et prend peu à peu des proportions plus normales. Beaucoup d'enfants qui ont présenté à leur naissance l'une ou l'autre de ces conformations font preuve par la suite d'une intelligence moyenne ; il y en a même qui se distinguent par leur caractère et leur intelligence.

Quelquefois, chez un enfant dont l'intelligence a suivi d'abord la marche la plus favorable, un arrêt du développement mental se montre vers la troisième ou quatrième année, et même plus tard : phénomène qui peut se rapporter, tantôt à un défaut de certaines parties du cerveau, tantôt à une prédisposition constitutionnelle. Dans les tempéraments scrofuleux et très-nerveux, l'idiotisme peut ainsi survenir, même chez des enfants qui auparavant ont été d'une intelligence remarquable. Il suffit souvent, avec une telle constitution, de vivre dans un air insalubre, d'être mal nourri, d'avoir trop ou trop peu d'exercice, de subir des émotions trop fortes ou une trop grande fatigue intellectuelle, pour voir se produire cet état d'affaiblissement ou de perte des facultés.

Il peut arriver que la région perceptive du cerveau soit bien accusée, et que celle des facultés supérieures fasse entièrement défaut. Ce genre d'organisation correspond à un idiotisme partiel, qui comporte toutes sortes d'habiletés manuelles, de dispositions perceptives, mais avec absence de tout jugement.

Le contraire peut également avoir lieu, c'est-à-dire que la région réflective peut être accusée, tandis que les organes de la perception manquent. Ici les facultés intellectuelles ne peuvent pas fonctionner, faute de base dans la perception des choses extérieures. Elles

n'ont guère d'autre stimulant que celui que fournissent
les émotions, et celles-ci, quelle que puisse être leur
énergie naturelle, sont amoindries à leur tour par le
défaut même des facultés perceptives, et, par conséquent, du rapport nécessaire avec le monde extérieur.

Il y a donc des cas où ce n'est pas chose facile que
de déterminer si un homme a assez d'intelligence pour
être jugé responsable de ses actes, c'est-à-dire pour
ne pas être rangé dans la classe des idiots. C'est pourtant un point qui intéresse la Justice au plus haut degré,
et ici la phrénologie peut, sans contredit, être fort utile,
en donnant les moyens de constater le rapport direct
qu'il y a presque toujours entre l'idiotisme et les dimensions du cerveau. Mes observations me permettent d'affirmer l'exactitude du fait avancé par les phrénologistes,
à savoir que l'idiotisme existe toujours plus ou moins
lorsqu'à l'âge adulte la circonférence du crâne mesure
moins de dix-sept pouces.

Les têtes un peu plus grandes constituent le point
insaisissable de transition entre les êtres classés comme
idiots et ceux qui ne le sont pas.

Les observations phrénologiques étant justes quant
au rapport de la conformation avec le degré d'idiotisme, nous demandons, avec M. Voisin[1], « pourquoi la
statistique, qui doit éclairer l'étude de la nature humaine et donner des matériaux à la médecine légale ; qui

1. *Journal de la Société phrénologique de Paris*, troisième année, page 200. 1835.

porte jusqu'au scrupule l'esprit de détail et d'ensemble;
qui fait entrer dans ses éléments de jugement sur les
hommes l'appréciation exacte de l'instruction et de l'i-
gnorance, de la misère et de l'aisance, du commerce et
de l'industrie, de la profession et de toutes les autres
choses extérieures, a pu négliger jusqu'ici les docu-
ments qu'elle peut recevoir de l'organisation. Pourquoi, lorsqu'elle a déjà fait un pas vers cette heureuse
direction, en tenant compte de l'influence des différents âges, n'a-t-elle pas suivi sa marche dans la même
ligne, et noté les dimensions générales et les formes
particulières des têtes ? . . . .
Que la statistique des cours criminelles fasse donc, au
moins dans les circonstances extraordinaires, un cadre
de plus; qu'elle fasse connaître le développement du
cerveau de l'individu dont elle retrace l'existence extérieure avec tant de fidélité; qu'elle envisage le sujet de
ses observations sous toutes les faces qu'il peut présenter; en un mot, que sa vue soit complète. Par cette
prise en considération du physique de l'homme, le
mystère qui couvre certains actes se trouve dévoilé :
on aura le mot de quelques énigmes, on se livrera
moins souvent devant les tribunaux à des interpréta-
tions ridicules, ou quelquefois bien cruelles. L'état de
l'encéphale enfin sera compté pour quelque chose; il
sera pour tout le monde ce qu'il est pour nous, la traduction physiologique de l'activité de certains sentiments ou penchants, dont il est impossible de trouver
la source et la cause dans les excitations du monde ex-

térieur, dont la manifestation non motivée paraît marquée du sceau de la fatalité, et dont une éducation spéciale eût pu seule comprimer la violence et régulariser l'emploi. »

On aurait tort d'affirmer qu'on n'a guère besoin de la phrénologie pour reconnaître les faits d'idiotisme; car nous savons combien sont arbitraires et superficielles les conclusions qu'on tire au sujet des caractères, en l'absence de tout *criterium* assuré. Il peut arriver que l'impossibilité où l'on est ainsi de reconnaître ou de soupçonner un cas d'idiotisme entraîne les conséquences les plus fâcheuses; quelques exemples suffiront pour le prouver.

Une jeune fille bien élevée fut condamnée pour vol, et l'honneur de toute une famille fut ainsi flétri. Cependant cette jeune personne n'était pas moralement coupable. Elle était connue pour manquer d'intelligence, bien qu'elle eût acquis quelques talents; elle dessinait, touchait du piano, était généralement aimable; mais elle manquait complétement de jugement. Elle était très-rusée, mais d'une ruse qui se laissait facilement deviner. Elle aimait beaucoup la parure. Elle amassait et cachait toute espèce de chiffons et d'objets de peu de valeur, qu'elle soustrayait partout où elle les trouvait. Ce qu'elle n'avait fait jusque-là que chez elle, ou chez quelques amis de sa famille, elle le fit plus tard, à plusieurs reprises, dans différents magasins. On vit dans cette jeune personne un caractère perverti, une voleuse : elle n'était qu'idiote. La ré-

gion supérieure de son front était d'une petitesse déplorable, tandis que les parties perceptives avaient un
développement normal ; il en était de même de la partie latérale de la tête. C'était donc, selon les règles que
j'ai indiquées, un cas bien positif d'idiotisme partiel.

« Je me rappellerai toute ma vie, dit M. Voisin [1],
avoir vu à Bicêtre, en 1828, lors du départ de la chaîne
des forçats, un jeune homme de vingt-deux ans, atteint
de l'idiotisme incomplet dont je parle, et qui avait été
condamné pour viol. J'entrais dans la grande cour de
la prison, au moment où l'on faisait exécuter un mouvement général parmi ces malheureux pour en opérer
le ferrement; habitué que je suis à saisir les caractères extérieurs de ces êtres infirmes et dégradés, du
plus loin que j'aperçois ce jeune homme, à sa configuration cérébrale, à sa démarche, à ses poses mal assu-
rées, à son sourire niais et stupide, à la manière dont
ses camarades le plaçaient et le déplaçaient, à son indifférence, il me vient de suite en idée que j'ai un idiot
sous les yeux ; je veux éclaircir mes doutes, je vais à
lui, je l'examine, je l'interroge, je fais à ses compa-
gnons d'infortune une foule de questions sur l'ordre et
le genre de ses manifestations habituelles, ils me regardent tous avec étonnement, ils ne savent rien de tout
ce qui se passe dans ma tête, des émotions que j'éprouve,
des idées qui m'assiégent, et comme ils ne se doutent
pas de l'importance que j'attache à ne pas avoir le

_____

1. *Journal de la Société phrénologique,* troisième année, p. 196.

moindre doute sur la situation mentale de ce jeune homme, ils ne peuvent concevoir comment un homme, qui leur paraît avoir d'ailleurs quelque instruction, peut rester si longtemps à constater une imbécillité si patente pour eux, et d'ailleurs, disaient-ils, si manifeste à tous les yeux. Je ne m'étais point trompé, j'étais en présence d'un pauvre enfant à qui la nature avait été bien loin d'accorder tous ses dons, et que l'on sacrifiait en pure perte aux intérêts sociaux. L'infortuné n'avait point, il est vrai, la conscience de son état; mais sa famille avait à subir les conséquences d'une condamnation infamante. »

Pour le traitement de l'idiotisme, de même que pour celui de la folie et pour la direction de l'éducation, le médecin phrénologiste trouve des données importantes dans la connaissance du rapport des facultés avec des organes spéciaux. Guidé par cette idée, il ne se contente pas de constater quelles facultés sont actives par le fait, mais il cherche à découvrir celles qui pourraient le devenir en étant encouragées. La conformation du crâne peut donc lui suggérer souvent le genre de discipline et de direction dont le sujet a besoin, lorsque les traits connus de son caractère ne sauraient donner aucune indication à cet égard. J'en ai vu un frappant exemple dans un jeune homme de dix-sept à dix-huit ans, qui me fut présenté par ses parents comme un être paresseux, morose, taciturne, taquin, presque incapable d'attention, et possédant un degré d'intelligence à peine suffisant pour apprendre à lire et à écrire.

Cependant la conformation de sa tête présentait un développement favorable des régions instinctives et morales ; le front, il est vrai, pris dans son ensemble, était très-pauvrement développé, mais toute la partie entre les yeux, correspondante aux organes phrénologiques d'*individualité*, de *configuration*, de *pesanteur* et d'*étendue*, était bien accusée. Il y avait aussi un renflement à la partie externe et inférieure du front qui indique la *constructivité*. Les organes de la musique, *le temps* et *les tons*, ainsi que celui de l'*imitation*, quoique moins en relief, avaient un développement très-normal. Du côté des sentiments, le *désir de plaire*, l'*estime de soi* et la *bienveillance* étaient fort prononcés.

Le caractère que le jeune homme avait jusque-là accusé, et qui était si peu en rapport avec ce dernier organe, s'expliquait très-bien par le peu de sympathie qu'il avait toujours rencontré. Non qu'il eût été maltraité — loin de là — mais il passait pour être à demi idiot, absolument incapable, et personne n'avait pensé à éveiller en lui un peu de confiance en ses propres forces.

Quelques bonnes paroles adressées à sa bienveillance, à son désir de plaire et à son estime de lui-même, éveillèrent presque aussitôt de nouvelles sensations en lui. En entendant dire avec conviction qu'il pouvait devenir comme les autres jeunes gens, si seulement il travaillait avec assiduité, il sentait naître à la fois son

ambition et son espoir. Profitant encore des suggestions tirées de la conformation particulière de son front,
on le mit à un travail manuel, on le fit étudier le dessin, puis l'écriture et le calcul, et il développa bientôt
assez de moyens dans une branche spéciale de travail
mécanique — la serrurerie — pour se suffire presque
entièrement à lui-même.

Cet heureux résultat était dû, en grande partie, à
l'application de la loi de la convergence des facultés.
Certains de ses sentiments, une fois mis en activité nor-
male, incitèrent aussi les facultés spéciales de son intelligence qui furent les premières soumises à l'instruction; par suite, les facultés d'un développement secondaire participèrent de cette modification.

On peut admettre, à la rigueur, que l'expérience
ordinaire aurait pu mettre les parents du jeune homme
sur la même voie que les suggestions phrénologiques;
mais il leur aurait fallu bien des tâtonnements pour
arriver à un pareil résultat, et une perspicacité dans la
divination des caractères dont peu de personnes sont
douées.

Par Monomanie, on entend un dérangement d'une
ou de plusieurs des facultés mentales; phrénologiquement, la lésion d'un ou de plusieurs organes cérébraux. Ainsi il y a des malades qui se croient rois,
poëtes, riches, l'objet d'une persécution politique, etc.,
tandis que, sur tout autre sujet, leur esprit exerce sai-
nement son action.

Quelquefois le monomane a une tendance irrésistible à commettre certains actes, quoiqu'il les reconnaisse comme mauvais ou ridicules. Dans ce cas, c'est un instinct ou un sentiment qui est malade, tandis que les facultés intellectuelles sont dans leur état normal.

Certaines personnes sont poussées à voler sans avoir besoin des objets dérobés, objets qu'elles rendent souvent de leur propre volonté.

Le remords causé par un scrupule, religieux ou autre, rend quelquefois la vie insupportable à ceux mêmes auxquels leur jugement montre le peu de gravité de leurs fautes. D'autres se sentent portés à l'homicide ou au suicide, et doivent employer toute la force de leur volonté pour résister à ce funeste entraînement.

Quoique la maladie d'un sens externe ou d'une faculté perceptive ne soit pas généralement classée comme monomanie, elle devrait pourtant se ranger sous cette dénomination. On distingue ce genre d'affections en *hallucinations* et en *illusions*.

Le mot *hallucination* s'applique à ces cas où l'erreur mentale n'est causée par aucune impression réelle sur les sens : tel fut l'état de Jeanne d'Arc et de Swedenborg.

Le mot *illusion*, au contraire, ne s'emploie que pour désigner une erreur provenant d'impressions produites par des objets réellement existants. Esquirol parle d'un malade qui frappait les ombres projetées par les meubles, les prenant pour des rats. Une dame, à Venise, pleurait depuis plusieurs mois un fils qui avait péri en mer, et elle ne voulut jamais se convaincre qu'elle l'eût irrévocablement perdu. Un jour, elle rencontra sur la place Saint-Marc un jeune étranger qui ressemblait à son fils ; elle courut à lui, le prit dans ses bras ; elle crut avoir retrouvé son enfant. L'étranger ayant quitté Venise, elle devint inconsolable, se croyant désormais abandonnée de son fils bien-aimé.

L'illusion et l'hallucination proviennent fréquemment de ce que l'imagination a été excitée par des contes merveilleux ou des traditions superstitieuses. On sait qu'un grand nombre de personnes ne peuvent pas rester seules dans l'obscurité, sans voir les objets prendre des formes fantastiques qui les jettent parfois dans une extrême terreur. Dans tous ces cas, j'ai remarqué une organisation cérébrale particulière sur laquelle je reviendrai ; mais, en outre, j'ai presque toujours découvert que la surexcitation de ces organisations était due au souvenir de contes effrayants.

Une autre cause fréquente de l'hallucination se trouve dans une vie trop solitaire, dans l'habitude de la contemplation religieuse — enfin, dans tout ce qui porte à une contention excessive de l'esprit. Toutes les émotions pénibles ou joyeuses, les premières surtout, peuvent produire des illusions ou des hallucinations. Voici un cas où une illusion, produite d'abord par une tension excessive des facultés, passa bientôt à l'état d'hallucination.

Un habitant de Genève, homme d'une instruction

peu ordinaire, était depuis plusieurs mois sous le coup
d'un violent chagrin, causé par la mort de sa femme.
Un soir, dans son cabinet, il crut entendre sa voix.
Il eut d'abord conscience que ce n'était qu'un bruit
lointain que sa pénible préoccupation transformait
en une voix jadis si familière. Mais les nuits suivantes et pendant longtemps, il s'imaginait entendre
les mêmes sons. Il me parla de son état; ma présence
dans son cabinet ne changea rien au phénomène. J'ai
pu me convaincre que le bruit qu'il croyait entendre
n'avait aucune réalité. L'illusion première était donc
devenue une hallucination pure, une hallucination intermittente et se produisant à heure fixe.

J'ai connu des cas — tant d'hallucination que d'autres genres de monomanie — où les accès arrivaient de
trois jours en trois jours; d'autres où l'intervalle était
encore plus grand. Le docteur Cotta, un des médecins
de l'hôpital de Lodi, me fit voir en 1845 un cas fort remarquable de ce genre. Le malade était attaqué de la
monomanie du suicide au commencement des premiers
quartiers de la lune. Le plus fort de l'attaque avait
lieu le troisième jour, et le sixième, la maladie dis-
paraissait.

Quoique souvent, au commencement de la monomanie et de l'hallucination, l'altération de l'intelligence
générale ne soit pas évidente, il est rare que, par la
suite, ces maladies n'affectent plus ou moins le reste
du cerveau. En effet, dans presque toutes les hallucinations de longue durée, un ou plusieurs instincts ou

sentiments sont affectés ; de même la monomanie des sentiments ou des instincts se trouve presque toujours compliquée d'hallucination. Ainsi le fou qui entend la voix de Dieu lui ordonner de tuer, est à la fois un monomane religieux et un halluciné ; il en est de même de celui auquel une voix imaginaire commande la pénitence, etc., etc.

Seulement, lorsque l'halluciné a de l'instruction et une haute intelligence, il se rend compte de l'erreur de son esprit et y résiste, ce qui rend la guérison plus facile, et quelquefois très-prompte. Mais, sans quelques connaissances physiologiques, il est difficile qu'un homme, si intelligent qu'il soit, ne prenne pas ses illusions pour des réalités.

Quant aux causes ou conditions matérielles de l'hallucination, elles sont encore enveloppées de l'obscurité qui règne sur toute la pathologie de la folie.

Mes observations phrénologiqnes m'ont fait conclure qu'il y a certaines conformations cérébrales qui prédisposent plus que d'autres à l'hallucination ; ce sont celles où il y a prédominance des organes de l'*idéalité*, de l'*imitation* et surtout de la *merveillosité*, et, dans le cas où l'hallucination affecte la vue, prédominance aussi des facultés perceptives.

Je passerai maintenant à un rapide examen de certains états pathologiques connus sous les noms d'hypocondrie et d'hystérie, et qui embrassent souvent, parmi la multiplicité des faits qu'ils présentent, ceux de l'hallucination et de l'illusion.

Les symptômes de l'hypocondrie, d'après la plupart des auteurs, ne constituent rien de moins qu'un catalogue de presque toutes les maladies connues, corporelles et mentales. Et, en vérité, on peut dire que, lorsqu'on est atteint de cette maladie, il n'est aucune partie du système qui ne puisse, à son tour, devenir le siége de la souffrance. Quelquefois le malade accuse une multiplicité de douleurs simultanées : toutes les sensations, toutes les facultés et tous les sentiments se trouvant intéressés. De plus, il y a lieu de s'étonner de ce que cet état de souffrance peut coexister avec une apparence générale de santé. Cet étrange contraste ne se voit pas souvent, à la vérité ; il est même extrêmement rare parmi les malades qui souffrent depuis longtemps.

En général, l'hypocondriaque présente, dans sa physionomie et dans ses allures, un cachet de souffrance tout particulier : la figure est mobile, inquiète ; il y a souvent vivacité de paroles, mais le sourire est rare et contraint. Vous remarquerez partout, dans les fêtes, dans les bals, dans la rue, ces hommes à figure hypocondriaque, et si vous savez gagner leur confiance, ou si vous entrez seulement en conversation avec eux, vous verrez, quel que soit d'ailleurs le sujet de votre entretien, que la question de leur santé est la seule qui les intéresse, et qu'ils y reviennent toujours comme poussés par une idée fixe.

Voici des symptômes que l'on rencontre, en nombre plus ou moins grand, chez différents hypocondriaques. Le malade souffre d'une grande impressionnabilité, cha-

que changement de température l'incommode; tout
bruit inusité l'agace, depuis le gazouillement des
oiseaux jusqu'au grincement des portes; le frôle-
ment de la soie, le contact de la laine et autres étof-
fes, le tapis même sur lequel il marche, tout est pour
lui cause de souffrance. Des élancements, une chaleur ou un froid soudains, des bruits dans la tête,
des sifflements dans les oreilles, et surtout une sensation particulière à la racine des cheveux; de fréquentes faiblesses, comme lorsqu'on est sur le point de
s'évanouir; le vertige, l'illusion ou l'hallucination des
sens de l'odorat et du goût, généralement sous une
forme désagréable.

A un degré plus avancé de la maladie, l'hypocondriaque accuse des douleurs atroces, un resserrement
au cou, des étouffements, des palpitations violentes; la
digestion est mauvaise et douloureuse, les nausées sont
fréquentes. Il y a de violentes douleurs dans toute la
région abdominale; la peau est jaune et rugueuse; il y
a faiblesse générale, quelquefois perte momentanée de
la voix ou de l'usage d'un bras, d'une jambe, comme
par une paralysie passagère; l'insomnie est prolongée,
ou bien les courts instants de sommeil sont troublés par
le cauchemar, ou dérangés par le moindre bruit; le
malade se réveille souvent en sursaut.

Parmi les symptômes moraux, on observe une humeur
inquiète; il n'y a aucune égalité de caractère; la gaieté
et la tristesse, la douceur et l'irascibilité se montrent
tour à tour. D'une prévoyance ombrageuse, l'hypocon-

driaque se laisse aller au découragement; il est soup-
çonneux ; en un mot son caractère est aux prises avec
tous les chagrins imaginables. Un tel homme est une
douleur vivante pour lui-même et pour les autres ; rien
ne l'amuse; il recherche la société pour la fuir, et tout
en la fuyant il y revient toujours. Il a peu de ressources
en lui-même, car ses réflexions sont toujours pénibles;
toute occupation intellectuelle le fatigue ; il ne peut fixer
son attention, et, comme conséquence naturelle, sa mémoire est lente ou infidèle.

Les symptômes que je viens d'indiquer sont bien
loin d'épuiser la liste de ceux qu'on observe dans
l'hypocondrie, mais je trouve inutile d'en rapporter
d'autres.

Aujourd'hui les opinions diffèrent beaucoup quant
aux causes de cette maladie. La plupart des écrivains
l'attribuent, avec les anciens, à un dérangement dans
la région gastrique; d'autres lui assignent pour siége
tous les organes situés dans les cavités abdominales;
d'autres encore croient que le cerveau aussi est atteint
par influence ; enfin, quelques-uns pensent que cet organe est le siége essentiel de la maladie.

L'observation des faits donne certainement un grand
poids à cette dernière opinion. D'abord, il est à remarquer que les symptômes douloureux et variés accusés
dans l'hypocondrie sont beaucoup plus nombreux que
ceux qui caractérisent les lésions gastriques. En second
lieu, il est bien connu que ces symptômes peuvent
exister (au moins au commencement de la maladie)

sans être accompagnés du moindre embarras dans les
voies gastriques, ni dans les fonctions générales de
la vie végétative. Ainsi, on voit des hypocondriaques
qui mangent, digèrent, et dorment bien, et lorsque, par la suite, l'insomnie, la dyspepsie, etc.,
surviennent, on ne peut les regarder que comme des
conséquences.

La véritable caractéristique, le *sine quâ non* de l'hypocondrie, c'est la multiplicité, la variabilité des souffrances du malade, sans qu'il y ait altération organique
correspondante.

Si le mystère qui s'attache à cette maladie n'est pas
dissipé par l'admission que le cerveau en est le siége
essentiel, du moins cette hypothèse explique jusqu'à un
certain point ces curieux phénomènes, puisque nul
organe n'a autant d'influence sur l'économie que le
cerveau. La nature de l'influence nerveuse ou, si l'on
veut, la qualité du fluide nerveux dépend de l'état du
cerveau, dont la condition, quoiqu'elle soit modifiable
par la réaction des viscères inférieurs, l'est plus encore par des influences purement morales. On conçoit
donc que les douleurs dont se plaint l'hypocondriaque,
puissent être causées par de véritables influences morbides que le cerveau exerce dans différentes parties du
corps.

Dans le dernier chapitre, j'ai parlé des effets du moral
sur le physique; il convient pourtant que j'insiste de
nouveau sur un sujet si étroitement lié à celui qui nous
occupe. On sait que les émotions généreuses commu-

niquent de la chaleur et de l'élasticité au corps, tandis qu'au contraire les préoccupations égoïstes produisent une tension continue de tous les tissus, et donnent de la pâleur au visage. Quelques-uns éprouvent une sympathie physique si forte, au récit ou à la vue des souffrances d'autrui, qu'ils en tressaillent et ressentent des frémissements dans l'épine dorsale, dans le creux de l'estomac, dans la main, dans les doigts ; il y en a même qui sentent positivement des souffrances analogues à celles dont leur esprit est frappé.

A ces faits, l'observation phrénologique en ajoute d'autres qui conduisent à ce résultat d'une grande importance pratique, à savoir : qu'il n'y a pas seulement un rapport général entre le corps et le cerveau, mais que chaque organe phrénologique — chaque faculté spéciale de l'esprit, sans en excepter les facultés intellectuelles, exerce une influence spéciale sur les organes du corps. Il suffit, en effet, de la moindre observation, même dans notre état ordinaire, pour reconnaître que des sensations corporelles correspondent avec l'état de telle ou telle faculté mentale. Une nuance particulière de sensation accompagne toujours chacun de nos instincts, chacune de nos facultés intellectuelles. C'est pourquoi il est naturel d'admettre que les douleurs dont se plaint l'hypocondriaque proviennent de ce même rapport d'action et de réaction entre le cerveau et le reste de l'organisme.

Quelques auteurs attribuent l'état hypocondriaque à des notions préconçues de certaines maladies, et ils

ont raison dans plusieurs cas [1]. En effet, l'imagination se fait souvent un vif tableau d'une maladie, et
aussitôt le cerveau communique une influence morbide aux organes qui en sont le siége. Un jeune homme,
qui avait eu dans sa famille plusieurs personnes atteintes
d'une lésion du cerveau et de la moelle épinière, était
constamment préoccupé de l'idée qu'il succomberait tôt
ou tard à la même affection. Chaque rhume, chaque
lassitude produite par le travail réveillait en lui cette
mélancolique idée, et aussitôt que sa pensée se laissait
entraîner dans cette voie, il y avait exacerbation des
maladies dont il souffrait. A la fin, il fut véritablement
attaqué d'une légère congestion au cerveau : cependant
il ne tarda pas à entrer en convalescence. Lorsqu'il eut
complétement repris l'usage de ses membres et de ses
facultés intellectuelles, il ne pouvait se convaincre qu'il
ne lui restât pas toujours un peu de paralysie, ni que
ses facultés intellectuelles fussent capables de résister à
la fatigue. Cependant, lorsqu'on l'amenait à détourner
son attention de lui-même, ses forces physiques et son
intelligence se montraient ce qu'elles avaient toujours
été. Bientôt, étonné de se trouver aussi bien, notre hy-

---

1. « Lorsque le célèbre Corvisart, dit M. Falret, fixait l'esprit
des élèves de l'École de médecine de Paris sur les lésions organiques du cœur, on vit alors se manifester parmi eux une véritable épidémie d'hypocondrie : des battements du cœur un peu
plus forts que de coutume, quelques irrégularités dans l'action de
cet organe, étaient pour un grand nombre d'entre eux un indice
certain d'un anévrisme du cœur. » (*De l'Hypocondrie et du Suicide*, par J.-P. Falret. 1822.)

pocondriaque n'ose pas y croire, et voilà qu'il éprouve de nouveau les divers symptômes qu'il redoutait le plus. Il s'entretient avec tous ceux qu'il rencontre de son état, il lit des ouvrages de médecine, et à mesure que sa connaissance augmente sur cette matière, ses sensations et ses douleurs deviennent plus intenses et plus variées : tantôt il croit avoir une hypertrophie du cœur qui menace de l'étouffer; plus tard, c'est un cancer à l'estomac. Un de ses amis mourut d'une péritonite : aussitôt il éprouva des douleurs aiguës dans l'abdomen, et se crut atteint de la même maladie. J'essayai vainement de le détromper en lui prouvant que je pouvais pincer et frotter son abdomen sans qu'il éprouvât aucune augmentation de douleur. Ce cas vous représente la marche que peut suivre l'hypocondrie lorsqu'elle est excitée par la connaissance préalable des symptômes de certaines maladies. Mais, quoique l'hypocondriaque possède presque toujours cette connaissance, il est hors de doute qu'il peut aussi éprouver un très-grand nombre de sensations et de douleurs dont il n'a jamais entendu parler, et que les préoccupations dont il peut alors être assailli sont la conséquence et non la cause de son état.

Du reste, les préoccupations morales — qu'elles précèdent ou qu'elles suivent les symptômes physiques — ne constituent point l'hypocondrie. La caractéristique essentielle de cette maladie, je le répète, c'est la perception d'une multiplicité de douleurs, sans qu'il y ait lésion organique : distinction d'une grande importance, parce qu'on a l'habitude de rap-

porter la maladie tout entière à une préoccupation
triste de l'esprit, et qu'on part de là pour traiter d'i-
maginaires les douleurs dont se plaignent les hypocondriaques.

Parler de douleurs imaginaires, c'est faire un étrange
accouplement de mots ; c'est comme si nous disions
des douleurs non senties. Le malade souffre véritablement, et nul ne peut apprécier jusqu'à quel point il est
juste de dire qu'il exagère ce qu'il sent.

Conformément à la doctrine que le cerveau est le
siége de la maladie, nous trouvons les cas les plus fréquents d'hypocondrie chez ceux qui mènent une vie
de travaux intellectuels, ou chez ceux dont les passions
ont été ou surmenées ou trop comprimées. Au contraire, l'hypocondrie est très-rare chez les artisans et
les ouvriers.

Ceux mêmes qui croient que le siége de la maladie
est dans les hypocondres ou dans toute autre partie de
la région abdominale, sont néanmoins amenés par la
force des faits à admettre l'immense influence des
causes morales dans sa production. L'un des écrivains
les plus accrédités entre eux, M. Villermay, dit à ce
sujet[1] : « La fréquence de l'hypocondrie est, jusqu'à
un certain point, en raison directe du développement
de l'entendement humain et des progrès de la civilisation. » Plus loin il ajoute : « C'est surtout au milieu
des personnes douées de l'imagination la plus ardente

---

1. *Dictionnaire des Sciences médicales,* tome XXXIII, page 107.

ou de la plus vive sensibilité qu'elle choisit de préférence ses victimes [1]. »

Relativement aux moyens de guérison et de préven-
tion, les avis sont nécessairement partagés, selon qu'on
voit dans l'hypocondrie une lésion gastrique ou une
lésion du cerveau. Je suis loin de nier l'avantage qu'on
obtient par l'usage des médicaments, appliqués selon
les symptômes qui se présentent; mais si l'embarras
gastrique ou autre, qui existe dans l'hypocondrie, ne
cède pas promptement à l'action de certains remèdes,
on peut être sûr que leur application continue produira
beaucoup de mal. En effet, les médicaments qu'on emploie affaiblissent le plus souvent le corps et réagissent
sur le cerveau, en augmentant les symptômes au lieu
de les diminuer. A tout prendre, l'hygiène, la gymnastique, les voyages, sont plus souvent efficaces qu'aucun
médicament qu'on pourrait donner. Là même où le
traitement médical est indiqué, il ne se présente jamais
de cas qui ne nécessite en même temps un traitement
moral; et, règle générale, on peut dire que l'hypocondriaque a surtout besoin de modificateurs du cerveau.

Dans le traitement moral, il faudrait avant tout éviter
de faire voir au malade qu'on croit que les maux dont
il se plaint ne sont qu'imaginaires. Cette absence de
sympathie le confond et le rend plus morne. Le ton
qu'il convient d'avoir avec lui est celui d'une condo-
léance bienveillante. Quelques indications données par

1. Voir, dans l'*Appendice,* la note H.

Georget pour le traitement moral sont excellentes [1].

« Il faut écouter, dit-il, avec patience, avec intérêt, les plaintes des malades et le récit de leurs souffrances; il faut explorer avec la plus grande attention toutes les parties douloureuses; c'est qu'ils se croient toujours atteints de quelque mal extraordinaire aussi difficile à connaître qu'à guérir, et si vous ne les étudiez pas avec le plus grand soin, si vous ne paraissez pas rester quelque temps avant de pouvoir bien connaître leurs maux, vous n'avez point leur confiance, et ne pouvez leur faire aucun bien. Il est en général important de leur prouver, par des raisons à leur portée, qu'ils n'ont point les maladies graves dont ils se croient affectés; la persistance d'un état satisfaisant des fonctions nutritives est un fait qui a de l'influence sur leur esprit. Quelquefois, pourtant, on peut leur laisser croire qu'ils ont réellement le mal dont ils se plaignent, pour les traiter ensuite et agir de la sorte sur leur imagination. On doit éviter avec le plus grand soin de les traiter de *malades imaginaires,* ce qui est faux et ce qui les révolte; et de paraître faire trop d'attention aux troubles de l'intelligence, car ils appréhendent beaucoup de perdre tout à fait la raison. Les explications les plus commodes et les moins fâcheuses à donner aux malades consistent à rattacher d'une manière vague les souffrances, les désordres des fonctions, au *système nerveux, à un état*

---

1. *Encyclographie des Sciences médicales,* tome XVI, page 155. Bruxelles, 1838.

nerveux, à une irritation nerveuse, etc. Mais il faut parler avec conviction à ces infortunés de l'issue heureuse de leurs maux, des bons effets du traitement conseillé, et des résultats fâcheux des remèdes violents qu'ils ne sont que trop disposés à employer; on doit surtout éloigner d'eux ces personnes qui ne voient pas un malade sans avoir à lui proposer un moyen infaillible de le guérir. »

Tous les auteurs conseillent d'éviter l'étude et la contention de l'esprit; toutefois, chez l'hypocondriaque qui a abusé de la vie, les travaux intellectuels peuvent être des délassements et une ressource précieuse contre la tristesse et contre la tendance à s'occuper toujours de soi.

Dans tous les cas, il faut chercher non-seulement à reconnaître la nature actuelle de l'esprit du malade, mais aussi son caractère normal. Cette double connaissance permet de prendre plus facilement sur lui l'ascendant nécessaire pour le diriger, et l'on est plus assuré d'employer les moyens qui sont réellement exigés dans tel ou tel cas donné; ici encore se montre l'utilité de la phrénologie. Mon expérience me porte à croire que les têtes qui indiquent l'égoïsme, beaucoup de prudence et une grande susceptibilité vaniteuse, ou même des affections ardentes, mais unies à une disposition jalouse et exigeante, se rencontrent plus fréquemment chez les hypocondriaques que les têtes qui indiquent les affections franchement sociales, et surtout la bienveillance. On conçoit effectivement qu'il y ait peu de garanties plus fortes contre l'hypocondrie qu'un caractère qui vit autant pour les autres que pour soi ; car l'habitude de s'occuper bienveillamment d'autrui laisse peu de place pour des émotions purement personnelles — pour cette triste sollicitude qui n'a que soi pour objet.

Nous avons vu que les douleurs variées, ces simulacres de maladies, ne sont pas toutes éprouvées par le malade avec la même intensité, ni avec la même continuité, et surtout qu'elles ne sont pas toutes accompagnées des mêmes dispositions morales. Les phénomènes moraux, pour ne pas parler des phénomènes physiques, peuvent présenter des distinctions aussi variées que le sont les constitutions primitives de l'esprit des différents malades. Il est vrai que le plus grand nombre des hypocondriaques sont assiégés de préoccupations personnelles et d'ombrageuses prévoyances ; mais il n'est pas exact de dire que, dans tous les cas, leurs pensées sont invariablement concentrées sur eux-mêmes. On voit quelquefois associées à leurs inquiétudes sur leur propre santé les craintes les plus sinistres sur la santé de ceux qui leur sont chers ; ils ont peur de voir mourir leur femme, leur enfant, quoique, aux yeux de tous, ceux-ci jouissent d'une santé florissante. Mais de tels cas doivent être rangés parmi les hypocondries compliquées de monomanie.

Il est une autre affection tout aussi mystérieuse que l'hypocondrie, et qui parfois n'est pas moins funeste au bonheur de l'individu et de la famille : c'est l'hystérie. Ainsi que son nom l'indique, cette maladie est regardée comme particulière aux femmes, quoique la plus grande partie des phénomènes qu'elle présente soient précisément ceux qu'on assigne à l'hypocondrie. Voici quelques symptômes qui la caractérisent :

Mélancolie, irritabilité, susceptibilité, larmes et sanglots entrecoupés d'accès de gaieté, gaieté et larmes en même temps, grande impressionnabilité physique, battement aux tempes, maux de tête, respiration oppressée, sensation indéfinissable au cœur, décrite par le malade comme un tremblement, et qui est parfois suivie de palpitations violentes ; sensation d'un globe qui monte de l'abdomen ou de l'estomac à la gorge, produisant une constriction pénible, qui peut donner l'apparence de la suffocation.

La maladie peut se limiter à ces symptômes ou à quelques-uns d'entre eux, et ses accès se terminer par des soupirs profonds, des sanglots et des larmes abondantes : mais elle peut entrer dans une autre phase bien plus grave, et revêtir la forme de convulsions terribles, que tout autre qu'un médecin pourrait prendre pour celles du tétanos ou de l'épilepsie. Cet état entraîne quelquefois la perte de la connaissance, mais le plus souvent le patient se rappelle ses souffrances, et les décrit comme affreuses, surtout à la tête.

Ces attaques peuvent avoir lieu subitement ou être précédées, pendant quelques heures ou quelques jours, de symptômes précurseurs ; elles peuvent se répéter

souvent ou à de longs intervalles ; n'être qu'un accident de la jeunesse, ou se reproduire jusque dans l'âge
avancé, bien que ce dernier cas soit rare.

Les symptômes que je viens d'énumérer peuvent, en
outre, être compliqués de tous ceux de l'hypocondrie ;
mais ce qui caractérise particulièrement l'hystérie, ce
sont les larmes, les sanglots, les rires, la sensation
d'étouffement par un globe au larynx, et les convulsions.

Tous ces derniers phénomènes, cependant, peuvent
se produire chez l'homme aussi nettement que chez la
femme ; seulement les cas en sont infiniment plus rares.
C'est donc avec raison que certains auteurs demandent
s'il existe une affection qu'on peut raisonnablement
nommer *hystérie*. Le fait est qu'il n'y a pas plus de
raison d'attribuer les symptômes qu'on appelle hystériques au système utérin, que de rapporter ceux de l'hypocondrie aux organes situés dans les hypocondres.
Dans l'une comme dans l'autre maladie, l'observation
nous signale bien plutôt le cerveau comme le véritable
siége de l'affection. Les différents désordres qui accompagnent l'hystérie, tels que nausées, vomissements, palpitations, peuvent très-bien n'être que des effets secondaires, résultat de l'influence lente du cerveau sur les
viscères thoraciques et abdominaux. Les symptômes qui
donnent à l'hystérie son cachet spécial peuvent être rapportés, par une induction légitime, à la sensibilité particulière à la femme. De même que le caractère mental de
celle-ci, bien que formé des mêmes éléments que celui

de l'homme, s'en différencie par suite d'une variété de causes, — de même l'action morbide de son système nerveux doit porter l'empreinte de l'innervation spéciale de son cerveau. Un état maladif du système utérin peut sans doute compliquer ces symptômes, mais l'estomac ou d'autres organes dérangés ont plus ou moins le même effet. Ajoutons que l'autopsie de femmes ayant souffert de l'hystérie toute leur vie, présente parfois le système utérin dans un état parfaitement normal; tandis que chez celles qui n'ont jamais accusé de symptômes hystériques, il arrive que l'on constate de graves lésions dans la matrice et les ovaires. Mais ici encore, il faut le dire, la relation constante entre cette maladie et un état pathologique quelconque du cerveau n'est guère mieux constatée par l'observation anatomique; et si nous rapportons sa cause essentielle à des troubles du cerveau, c'est parce que, dans ses débuts, l'hystérie est presque toujours provoquée par des peines morales, par des affections contrariées, par la frayeur, etc.; et parce que l'expérience nous montre, dans cette maladie comme dans l'hypocondrie, que le traitement moral, surtout au commencement, est plus efficace que le traitement médical. Les divers remèdes qu'on emploie sont quelquefois fort utiles pour calmer les accès, mais ils n'en préviennent pas le retour.

Tout traitement, du reste, soit moral, soit physique, devrait être réglé selon le tempérament et la nature mentale de l'individu. En dehors de ces conditions, les efforts que l'on tentera demeureront à peu près sans

résultat. Selon mon expérience, la conformation phrénologique des femmes hystériques indique presque toujours une prédominance des affections, de l'imagination
et du désir de plaire, un caractère sensible et exalté
enfin.

Souvent il n'est pas facile de faire avouer aux femmes,
surtout lorsqu'elles sont très-jeunes, les émotions qui
les obsèdent ou les peines morales qui les affligent.
Dans ces circonstances, la phrénologie peut être d'une
grande utilité, toujours comme moyen suggestif; mais
c'est surtout sur l'induction perspicace du médecin,
appliquée à ces données phrénologiques, qu'il faut
compter pour découvrir la vraie cause morale de la maladie, et pour choisir les moyens curatifs à employer.
Le régime, les bains, les voyages, la gymnastique, ai-
deront toujours à la guérison, mais ne la compléteront
pas, aussi longtemps que l'équilibre moral ne sera point
rétabli [1].

L'hystérie et l'hypocondrie ne sont pas mortelles de
leur nature; mais, dans leurs formes graves, par les
troubles qu'elles occasionnent dans la nutrition, elles
causent un dépérissement général qui tend à raccourcir
la vie.

Les deux maladies sont souvent précurseurs du suicide.

On attribue assez généralement le suicide à un état
d'aliénation mentale, et cependant, pas plus que l'ho-

1. Voir, à l'*Appendice*, la note 1.

micide, il ne peut être rapporté, dans tous les cas, à cette cause.

Il existe, à vrai dire, une tendance désignée très-justement comme *monomanie suicide*. Cette disposition morbide à se détruire peut se présenter brusquement, disparaître, puis revenir après un intervalle de plusieurs mois, de plusieurs années même, et, dans un de ses accès, amener promptement la réalisation de la pensée fatale; ou bien elle se fait sentir d'une manière continue, caractérisée par de longues et cruelles hésitations.

Lorsqu'elle se manifeste sous cette dernière forme, il y a très-souvent fièvre, afflux du sang au cerveau, palpitations du cœur, frissons, sueurs froides, tous les symptômes enfin d'un état morbide nerveux et moral. Cet état, ainsi que le constatent plusieurs auteurs, précède souvent la monomanie suicide, et paraît avoir avec celle-ci un rapport de cause à effet. Cependant tous ces symptômes peuvent également être amenés par les derniers efforts de la volonté cherchant à résister à l'impulsion sinistre.

Pendant le répit que laisse, dans ces cas chroniques, la tendance à se suicider, il y a souvent un retour puissant à l'affection, manifesté par des effusions de tendresse. Le sentiment religieux réapparaît ou se montre pour la première fois, accompagné de remords et de prière. Le malade a réussi à chasser ses tristes pensées; il est redevenu gai ou du moins satisfait; pour une fois encore un rayon de soleil se joue autour de lui.

Toup à coup, les symptômes morbides se montrent plus intenses, plus menaçants que jamais, et dans un tel paroxysme, le suicide s'accomplit. Ou bien il se produit sans le retour de ces symptômes significatifs. Que le malade soit en ce moment sur le bord d'un précipice, qu'il trouve à sa portée un pistolet, un rasoir, et dans un instant tout est fini.

La monomanie suicide, qu'elle se manifeste sous la forme aiguë ou sous la forme chronique, peut se rapporter, comme toute autre forme de manie, à des causes idiopathiques ou sympathiques, occasionnelles ou héréditaires.

Sans aucun doute, la cause d'un très-grand nombre de suicides se trouve dans la transmission héréditaire; non-seulement il y a des familles dans lesquelles cette tendance passe de père en fils à travers plusieurs générations, mais il en existe dont tous les membres, arrivés à un certain âge, subissent la même influence.

Souvent même, la maladie, attribuée à des causes simplement idiopathiques ou occasionnelles, provient réellement de causes héréditaires; car il n'est pas essentiel à la transmission de la tendance, que l'*acte* de suicide ait été accompli par un des parents; il suffit que celui-ci ait beaucoup souffert et qu'il ait eu souvent le désir et l'idée de se tuer.

Un fait qui appuie le soupçon d'une prédisposition chez la plupart de ceux qui se suicident, c'est que les mêmes chagrins qui les y amènent, la jalousie, la colère, la douleur d'un revers de fortune, etc., peuvent être ressentis à égal degré, ou encore plus fortement, par d'autres individus à qui l'idée du suicide ne se présentera même pas.

L'observation de ce fait a porté les phrénologistes à chercher dans la conformation du cerveau l'explication de la tendance au suicide. Leurs opinions à cet égard sont exprimées par le docteur Andrew Combe, qui dit que sur la plupart des têtes examinées par lui à la Morgue de Paris, l'organe de l'espoir était peu développé, tandis que ceux de la destructivité et de la circonspection l'étaient fortement [1].

On a répondu aux phrénologistes que la pensée du suicide, si bien faite pour inspirer la terreur, était incompatible avec un grand développement de la circonspection, laquelle est elle-même la source de la peur. Mais cette objection n'est fondée qu'en apparence, car ne sait-on pas combien de personnes dépourvues de courage ont cherché dans le suicide, et cela précisément sous l'influence de la peur, un refuge contre des maux qu'elles ne se sentaient pas la force de supporter.

La véritable objection à la conclusion du docteur Combe est fournie par une observation plus large que la sienne, et qui démontre que le suicide a lieu chez les individus de tous les caractères, de tous les âges, et

1. Le docteur Combe croit sans doute qu'on ne voit à la Morgue que des cadavres de suicidés. Mais on sait qu'on dépose dans ce lieu les corps de toutes les personnes dont on n'a pu constater l'identité.

dans toutes les positions de la vie : chez les poltrons
comme chez les courageux, chez l'idiot comme chez
l'homme très-intelligent.

J'ai connu un individu qui a mis fin à ses jours, et
dont le caractère était gai et expansif à l'extrême. Il
avait de vives et généreuses affections, beaucoup d'en-
jouement et de laisser aller. Son imagination, stimulée
par un ardent espoir, s'arrêtait à peine sur le présent ;
tout dans l'avenir lui souriait et l'attirait. Il m'a été
impossible de découvrir si quelque influence héredi-
taire avait agi chez ce jeune homme ; mais l'explication
de son suicide m'a paru tenir surtout à la grande activité de ce même organe de l'espoir, dont le docteur
Combe a cru reconnaître l'absence chez presque tous
les suicidés qu'il a examinés. La cause *occasionnelle*
de son suicide se trouvait dans un violent chagrin d'a-
mour, compliqué d'embarras pécuniaires. Cet amour
avait rapidement pris les proportions d'une passion violente et absorbante ; toute difficulté semblait s'aplanir
devant l'espoir ; son imagination lui présentait un riant
tableau de bonheur ; tout son être était sous l'empire
d'une indicible exaltation. Tout à coup survint un événement qui, le forçant enfin à comprendre la réalité
des obstacles insurmontables jusqu'alors dérobés à sa
vue, le laissa seul en face d'une cruelle déception. La
douleur, la consternation, le désespoir du jeune homme
furent alors proportionnés à ses espérances si étourdi-
ment caressées, à la vision de bonheur à laquelle il s'é-
tait si follement abandonné.

Si l'on cherchait, d'après tous les exemples connus de suicide, quelle est la caractéristique commune au plus grand nombre, on la trouverait peut-être dans une volonté tranchée — dans le courage [1]. Quelque peu disposé que nous soyons à nous faire l'apologiste du suicide, nous ne saurions nous refuser à reconnaître que, dans bien des cas, ceux qui y ont recours font preuve d'une grande résolution : ainsi personne n'est porté à refuser le courage à celui qui accomplit l'acte fatal par un motif d'honneur, ou par dévouement pour autrui.

Parmi les causes occasionnelles du suicide, il faut citer l'influence de l'*imitation*. Chez neuf soldats qui se sont suicidés l'un après l'autre, dans le même régiment, j'ai trouvé cet organe fortement accusé. Mais ces observations, comme toutes celles qu'on a faites sur le même sujet, au point de vue phrénologique, n'ont qu'une valeur scientifique secondaire, puisque le suicide se rencontre avec toutes les organisations. Dans le même régiment où j'ai vu ces neuf suicidés, il y avait sans doute bien d'autres hommes organisés de la même manière, sous le rapport de l'imitation; il nous faut donc supposer chez ces malheureux d'autres causes

---

1. Le relevé des suicides dans différents pays contient un bien plus grand nombre d'hommes que de femmes. Comme les causes de malheur ne sont certainement pas moins fréquentes chez ces dernières, on peut avec raison conclure que ce fait n'est pas étranger à la notable différence qui existe entre les hommes et les femmes sous le rapport du courage *physique*.

qui les prédisposaient à subir la contagion du suicide.

Le suicide par sympathie se produit quelquefois à la façon d'une maladie épidémique. « Un suicide dans une maison, dit M. Scipion Pinel [1], dans un quartier, dans un village, est toujours, à quelque temps de là, suivi d'autres suicides. Un prêtre se pend dans les environs d'Étampes ; peu de jours après, deux autres prêtres se pendent également, et quelques autres personnes en font autant. Il y eut de la même manière quinze ou vingt suicides au village de Saint-Pierre, en 1813. »

M. Brière de Boismont fait une remarque que je crois devoir rapporter [2]. « L'imitation dans le suicide ,dit-il, affecte en général la plus bizarre fidélité dans la reproduction de l'acte qu'elle copie. Cette fidélité ne s'étend pas seulement au choix des mêmes moyens, mais souvent au choix du même lieu, du même âge, et à la plus minutieuse représentation de la première scène. Sous l'Empire, un soldat se tue dans une guérite ; plusieurs autres font élection de la même guérite pour se tuer. On brûle la guérite et l'imitation cesse. Sous le gouverneur Serrurier, un invalide se pend à une porte ; dans l'espace d'une quinzaine de jours, douze invalides se pendent à la même porte. Par le conseil de Sabatier, le gouverneur la fait murer ; la porte disparue, personne ne se pend plus. »

---

1. *Traité de pathologie cérébrale*, etc., par S. Pinel, page 309.

2. *Du Suicide et de la folie-suicide*, par A. Br. de Boismont, page 143.

L'irrécusable évidence du fait de suicides par sympathie devrait faire comprendre combien il est important de leur donner le moins de publicité possible. On
doit surtout éviter de les commenter dans les familles
où des cas se sont déjà produits; car si la cause mystérieuse de cette tendance existe héréditairement chez un
membre de la famille, rien ne sera plus propre à la développer.

Les considérations qui précèdent se rapportent au
suicide, plus ou moins lié à l'aliénation mentale. Un
grand nombre de ces actes mêmes, qui sont précédés
d'une longue délibération, de ruse, de prudence, de
réflexion, peuvent être proprement attribués à l'aliénation; mais alors la délibération a pour objet, non pas
tant la question de vivre ou de mourir, que le mode de
destruction et les moyens de dissimuler son intention
et d'échapper à toute surveillance.

Dans certains cas, il est impossible de se tromper sur
les symptômes; dans d'autres, le doute subsiste; il en
est enfin où l'influence maniaque ne saurait être in-
voquée.

Personne ne dira que Philippe Mordaunt, dont Voltaire parle dans son article sur le suicide, était fou.
C'était un jeune homme riche, noble, et qui avait goûté,
comme on dit, de tous les plaisirs de la vie; un jour, les
trouvant insipides, il pensa qu'il n'était pas obligé de
s'ennuyer sous prétexte de s'amuser. Il paya ses dettes,
écrivit des adieux à ses amis, et s'amusa pendant ses

dernières heures à mettre en vers l'apologie de sa mort.
Voltaire cite les suivants :

> L'opium peut aider le sage ;
> Mais dans mon opinion,
> Il lui faut, au lieu d'opium,
> Un pistolet et du courage ;

et ajoute : « Il se conduisit selon ses principes, et se
dépêcha d'un coup de pistolet, sans en avoir donné
d'autre raison , sinon que son âme était lasse de son
corps, et que, quand on est mécontent de sa maison,
il faut en sortir. »

Il est des cas encore plus significatifs de l'état parfaitement sain de l'intelligence au moment du suicide ;
par exemple, lorsqu'un regard calme est jeté sur la
mort par ceux qui voudraient ne pas mourir s'ils pos-
sédaient une portion des biens de la vie ; qui voient la
mort, non pas avec indifférence , mais comme un mal
relativement moindre ; qui, ayant jusqu'à la fin com-
battu et lutté, sous le poids de la souffrance corporelle
ou mentale, pensent avoir le droit de cesser de souffrir
et de choisir le repos ; qui doutent que l'échange puisse
être pour le pire, et espèrent qu'il sera pour le mieux.

Je tire encore de l'article de Voltaire sur le suicide,
l'extrait suivant : « Richard Smith , en 1726, donna un
étrange spectacle au monde. Il était dégoûté d'être réellement malheureux ; il avait été riche, et il était pauvre ;
il avait eu de la santé, et il était infirme ; il avait une
femme à laquelle il ne pouvait faire partager que sa mi-

sère : un enfant au berceau était le seul bien qui lui restât. Richard Smith et Bridget Smith, d'un commun
consentement, après s'être tendrement embrassés et
avoir donné le dernier baiser à leur enfant, ont commencé par tuer cette pauvre créature, et ensuite se sont
pendus aux colonnes de leur lit. Je ne connais nulle
part aucune horreur de sang-froid qui soit de cette
force ; mais la lettre que ces infortunés ont écrite à
M. Brindley, leur cousin, avant leur mort, est aussi
singulière que leur mort même ! « Nous croyons, di-
sent-ils, que Dieu nous pardonnera, etc. Nous avons
quitté la vie parce que nous étions malheureux, sans
ressource, et nous avons rendu à notre fils unique le
service de le tuer, de peur qu'il ne devienne aussi
malheureux que nous, etc. » Il est à remarquer que ces
gens, après avoir tué leur fils par tendresse paternelle,
ont écrit à un ami pour lui recommander leur chat et
leur chien. Ils ont cru, apparemment, qu'il était plus
aisé de faire le bonheur d'un chat et d'un chien dans le
monde, que celui d'un enfant, et ils ne voulaient pas
être à la charge de leur ami. »

Le docteur B. de Boismont a recueilli un grand
nombre de lettres laissées par des suicidés. J'en extrais
quelques-unes de l'ouvrage déjà cité. « L'action que je
vais commettre, écrit un jeune homme, est interprétée
de différentes manières : les uns l'appellent lâcheté, les
autres courage. Je partage la première opinion quand
elle est déterminée par une catastrophe, parce que,
telle chose qu'il arrive, avec de la santé et de l'énergie,

on peut toujours se tirer d'affaire; mais quand on est, comme moi, rongé depuis sept ans par la maladie, quand on a eu recours inutilement à tous les secours de la médecine, la mort n'est point une lâcheté. Mes souffrances ont encore augmenté cette année, et j'ai la triste perspective de rester à la charge d'une pauvre femme, qui use son courage et sa santé à travailler jour et nuit. Oui, j'en ai la conviction, il y aurait de la lâcheté à prolonger une pareille existence; ma chère femme me pardonnera, car elle seule sait ce que j'ai souffert, la résignation et la force que j'ai montrées. Quelle triste existence que la mienne! Accoutumé au travail, l'aimant, je ne puis plus rien faire. Bien vu de mes camarades, choyé par mon patron, qui me disait que j'étais le seul ouvrier capable et exact, tout a disparu avec la maladie. Un pareil abandon était pour moi une mort de tous les jours. Mon père, je laisse ma femme sous votre protection; vous ferez pour elle et pour mon cher enfant ce que vous avez toujours fait pour moi. Cachez à mon fils mon genre de mort. »

Voici ce qu'écrit une femme : « J'ai fait mille démarches pour me procurer du travail; je n'ai trouvé que des cœurs de marbre ou des débauchés dont je n'ai pas voulu écouter les propositions infâmes. » Enfin une jeune fille d'une beauté remarquable laisse un écrit par lequel elle annonce qu'elle a usé toutes ses ressources, et que ses effets sont au mont-de-piété : « Il ne tenait qu'à moi d'avoir un magasin richement fourni, ajoute-t-elle; j'aime mieux mourir honnête que de vivre en femme perdue. »

Lorsqu'il n'est pas attribué à la folie, le suicide est considéré comme un crime religieux et social. Toutefois, le droit de destruction personnelle ne manque pas d'avocats ; et parmi ceux mêmes qui nient ce droit, il en est qui admettent des circonstances atténuantes dans certains cas, et déclarent trop sévères les jugements de la morale et de la religion.

Pour l'avocat du droit de se détruire, le point de vue religieux n'est qu'une opinion personnelle qui n'affecte pas la question, et qui, par conséquent, doit être mise de côté. Se plaçant sur le terrain de la liberté personnelle absolue, il maintient le droit que chaque homme a de disposer de lui-même comme il l'entend, pourvu qu'il ne manque pas aux engagements pris envers d'autres. Tout en admettant que le suicide est souvent le résultat de l'aliénation mentale, il maintient aussi que cet acte peut être la plus haute manifestation d'un jugement sain, d'une entière possession de soi-même, car il peut être dicté par une comparaison impartiale entre les biens et les maux d'une existence donnée. Il ajoute enfin que, tenir à la vie lorsqu'on est accablé par la souffrance, et qu'on s'en plaint à toute heure, à toute minute, comme d'un fardeau, dénote un degré de faiblesse mentale bien voisin de la démence. En outre, quant à ce que l'on appelle la première loi de la nature, l'instinct de la conservation personnelle, il pourrait répondre que chez l'homme il y a quelque chose de plus

fort que l'amour de la vie : c'est l'attraction vers le bonheur, la répulsion pour la souffrance. Enfin il se réfère
aux nombreux exemples fournis par l'histoire, d'hommes
et de femmes qui se sont tués plutôt que de se soumettre
à une captivité ignominieuse ou au déshonneur; il prétend que de pareils actes sont plus fréquemment loués
que blâmés, qu'ils ne sont jamais associés à la démence,
et conclut, non sans raison, que l'acte du suicidé ordinaire ne doit pas être regardé comme le résultat de la
démence, par la seule raison que les motifs en sont spécialement personnels.

Des deux côtés les arguments sont les mêmes aujour-
d'hui que dans l'antiquité. « Le sage vit autant qu'il
veut, et non autant qu'il peut, » a dit Sénèque. D'autre
part, Pythagore et Socrate ont condamné le suicide par
le motif que l'homme n'a pas le droit de déserter le poste
à lui assigné par les dieux. Cette idée, non moins philosophique que religieuse, de notre devoir envers Dieu
et la société, suppose que nous avons été placés sur cette
terre en vue de quelque but spécial, et peut arrêter le
suicide d'une manière aussi efficace que la crainte de la
mort. Les avertissements de la conscience, que la plupart des hommes ressentent lorsqu'ils examinent jusqu'à
quel point ils ont droit sur leur propre vie, pourraient
fournir un sujet inépuisable de dissertation et une réfutation de l'argument qui tend à représenter le suicide
délibéré comme la plus haute expression de la raison et
de la volonté. En effet, pour celui qui croit en Dieu, s'ar-
roger le droit de disposer de ce qu'il possède, sans se

l'être donné, c'est être incapable d'apprécier l'idée de responsabilité, ou manquer de la force nécessaire pour accomplir son devoir. Il ne saurait donc voir dans le suicide la plus haute expression de la raison et de la volonté. Celui qui croit que la vie et l'intelligence sont l'œuvre d'un Être supérieur, doit sentir que son seul droit consiste à en user en vue du meilleur résultat, du plus grand bien possible, pour lui-même et pour les autres.

Ceux qui se suicident en riant, quoiqu'ils ne puissent être considérés comme aliénés d'après les règles reçues pour reconnaître la folie, doivent néanmoins être regardés comme frappés d'*idiotisme moral*, à moins toutefois qu'ils n'en viennent à démontrer la vanité des obligations morales, et l'illusion des aspirations qui nous entraînent vers un Être supérieur.

De même que celui de toutes les affections mentales, le traitement de la tendance au suicide est préventif ou curatif ; il repose sur les moyens hygiéniques et moraux, tant que la tendance n'a pas acquis une puissance qui exige une intervention plus énergique ; mais il faut récourir aux mesures coercitives si elle se manifeste par voie de fait, car alors le malade ne s'appartient plus.

Les moyens thérapeutiques à employer plus tard sont déterminés par les circonstances, et diffèrent peu de ceux qui sont mis en usage contre l'hypocondrie et les diverses formes de l'aliénation.

Lorsque la propension au suicide provient directement d'un état organique morbide, les moyens moraux peuvent sans doute être utilement employés au début, mais ils sont de moindre importance que les ressources hygiéniques des bains, de l'air pur et de la gymnastique. Dans la convalescence, le traitement moral acquiert plus d'efficacité, mais c'est principalement sur les malades qui, en pleine possession de leur raison, nourrissent l'idée de se tuer, que la persuasion morale, les exhortations religieuses, l'élévation de la pensée, ont l'effet le plus puissant. J'ai vu arrêter le suicide par un appel à des motifs élevés, alors même que tout intérêt aux choses de ce monde s'était évanoui.

Chacun sait quel est l'effet, sur les malades, d'une conversation bienveillante et judicieuse; que de fois la souffrance est par là oubliée ou atténuée. Si cette influence est sensible dans les maladies du corps, elle l'est bien plus dans celles de l'esprit. Mais, pour user efficacement de cette ressource, il faut que le médecin ait assez de tact pour pénétrer les divers caractères, et pour apprécier rapidement le degré de rapport entre leurs manifestations extérieures et leurs qualités essentielles; car il arrive souvent que, s'il ne sait pas faire cette distinction, il n'éveille, malgré sa bienveillance, que l'antipathie du malade. Chez celui-ci il n'y a guère, en général, de moyen terme entre la confiance entière et l'antipathie vis-à-vis de son médecin. Or, si grande que puisse être la pénétration naturelle de ce dernier, la phrénologie ne peut manquer de lui être d'un grand secours, surtout lorsqu'il s'agit de ces caractères, si nombreux, qui se laissent peu deviner par des signes extérieurs.

C'est le devoir du médecin, non-seulement de s'efforcer de fortifier l'esprit de son malade, mais encore d'encourager ceux qui l'entourent à faire de même. Dans beaucoup de cas de mélancolie et de tendance au suicide, il ne doit pas se borner à conseiller aux parents et aux amis d'employer toutes les ressources de leur esprit et de leur cœur pour détourner le malade de ses tristes pensées ; il est appelé souvent à les éclairer sur son vrai caractère et sur la nature de sa mélancolie.

Une dame était en proie à une tristesse continuelle, attribuée à une dyspepsie dont elle souffrait depuis plusieurs années. Consulté par sa famille, j'eus lieu de croire que la dyspepsie était la conséquence, et non la cause de sa mélancolie. Son organisation cérébrale présentait une singulière prédominance de la *conscience*, de la *merveillosité*, de la *circonspection* et de la *sécrétivité*, et indiquait une pauvre dose de *combativité*, de *destructivité* et de *fermeté ;* l'intelligence était bonne. Après plusieurs conversations, dirigées à dessein sur les questions religieuses et morales, j'acquis la certitude que la malade était obsédée d'un remords dont les motifs étaient purement imaginaires. En conformant ma conversation à son caractère, et en éclairant graduellement son intelligence, je ne tardai pas à lui faire reconnaître qu'il y avait de l'exagération dans les reproches qu'elle se faisait depuis si longtemps. Elle consentit à modifier sa vie de recluse, et, au bout de quelques semaines, sa santé physique et morale fut rétablie. Personne dans sa famille n'avait jamais soupçonné l'état de son esprit ; sa tendance à cacher ses sentiments et ses pensées intimes, rendait cet état impénétrable sans le secours de la phrénologie.

Le médecin, et surtout le médecin phrénologiste, a des occasions continuelles de remarquer l'énorme disproportion qui existe entre les moyens de satisfaction à la portée de la plupart des hommes et leurs besoins légitimes, tant moraux que matériels, et de constater combien les lois qui régissent notre double nature, mentale et physique, se trouvent fréquemment transgressées, soit par force, soit par ignorance. Lorsqu'on a poursuivi pendant longtemps ce genre d'observations, on est forcément amené à croire que la véritable origine de la tendance au suicide, aussi bien que des maladies mentales en général, se trouve le plus souvent dans la douleur morale, sous l'une ou l'autre de ses formes ; et ceci n'est pas moins vrai dans les cas de transmission héréditaire que dans ceux où l'on ne connaît point de pareils antécédents.

De quelle manière les perturbations morales modifient-elles le cerveau ? Quel est le caractère anatomique des altérations ainsi produites et transmises des parents aux enfants ? Nul ne le sait ! Mais le mystère n'est pas plus grand ici que dans la transmission, si souvent remarquée, des tendances morales et des aptitudes intellectuelles non maladives.

Heureusement, tout en prouvant que la transgression

des lois naturelles peut détruire la plus belle constitution morale ou physique, et créer un germe héréditaire, l'observation démontre que la pratique des règles d'hygiène et de moralité, même dans le cours d'une seule génération, peut faire disparaître ce germe.

Mais nous ne pouvons espérer de déraciner de la nature humaine le suicide, soit raisonné, soit maladif, pas plus que les maladies mentales en général, par les seuls progrès des sciences médicales. Ce résultat ne sera obtenu que graduellement, à mesure que nous ferons des progrès dans la science sociale, c'est-à-dire dans la science qui a pour but de découvrir les rapports naturels des hommes entre eux et avec le milieu extérieur. Aussi longtemps que durera l'état social hétérogène dans lequel nous vivons, il faut nous attendre à voir prévaloir de plus en plus le suicide et toutes les maladies mentales. Aussi la statistique démontre-t-elle que, malgré les progrès de la médecine et de tant d'autres sciences, ces maladies, et notamment le suicide sous toutes ses formes, vont toujours en se multipliant avec la civilisation.

A moins donc qu'on ne doive chercher le remède à nos maux, comme le conseillait J.-J. Rousseau, dans un retour à l'état sauvage, il faut que nos efforts tendent aujourd'hui, avant tout, à créer les circonstances sociales qui sont conformes à la nature essentiellement progressive de l'homme.

CHAPITRE XIV

RÉSUMÉ

En terminant ce volume, je vais présenter un résumé succinct des matières qui le composent.

Dans le premier chapitre, j'ai développé la signification du mot *phrénologie*, qui, pour nous, exprime à la fois la craniologie, l'anatomie du cerveau, la physiologie de cet organe et la psychologie.

La première proposition de la phrénologie est : que le cerveau est l'organe de l'esprit. Toutes les observations faites sur l'homme et le règne animal viennent la confirmer. Nulle part on ne trouve des phénomènes de sentiment ou d'intelligence sans l'existence du système nervo-cérébral, quelque rudimentaire qu'il puisse être. La connaissance de la proportion du cerveau au corps, et surtout celle de la structure intime de la matière cérébrale, expliquent les exceptions que quelques faits apportent à cette proposition. Il arrive, par exemple, que certains cerveaux présentent dans les organes, soit des instincts, soit de l'intelligence, moins de puissance que d'autres cerveaux d'un volume inférieur ; mais toutes les fois que les conditions de tempérament sont les mêmes avec un grand cerveau qu'avec un petit, la loi du rapport de la somme de sentiments et d'intelligence avec le volume du cerveau demeure incontestable.

Quant aux faits renfermés dans la seconde proposition de la phrénologie, à savoir, que le cerveau est divisé en plusieurs organes, les preuves en sont nombreuses, et nous les puisons encore, non-seulement dans l'observation de l'homme, mais dans celle de toute la série zoologique. Les ordres inférieurs de l'animalité ne présentent point de circonvolutions : à mesure que celles-ci deviennent plus apparentes, la diversité des instincts le devient aussi. Plus nous approchons du règne hominal, plus les circonvolutions se multiplient, plus leurs anfractuosités deviennent profondes.

Le même fait se présente dans le développement du cerveau de l'homme individuel depuis l'enfance jusqu'à la maturité ; chez l'enfant nouveau-né cet organe est mou, sans circonvolutions bien marquées ; graduellement, et en même temps que se manifeste la vigueur des facultés, ces circonvolutions apparaissent.

Quant aux objections qu'on tire de l'anatomie comparée contre la localisation de certaines facultés dans certaines parties du cerveau, il faut toujours se rappeler qu'on ne doit pas s'attendre à voir, dans des organisations aussi différentes que celles d'un homme et d'un animal, précisément les mêmes facultés correspondre à des parties analogues.

L'observation de ce qui se passe en nous, ainsi que l'analogie entre les fonctions mentales et les fonctions végétatives, vient singulièrement appuyer l'idée de la nécessité d'un organe spécial pour chacune de nos facultés. Partout où on reconnaît une fonction spéciale dans le corps, on trouve un organe qui est propre à cette fonction : or, les différentes fonctions végétatives ne sont pas plus distinctes entre elles que ne le sont les différentes facultés de l'esprit.

Dans le second chapitre, j'ai exposé franchement les erreurs et les lacunes du système de Gall, tout en rendant hommage à ce génie.

J'ai fait voir que quelques-unes de ses conclusions seulement l'exposaient à une juste critique; mais que ses observations touchant le rapport de certaines parties du cerveau avec certains phénomènes de l'esprit ont été confirmées en tout point par l'expérience ultérieure; elles ne paraissent quelquefois être fausses que par la signification peu philosophique qu'il leur donne. Le courage, par exemple, bien qu'il se présente presque toujours comme un résultat complexe, a bien un élément qui domine, qui lui donne son cachet, et cet élément siége précisément dans cette partie du cerveau que Gall avait nommée *organe de la rixe*, et où les phrénologistes modernes reconnaissent l'organe de la *combativité*.

Spurzheim apporta d'importantes modifications au système du maître. Nous lui devons une nomenclature supérieure des facultés, ainsi que la découverte, dans certaines parties du cerveau, de fonctions qui avaient échappé à Gall. J'ai dû cependant faire remarquer que son mérite philosophique a été exagéré par ses partisans, et j'ai relevé quelques-unes de ses erreurs théoriques et d'application.

Enfin, j'ai démontré que la phrénologie, quoique basée sur des principes parfaitement démontrés, avait toujours besoin de très-sérieuses études, surtout d'études psychologiques, dirigées par une méthode plus large que celle qu'ont suivie les phrénologistes.

Ainsi que je l'ai fait remarquer dans le troisième chapitre, ces derniers ont à tort supposé que la psychologie peut être déduite de l'observation des rapports du crâne avec les phénomènes de l'esprit. La seule base réelle de la psychologie se trouve dans l'observation des phénomènes de notre propre esprit, unie à l'observation des phénomènes de l'esprit chez les autres ; en d'autres termes, dans une étude à la fois subjective et objective.

Sous le rapport de l'analyse des facultés, j'ai fait voir qu'il y a à peu près égalité de mérite entre l'école écossaise et l'école phrénologique, la première ayant l'avantage de la priorité, la dernière celui de quelques détails nouveaux et vrais.

La faiblesse de ces deux écoles, comme de tant d'autres, au point de vue pratique, se trahit d'une manière bien évidente par l'absence presque complète d'étude régulière du milieu social. Le problème de l'applica-

tion de la psychologie à la vie pratique peut se formuler
ainsi : les puissances mentales de l'homme étant données, trouver le milieu qui convient à leur essor normal.
Or la formule qui ressort des écrits de tous les philosophes et de la plupart des phrénologistes signifie au
contraire : un système social étant donné, trouver les
moyens d'y adapter les forces de l'homme.

Enfin, j'ai cherché à démontrer qu'on ne peut compléter l'étude de l'homme qu'en y appliquant les cinq
branches de la méthode, à savoir : la simple observation
des faits, leur analyse, leur synthèse, leur analogie entre
eux, et enfin leur rapport sériaire.

Dans le quatrième et le cinquième chapitre, en cherchant à réduire les phénomènes de l'esprit à leur principe le plus général, nous nous sommes trouvés en face
d'un fait qui peut se montrer sans être accompagné
d'aucune manifestation mentale, mais sans lequel ces
manifestations n'ont jamais lieu : c'est le fait de la vie
même. Mais lorsque nous essayons de saisir la vie à son
origine, nous n'osons pas dire que là où elle apparaît
pour la première fois à nos yeux, elle commence véritablement. Dans le monde matériel nous apercevons d'a-
bord la matière homogène, c'est-à-dire celle dont une
partie quelconque est précisément semblable à toute
autre partie, et qui est dominée par une seule loi, celle
de la cohésion.

Portant plus loin nos regards, nous voyons les atomes,
obéissant à d'autres lois, former des combinaisons plus
complexes et qui revêtent une forme spéciale. C'est là

que nous reconnaissons ce double mouvement de composition et de décomposition, à la fois général et continu, qui devient de plus en plus caractérisé à mesure que la matière s'organise davantage.

Pour certains la vie est tout entière dans ce mouvement organique. D'autres éprouvent le besoin de généraliser, d'aller au delà du phénomène matériel. Pour eux, la vie est d'une essence toute spirituelle : c'est un principe — la cause même de la matière organisée, et non sa conséquence. Cette dernière conception toutefois ne satisfait pas encore l'esprit philosophique, mais elle est de beaucoup supérieure à celle des physiologistes qui ne voient dans la vie qu'une fonction matérielle.

Cependant, à peine nous arrêtons-nous sur l'idée d'un principe vital, que l'observation nous oblige de reconnaître la nécessité de sous-principes, de lois, sans lesquels l'hypothèse n'explique pas les formes multiples que prend la vie, les véhicules, les organisations innombrables qu'elle se crée. Un principe de vie ainsi divisé se confond avec un principe plus général encore, un principe intelligent et libre. En effet, le raisonnement nous révèle une puissance créatrice qui est toujours un mystère pour nous, mais qui offre à notre esprit tout le repos d'une dernière conviction. C'est seulement en nous référant à ce principe suprême que nous pouvons nous expliquer le phénomène appelé *instinct*, c'est-à-dire ces mouvements spontanés, si intelligents par le fait, mais que l'être produit sans la participation de sa volonté.

De l'instinct, pas plus que de la vie, nous ne pouvons saisir l'origine. Une grande partie de sa phénoménalité est bien visible déjà dans le règne végétal ; mais le terme *instinct* est plus particulièrement appliqué aux mouvements spontanés qui se produisent seulement dans ces organismes, dans ces évolutions de la vie, où la sensibilité apparaît, c'est-à-dire où il y a susceptibilité de douleur et de plaisir — dans le règne animal enfin.

A mesure que l'organisme devient plus compliqué, cette sensibilité subit de nouvelles évolutions, prend de nouvelles directions, acquiert de nouvelles propriétés, jusqu'au moment où surgit la conscience morale et pensante. Mais là même, dans les facultés de l'homme, où le principe intelligent est le plus évident, il y a pourtant toujours spontanéité, toujours instinct, toujours intuition. Nulle part il n'y a de démarcation absolue, nulle part on ne peut dire : ici se termine une série de phénomènes, là en commence une autre.

Nous avons essayé de mettre en relief cette loi sériaire en étudiant le mouvement psychique depuis la naissance jusqu'à la mort de l'homme. Nous avons vu poindre l'une après l'autre toutes ses facultés, que l'expérience, l'éducation, l'instruction, peuvent modifier et développer, mais non créer. Arrivés au point culminant de l'existence, nous avons observé le dépérissement graduel et successif de ce mécanisme mental jusqu'au moment où la vie instinctive et végétative paraît seule survivre ; et c'est ainsi que se trouvent rapprochés, en tant que phénoménalité, les deux extrêmes de notre existence terrestre.

Dans le sixième chapitre, j'ai motivé la division des phénomènes dynamiques ou spirituels — comme on veut les appeler — en vie, âme et esprit; tout en ayan¹ soin de reconnaître que les propriétés qui autorisent cette division se manifestent par transitions impercep- tibles. L'usage, tant philosophique que vulgaire, des mots *âme* et *esprit*, est assez confus; tantôt l'*âme* indi- que la vie, le principe animant, tantôt elle se rapporte aux affections et aux sentiments moraux. — Par *esprit* on entend quelquefois, non-seulement le principe intel- lectuel, mais aussi la vie, le sentiment, l'intelligence.

Soit qu'on regarde le principe spirituel comme un ou comme multiple, on reconnaît toujours une certaine di- versité de direction des forces primitives : ce sont là les *facultés* plus ou moins nombreuses et diversement clas- sifiées selon les écoles.

La division des manifestations primitives de l'esprit, et leur classification en ordres spéciaux, sont aussi an- ciennes que la philosophie même; mais elles ont été faites le plus souvent d'une manière arbitraire, et sans être suffisamment motivées pour entraîner le consente- ment unanime. Ainsi, pour quelques auteurs, la sensi- bilité, la volonté, la compréhension, le jugement, l'at- tention, la mémoire, sont des facultés primitives, tandis que pour d'autres elles ne sont que des qualités ou manières d'être, communes à plusieurs ou à tous les éléments de l'esprit. Le même désaccord d'opinion se remarque à l'égard des qualités affectives et morales de l'homme. Ainsi la conscience morale est confondue avec le moi pensant, et les passions malfaisantes, perturbatrices, sont pour quelques-uns tout autant primitives que les qualités bienfaisantes. Pour plusieurs, les facultés, soit bonnes, soit mauvaises, sont les mêmes pour tous les hommes; pour d'autres, il n'y en a que quelques-unes d'innées, à savoir : la volonté, la conscience et l'intelligence. Toutes les autres sont acquises.

Selon nous, les écoles écossaise et phrénologique ont mieux observé et analysé, mieux défini et classé les facultés qu'on ne l'avait jamais fait avant elles, tout en laissant cependant beaucoup à désirer. J'admets, à quelques exceptions près, les facultés appelées primitives par ces écoles; je les admets comme autant de puissances latentes destinées à être mises en activité par la réaction d'agents extérieurs. Une faculté en état d'activité est le résultat d'une capacité interne et d'un agent extérieur, tout comme la vision se produit quand les vibrations de la lumière frappent la rétine; tout comme le sens de l'ouïe se réveille lorsque l'appareil auditif est frappé par les vibrations de l'air. Nulle part la vie subjective ne peut se manifester sans l'intervention du monde objectif. Toutefois, il y a des sentiments comme des idées qui, une fois mis en mouvement, ont une vitalité ou puissance propre qui paraît rendre la continuation de leur activité indépendante de tout agent extérieur.

Cette vue concernant la manière dont les phénomènes de l'esprit se produisent attire forcément l'attention sur la loi de la multiplicité dans l'unité, et de l'unité dans la multiplicité. L'homme est tout ensemble une unité et une multiplicité; il est à la fois seul et inséparable du tout. On ne peut se le représenter que par la description et la désignation de ses qualités, et non par définition. Il est un ensemble de puissances morales, instinctives et intellectuelles : il est amour, amitié, désir de plaire, estime de lui-même; il est courage, prudence, conscience, respect, espoir; il est perception, réflexion, imagination, foi, etc.

Mais nul amour, nulle amitié, sans des personnes à aimer; nul désir de plaire sans des êtres pour nous approuver; nul courage sans des difficultés à vaincre; nulle conscience sans des semblables sur lesquels nous puissions réagir, et qui puissent réagir sur nous en bien ou en mal; nulle vénération sans objets à respecter; nulle bienveillance sans des êtres qui puissent jouir ou souffrir; pas de mémoire sans passé; pas d'espoir, pas d'induction sans avenir.

Pourtant, dans cette solidarité avec ses semblables et tout ce qui existe, avec le passé, le présent et l'avenir, l'homme conserve toujours son unité, la conscience de sa propre individualité. Et cette conscience est d'autant plus complète qu'il y a action harmonique entre ses différentes facultés — entre ses instincts, ses sentiments et son intelligence.

L'homme est donc un système, et pour discerner quels sont les éléments primordiaux d'un système, il ne suffit pas de voir s'ils sont irréductibles, il faut examiner aussi s'ils ont la qualité de pouvoir s'harmoniser entre eux. Dès lors, chaque fois qu'un acte quelconque de l'esprit est essentiellement *perturbateur* — qu'il détruit nécessairement l'harmonie — il ne doit pas être considéré comme élémentaire, comme primordial.

De l'ensemble de ces considérations il suit que l'étude de la psychologie, et surtout de la psychologie appliquée, exige une connaissance approfondie de l'influence exercée par les circonstances sur la nature primitive de l'homme. C'est l'étude de ces circonstances, jointe à celle de nos capacités internes, qui peut montrer dans quelle mesure l'homme individuel et collectif est responsable de ce qu'il fait. Enfin, de ces mêmes considérations il résulte surtout que l'étude des conditions matérielles et sociales est du ressort de la science, et que la mission de l'homme est de les modifier ou de les créer selon ses besoins.

La méthode que nous venons d'indiquer permet de séparer dès l'abord les effets légitimes des facultés, d'avec les effets illégitimes ou déviés, qui peuvent également en résulter. A quelque point de vue social que l'on se trouve placé, il est impossible de ne pas reconnaître l'utilité et la nécessité de presque toutes les facultés reconnues par les phrénologistes. Mais il n'en est pas de même d'un grand nombre qui ont été admises par les moralistes comme primitives, et qui ne sont que des effets dérivés; telles sont, par exemple, la jalousie, l'envie, la haine, la colère, etc.....

Ces déviations de l'esprit, qu'on appelle des mauvaises passions, sont produites par l'action de circonstances opposées à l'essor naturel de l'âme ; et, de même que les maladies du corps, elles peuvent être héréditaires. L'égoïsme, qu'on condamne à juste titre comme un vice odieux, est une maladie de l'esprit, un idiotisme moral ; mais il y a un égoïsme qui n'est autre chose que le besoin de se sentir vivre, c'est-à-dire de donner un essor aussi complet que possible à toutes ses virtualités. Ce genre d'égoïsme, naturel et légitime, est inséparable de notre être ; il fait partie, aussi bien de nos sentiments les plus nobles, que de nos instincts inférieurs. Mais, à mesure que nous nous élevons dans l'échelle des facultés, ce principe personnel cède devant un principe généreux, et à mesure que celui-ci se manifeste, les sentiments s'adjoignent le concours de l'intelligence et la liberté morale se développe.

Ces considérations nous ont conduit (dans notre huitième chapitre) à l'étude du caractère humain sous ses deux aspects extrêmes : le vice et la vertu.

Ignorant les conditions nécessaires pour concilier l'essor libre de sa nature avec son propre bonheur et avec l'ordre et le bonheur général, l'homme n'a fait consister la vertu que dans l'obéissance aux lois prescrites, tandis qu'elle ne gît véritablement que dans le dévouement libre et réfléchi. Le principe de ce dévouement existe plus ou moins chez tous les hommes. Notre tendance définitive est vers le bien ; mais le bien n'est réalisable que conditionnellement. Quelque élevées que soient nos tendances primitives, elles ne peuvent s'affranchir de l'influence du milieu où elles s'exercent. Le malheureux qui souffre continuellement du froid et de la faim, et dont la misère d'aujourd'hui n'est adoucie par aucun espoir du lendemain, peut être naturellement doué des tendances les plus généreuses, les plus nobles. Mais cette partie de son être moral est presque inévitablement réduite à l'inaction par les maux de tous genres qu'entraîne la privation des choses les plus nécessaires à la vie. — Cet exemple montre une fois de plus combien l'étude de ces influences ambiantes est une branche essentielle de l'étude de l'homme.

Tout en affirmant donc la liberté morale, j'en reconnais les limites ou plutôt les lois, et c'est par la considération du libre arbitre que j'ai terminé la première partie de mon ouvrage.

La notion complète de l'absolu ne peut être saisie par notre esprit. Cette idée est pourtant l'écho d'une intuition, le résultat de la conception d'une puissance nécessaire, qui n'a jamais commencé, éternelle, infinie. J'ai montré que l'absolu est également au fond des doctrines des fatalistes et des partisans du libre arbitre pur, et que les conceptions des deux écoles opposées sont également dogmatiques. D'un côté, la nécessité est inconciliable avec les faits de notre sens intime, qui la récuse à chaque instant; de l'autre, le libre arbitre apparaît à notre intelligence comme une dernière conséquence de tous ses efforts, sans pourtant que notre raison puisse le concilier entièrement avec elle-même.

La pensée la plus pratique, et par conséquent la plus rationnelle pour nous, est celle qui admet une liberté morale restreinte ou relative. Chaque homme qui tente d'analyser ce qui se passe en lui reconnaît que ses déterminations ne sont pas aveugles, ne se produisent pas de la même manière que les effets physiques. Il sent bien que ses actions déterminées sont précédées d'un motif, et que ce motif, son intelligence impartiale peut à chaque instant le modifier, et partant modifier son choix, et par son choix ses actes.

Le motif efficient des actions de l'homme diffère d'une cause simplement cosmique en ceci, que cette cause se présente comme résultat d'une intelligence extérieure à elle, tandis que l'intelligence fait précisément partie d'un motif.

Tout motif a un élément fatal, nécessaire, dans le désir qui lui donne naissance, et un élément libre dans l'intelligence qui raisonne et distingue. Les actes des hommes sont donc à la fois libres et fatals. La liberté est relative, et non absolue; elle est proportionnée aux forces instinctives, morales et intellectuelles de l'individu.

Un fait plus clair que tout autre ressort de l'étude de ce sujet : c'est que le pouvoir d'agir d'après les déterminations du raisonnement et du sens moral peut être développé en nous par l'exercice, comme toute autre puissance.

J'ai fait voir que la question du degré de liberté des

différents hommes se rattache à la diversité de facultés de chacun d'eux, et non pas à la question de la *locali-sation*. Par conséquent, la phrénologie n'appuie pas davantage les doctrines fatalistes, que ne le font toutes les philosophies qui admettent que les hommes sont diversement doués.

Enfin, j'ai fait remarquer que le fait même du rapport entre l'esprit et le cerveau est admis par tout le monde dans les cas d'idiotisme et de folie. Le phrénologiste ne fait qu'étendre l'observation de ce fait, et il arrive par là à conclure : que le progrès de l'individu, comme celui de la masse, dépend essentiellement de causes sur lesquelles il peut exercer une influence directe — que ce progrès, en définitive, est l'œuvre de l'homme lui-même. De plus, il établit que, selon l'observation des lois physiques et morales, l'homme se perfectionne ou se dégrade, et nul système mieux que la phrénologie — bien comprise — ne nous permet de reconnaître la cause des vices de notre nature, et d'y porter remède.

La phrénologie donc, tout en laissant de côté la question de la volonté libre, au point de vue métaphysique, proclame le fait d'une liberté relative et d'une responsabilité qui incombe à la fois à la société et à l'individu.

Notre dixième chapitre a été consacré à l'examen de la portée pratique de la phrénologie. Nous avons suivi le développement du cerveau depuis l'état d'embryon jusqu'à sa complète formation, pour montrer que le crâne représente en effet la conformation de cet organe. J'ai repris la question déjà traitée du rapport entre le volume des organes cérébraux et les facultés respectives, et démontré que ce rapport est souvent modifié par d'autres conditions, dont la plus importante est la structure intime du cerveau. Les manifestations mentales sont donc en rapport à la fois avec le volume de cet organe et avec sa qualité. Cette qualité est toujours difficile à apprécier exactement ; on ne peut la reconnaître que par l'observation attentive de l'état général du corps ou du tempérament, et cette observation elle-même exige beaucoup d'expérience et d'étude, puisqu'un tempérament existe rarement sans mélange.

Il y a encore à considérer l'influence de l'exercice et de l'éducation, celle des circonstances extérieures, telles que le climat, la nourriture, etc., et enfin celle de l'action réciproque des diverses facultés de l'esprit.

Lors même qu'on tient compte de toutes ces conditions, et qu'on a toutes les connaissances nécessaires pour les apprécier et les combiner, il reste toujours un point obscur pour le phrénologiste : car jusqu'ici on n'a découvert aucune indication physiologique de cette puissance particulière appelée *génie*.

J'ai fait voir qu'un grand nombre des objections que l'on présente comme décisives contre la phrénologie pourraient bien n'être élevées que par suite d'une fausse interprétation des faits, et notamment dans l'ignorance des lois qui règlent l'énergie du cerveau, et des effets qui résultent du développement hiérarchique des facultés.

Certaines exceptions plus ou moins réelles, et le peu d'exactitude de bon nombre d'applications qu'on a faites de la phrénologie, ont amené à lui refuser tout caractère scientifique. Mais elle se trouve à cet égard précisément dans la même position que la médecine. Le médecin, comme le phrénologiste, est souvent appelé à compléter, par son tact et son expérience, les connaissances qu'il a acquises. A un moment donné, ils franchissent, l'un et l'autre, les limites de la science et deviennent artistes.

J'ai montré, enfin, de quelle manière, dans les mains d'un homme qui joint la prudence scientifique au talent et à l'expérience, la phrénologie peut devenir éminemment utile, mettant au premier rang, parmi ses applications, celles qui sont relatives à l'éducation et au traitement des maladies mentales.

L'homme est modifié pendant tout le cours de sa vie par les circonstances dans lesquelles il se trouve. Adapter ces circonstances aux exigences actuelles de son caractère, préparer un essor favorable à ses exigences futures, tel est le but de l'éducation. Comme chaque enfant a un caractère qui lui est particulier, chacun a besoin d'une éducation en quelque sorte spéciale. La phrénologie peut être ici d'une grande utilité ; elle seule nous fournit les moyens — sous les réserves que j'ai eu soin d'indiquer — de reconnaître les traits qui différencient les individus entre eux, non-seulement quant au présent, mais aussi et surtout quant aux évolutions futures de caractère. Muni d'une connaissance exacte, ou même approchée de ces évolutions, on peut non-seulement prévenir des écarts fâcheux dans l'ordre affectif et intellectuel, mais arriver à donner à ceux qui sont médiocrement doués soit d'énergies instinctives, soit de sentiments moraux, soit de facultés intellectuelles, un développement et une direction suffisants pour les besoins ordinaires de la vie.

Le grand art de tirer tout l'avantage possible d'un caractère donné, consiste à en faire agir de concert les différents éléments, de sorte que l'intelligence puisse être rehaussée par le sentiment et les facultés affectives éclairées, raffinées et guidées par l'intelligence. L'axiome que l'unité des efforts en accroît la puissance, est non moins applicable dans le domaine de l'esprit que partout ailleurs.

Dans les tentatives que l'on fait pour donner à un caractère toute la perfection dont il est susceptible, la chose la plus importante est d'apprécier la force de résistance du cerveau. Sur ce point, le tempérament nous donne une première indication; car, règle générale, la tonicité ou la validité du cerveau est indiquée par la tonicité ou la validité du corps. Un second moyen se trouve dans les particularités du caractère, c'est-à-dire dans le degré de persévérance, de volonté, d'attention et d'amour de l'étude, qu'on remarque chez un enfant. L'éducateur ne doit jamais perdre de vue la nécessité d'équilibrer l'exercice du corps avec celui de l'esprit : un travail mental trop exclusif est nuisible à la santé générale, et, à cause du rapport qui unit le corps au cerveau, il peut en résulter une débilité mentale pour l'avenir.

Ces remarques sur l'exercice de l'intelligence s'appliquent également aux instincts et aux sentiments. On ne saurait trop éviter les émotions pénibles aux enfants ; ils ont encore trop peu de force de résistance, et l'on sait à quel point la santé et l'intelligence peuvent se détériorer, même chez l'homme, par le chagrin ou seulement par l'absence d'émotions joyeuses. J'ai affirmé qu'un état habituel d'activité et de satisfaction des sentiments, est nécessaire pour le plein essor des facultés intellectuelles, en même temps qu'il constitue une condition indispensable à la santé du corps. La durée des exercices doit être calculée sur les exigences morales, intellectuelles et physiques de chaque enfant ; mais la règle générale— règle qui se rapporte à une loi commune à tous les hommes— c'est de varier les occupations, et de les distribuer en courtes séances, dont la durée pourtant doit être augmentée avec les années. Le besoin de changement se fait sentir à tout âge, mais c'est surtout chez les enfants qu'il est impérieux, et lorsqu'on n'en tient pas compte, on les voit manifester la lassitude, l'inattention et l'impatience. Un des grands avantages qu'on retirerait de l'emploi des séances courtes et variées serait, à mesure que l'éducation avance, de voir les enfants solliciter d'eux-mêmes la prolongation de telle ou telle étude, résultat qui fournirait de précieuses indications sur leurs goûts dominants. Pourtant on ne doit jamais oublier que, même dans l'adolescence, les dispositions et les goûts les plus prononcés peuvent ne pas être ceux qui domineront par la suite. Un moyen de prévoir quelles seront définitivement les tendances les plus fortes d'un caractère, afin de prévenir les choix malencontreux de vocation, serait donc un des plus grands bienfaits de la science, et pour satisfaire à ce *desideratum*, la phrénologie est d'un secours inestimable.

L'éducation ne se termine pas avec l'enfance : elle continue pour l'homme, seulement elle prend chez lui le nom de discipline personnelle. C'est un préjugé vulgaire que de croire que, passé un certain âge, l'homme ne se modifie plus. Il est vrai qu'à mesure qu'il vieillit, son caractère devient moins impressionnable ; mais aussi il possède, à l'âge mûr, bien plus de moyens de se perfectionner ou de se corriger : il a plus d'intelligence et toute l'expérience de sa vie passée. Cependant ces moyens lui seront peu efficaces sans le pouvoir de s'analyser lui-même, de distinguer les vrais motifs de ses actes, de juger correctement les motifs des actes des autres. Le précepte *Connais-toi toi-même* n'est que la moitié de la sagesse. C'est seulement en connaissant nos semblables et nous-mêmes que nous pourrons profiter des efforts que nous faisons pour nous perfectionner. C'est ainsi surtout que nous éviterons cette erreur si commune, d'apprécier les actes des autres seulement d'après nos propres habitudes et nos propres goûts.

Après cette étude de l'utilité de la phrénologie dans

l'éducation, nous avons parlé de ses applications au traitement des maladies mentales.

Un grand progrès a été accompli depuis cinquante ans dans la manière de traiter les fous. Tout le monde reconnaît aujourd'hui que la folie est une maladie, et qu'à ce titre elle est susceptible de guérison. Mais la manière d'envisager sa véritable nature est loin d'être partout la même, et celui qui connaît l'état de la question doit avouer qu'il reste encore beaucoup à faire pour l'éclaircir. Ce qui le prouve, c'est la longueur des cures, le grand nombre des *incurables* et la difficulté que parfois on rencontre à constater la folie d'une manière positive; or cette dernière question n'est pas seulement d'une importance capitale pour les familles, elle intéresse encore au plus haut point la médecine légale.

Les difficultés du sujet ne peuvent être résolues par la seule observation des faits morbides, soit sur le malade vivant, soit sur le cadavre. Ce qu'il faut avant tout, c'est une connaissance scientifique du mécanisme de l'esprit humain à l'état de santé. Un esprit sain suppose l'équilibre entre les instincts, les sentiments et l'intelligence. Dès que cet équilibre est rompu et que l'individu n'a plus d'empire sur lui-même, il y a commencement de folie. Depuis ce premier état jusqu'à la folie complète, les degrés sont innombrables.

Si le cerveau est le siége de l'esprit sain, il doit être aussi le siége de l'esprit malade. La notion que les viscères gastriques sont le siége de la folie, est un reste de l'ancienne idée que ces viscères sont le siége des passions, et s'appuie encore sur le fait que les fonctions de ces organes sont souvent troublées, soit avant, soit pendant la folie. Bien que déjà chez les anciens cette opinion eût été combattue, Pinel et d'autres médecins modernes l'ont reproduite. Cependant, depuis les travaux de Gall, le cerveau est considéré de plus en plus comme le siége de la folie, et l'action morbide des viscères abdominaux est regardée soit comme une cause excitante, soit comme un effet des troubles du cerveau. En outre, pour les partisans de Gall, la folie peut résider dans telle ou telle partie du cerveau, tandis que d'autres restent saines. Ce fait est considéré par les phrénologistes comme très-important pour le diagnostic et le traitement de la folie. Toutefois, l'avantage qu'on peut en tirer ne laisse pas que d'exiger une grande prudence et une connaissance étendue du caractère particulier du malade, basée sur de profondes études psychologiques.

Il est souvent difficile de rapporter directement tel ou tel symptôme à telle ou telle partie du cerveau, car les symptômes, tout en ayant l'apparence de faits primitifs et simples, peuvent très-bien n'être que des effets secondaires et composés, par suite de la combinaison des éléments psychiques.

Ici, comme dans ses applications à l'éducation, la phrénologie n'est que suggestive ou corroborative; mais, ces limites reconnues, son utilité est réelle, soit pour découvrir la cause de la folie, soit pour en prévenir l'apparition, soit enfin pour indiquer la nature du traitement à suivre.

Le traitement lui-même peut être moral ou médical,
et, tour à tour ou conjointement, les deux sont nécessaires. — Pour le traitement moral, il est de la plus
haute importance de connaître le caractère propre du
sujet, afin d'en apprécier les modifications maladives.
Cette double connaissance de l'état normal et de l'état
anormal est indispensable pour juger les motifs qui dé-
terminent les actions du malade, et pour savoir à quelle
faculté il convient d'adresser les moyens de persuasion.
On voit par là qu'il n'est pas possible de poser des règles
invariables pour le traitement moral de la folie, pas plus
que pour son traitement physique. Dans certains cas,
on peut modifier les sentiments par l'intelligence; d'autres fois, l'intelligence par le sentiment.

On a distingué la folie en diverses espèces. Pour les
phrénologistes, il peut y en avoir autant qu'il y a de
facultés fondamentales de l'esprit.

La folie de longue durée se termine facilement par la
démence et l'imbécillité, qui consistent toutes deux, à
des degrés différents, en une faiblesse des facultés intellectuelles, morales et instinctives, manifestée par une
grande incohérence d'idées et une apathie profonde.
Comme on le voit, ces états ressemblent par leurs effets
à l'idiotisme, mais ils ne sont que la ruine de l'intelligence, tandis que l'idiotisme est une absence originelle
d'intelligence, et souvent de sentiments et d'instincts.
La démence et l'imbécillité résultent de ce que le cerveau est devenu inapte à continuer ses fonctions, par
suite d'un dépérissement organique; l'idiotisme pro-

vient, le plus souvent, d'un arrêt de développement du cerveau même. Il y a cependant des cas exceptionnels, où le volume et la forme de cet organe n'ont rien d'anormal, et pourtant l'idiotisme se déclare : c'est qu'alors il y a quelque vice dans sa substance même. Mais ces cas se distinguent toujours de la démence et de l'imbécillité, en ce que le vice organique, chez eux, est congénial.

L'idiotisme peut se manifester dès le berceau ou n'apparaître que plus tard. Dans ce dernier cas, l'arrêt de développement du cerveau est moins complet.

L'idiotisme qui dépend d'un défaut de *quantité* du cerveau est sans remède. Lorsqu'il se rapporte à une *qualité* défectueuse, il est moins désespéré : l'hygiène, les médicaments peuvent alors venir en aide à la nature.

L'arrêt de développement peut se présenter dans toutes les parties du cerveau, et il y a un idiotisme moral aussi bien qu'un idiotisme intellectuel. De même que tel homme est radicalement incapable de saisir les nuances de couleurs, de distinguer les tons de la musique, de fixer son attention, de retenir ce qu'il entend, de faire de l'analyse, de la synthèse, etc., de même il y a des êtres qui ne peuvent pas ressentir l'espoir, la conscience, l'affection, etc. Reconnaître cette absence de facultés primitives, expliquer la cause de certaines dégradations morales, ce n'est pas tolérer les actes insociables et immoraux des hommes, c'est seulement détourner l'idée de les punir, sans écarter le droit de se prémunir contre leur influence; et c'est cette tolérance, cette justice pratique, que la phrénologie est éminemment apte à favoriser dans les rapports sociaux ordinaires. Il vient un moment où la justice a besoin d'être plus éclairée qu'elle ne l'est sur ce point, car l'idiotisme, porté même à un haut degré, peut souvent être caché aux yeux de la loi par l'ignorance de la véritable nature de cette infirmité. Tel homme qui, dans la vie simple et uniforme du hameau, a toujours semblé avoir assez d'intelligence pour se conduire, s'il est transporté dans des circonstances sociales plus compliquées, peut accuser dans cette intelligence des lacunes qu'on ne lui soupçonnait pas. Et pourtant, sur la fausse réputation qu'il s'est acquise dans sa première condition, il est trop souvent regardé comme capable d'exercer son libre arbitre dans toutes les positions.

Qu'on admette ou non les détails de la phrénologie analytique, il est de la plus simple observation que l'homme chez lequel la partie supérieure du front a subi un arrêt de développement, est incapable de libre arbitre éclairé, quoiqu'il puisse être assez intelligent sur toute matière qui n'exige pas le jugement réflectif proprement dit.

Chaque espèce d'idiotisme doit être désignée d'après la faculté ou les facultés qui manquent à l'individu, tandis que chaque espèce de folie doit être classée d'après la faculté ou les facultés qui ont, chez le malade, une activité anormale.

Pour la folie partielle le nom existe : le mot *monomanie* s'applique à une ou plusieurs facultés agissant maladivement. L'hallucination et l'illusion sont souvent

les symptômes secondaires de la monomanie des sentiments ou d'une folie plus générale; mais, comme elles
existent quelquefois isolément, elles aussi peuvent être
classifiées parmi les monomanies.

L'hypocondrie, l'hystérie et la tendance au suicide
sont plus difficiles à classer; toutes les trois peuvent
être accompagnées de symptômes monomaniques, ou
bien se manifester sans que l'état mental présente aucun
signe qui mérite le nom d'aberration. L'hypocondrie,
traitée parfois comme maladie imaginaire, est souvent
compliquée à un tel point de vrais maux physiques, et
ces maux sont tellement hors de proportion avec la préoccupation mentale, que la plupart des auteurs sont
disposés à la reléguer dans la classe des maladies mystérieuses appelées nerveuses, à les désigner sous le nom
générique de *névroses*.

Les mêmes observations s'appliquent à peu près à
l'hystérie, maladie qui est en général imputée exclusivement à la femme, mais qui, sauf les accidents de convulsions, n'offre que des symptômes qu'on observe aussi
dans l'hypocondrie. Il est vrai que les symptômes caractéristiques de l'hystérie, les pleurs, les rires, l'étouffement, le serrement au larynx, se présentent bien plus
rarement chez les hommes. Sans doute le système utérin de la femme lui imprime un état particulier, la rend
susceptible de sensations inconnues à l'homme. Mais
aussi on peut expliquer la plus grande fréquence chez
elle de cette perturbation de la fonction nerveuse, par le
fait que son éducation, ses habitudes, sa position, sont

souvent de nature à éveiller une sensibilité morbide. Il y a toute raison de croire que la cause principale de l'hystérie, comme de l'hypocondrie, se trouve presque toujours dans les affections morales; enfin, que le siége principal de la maladie est le cerveau. Par conséquent, les moyens curatifs doivent être plutôt moraux que thérapeutiques.

Lorsqu'un fou se tue sans idée préconçue, dans un accès de fureur ou de terreur, il ne faut pas le confondre avec ceux qui sont atteints de la *manie suicide*, et qui mettent fin à leur vie de propos délibéré. Chez ces monomanes la préméditation est d'une durée plus ou moins longue, et revient à des intervalles plus ou moins éloignés — fait qui a donné lieu à diviser les tendances au suicide en chroniques et en aiguës. Lorsqu'un acte de suicide est déterminé par le malheur, par le manque de courage à supporter la douleur, enfin, lorsqu'on s'y décide après avoir pesé les motifs pour et contre — si condamnable que soit l'acte par notre plus haut sens moral et religieux, il n'offre aucun des signes qu'on est convenu d'attribuer à la folie.

C'est par ces considérations que nous avons terminé toutes les études qui ont pu trouver place dans ce volume, sur la portée de la phrénologie comme art pratique.

En terminant ce premier volume d'études, je ne crois pas me faire illusion en pensant que plus d'un lecteur modifiera l'opinion qu'il s'était faite antérieurement, sur la foi de certains écrivains, et cessera de considérer le système de Gall comme indigne d'occuper des hommes sérieux, pernicieux à la morale, incompatible avec l'idée fortifiante d'une volonté libre et sans portée pratique. J'espère qu'il aura puisé dans ces pages la conviction que Gall a réellement jeté les fondements d'un système de psychologie expérimentale, qui ne demande qu'un travail laborieux et sincère pour donner des résultats utiles, non-seulement dans les applications que j'ai indiquées, mais aussi dans bien d'autres : dans la législation, dans les arts, enfin dans tout ce qui intéresse le bien-être de l'homme.

Je ne prétends nullement que ces résultats dériveront de la simple organologie cérébrale; celle-ci, on le sait, ne se sépare point, dans mon esprit, de la psychologie.

Du reste, quelles que soient les lacunes et les erreurs du système de Gall, il a déjà le mérite d'avoir attiré plus d'attention qu'aucun autre sur les rapports de l'esprit avec le cerveau et le corps, et d'avoir ainsi poussé les intelligences, plus que jamais, à la recherche du rapport des lois physiques et psychiques. De plus, ce système a, sans comparaison, mieux réussi que tout autre à rendre l'étude de l'homme intéressante à la masse, et à provoquer des recherches méthodiques sur les aptitudes et les droits de chacun.

Il est de la dernière évidence que cette diffusion croissante de l'étude de l'homme sera du plus puissant secours pour déraciner peu à peu les funestes préjugés de castes, de nationalités et de races, et donner ainsi un libre cours à ces tendances de sociabilité bienveillante qui, nous l'avons vu, forment une si large part des impulsions primitives de l'homme, et sans le plein essor desquelles le bonheur des plus favorisés est restreint, et celui de la masse un vain espoir.

La phrénologie, qui marque, dès la naissance, la mission que chaque être est apte à remplir, et qui fait pressentir chez l'enfant des puissances que le temps fera éclore, indique les obligations et les droits de chaque individu; elle l'autorise à présenter l'ensemble de son organisation comme un titre, à l'effet d'obtenir de ses semblables les conditions les plus propres au développement de ses facultés.

Cette justice, qui paraît aujourd'hui un peu idéale, doit, tôt ou tard, par la marche naturelle des choses, prendre sa place dans la théorie et la pratique des pouvoirs sociaux. Et s'il arrivait qu'un jour un pouvoir spécial fût chargé de découvrir les véritables aptitudes et vocations humaines, il marcherait en tête de tous les pouvoirs législatifs. — Telle est notre foi dans l'évolution inévitable de ces deux principes essentiels de l'humanité, la justice et la bonté.

Ce progrès doit être reconnu comme hautement probable par tous ceux qui admettent l'inégalité des dons primitifs des différents hommes, et leur propriété de produire le bien lorsqu'elles sont dirigées convenablement. Cette conviction, je l'ai assez fait sentir, peut exister tout aussi bien indépendamment de la phrénologie; mais la phrénologie, si elle est vraie, lui donne une grande puissance d'application.

Les observations que j'ai présentées jusqu'ici sur la localisation des facultés sont d'un ordre plus particulièrement analytique. Je vais maintenant me servir d'une démonstration qui, dans son mode synthétique, ne laisse pas d'offrir, à mon sens, un grand attrait à l'esprit.

Si nous comparons la position relative des organes cérébraux avec le rapport intime que l'analyse nous découvre entre les facultés qui leur sont assignées par la phrénologie, nous trouverons que chacun de ces organes occupe, dans le mécanisme cérébral, une place parfaitement en rapport avec la fonction qu'on lui a attribuée d'après un procédé purement empirique.

Tout corps extérieur est d'abord perçu comme une *entité*, ensuite dans ses propriétés distinctes. Aussi, dans le cerveau, de chaque côté de l'*individualité* [1], qui fait apercevoir l'objet comme un tout, se trouvent les organes desquels ressort en détail la perception des propriétés des corps : la forme, l'étendue, la densité, la couleur. Plus loin, sur la même ligne, sont le *nombre* et l'*ordre*, qui se rapportent aussi spécialement aux choses concrètes.

Ainsi, par les organes de la ligne inférieure du front, l'esprit est en rapport avec le monde *statique*.

Dans la ligne immédiatement au-dessus de celle-ci, se

1. Voir la planche, fig. 1.

trouve l'*éventualité*, qui en occupe le centre, de même que l'individualité occupe le centre de la première. Par cet organe l'esprit est en rapport avec le monde *dynamique*, car la perception de ce que nous appelons les événements n'est autre chose que la perception du mouvement — du changement. Or, nul mouvement ne peut avoir lieu en dehors de l'espace et du temps : aussi l'éventualité touche de chaque côté à l'organe de la *localité*, dont la fonction est de saisir la position relative des objets; et un peu plus loin se trouve l'organe du *temps*, dont la perception est inséparable de celle du mouvement. — Peu importe que le temps puisse ou non être considéré, dans un sens absolu ou métaphysique, comme indépendant du mouvement, ou le mouvement comme indépendant du temps; le fait est qu'ils ne sont jamais séparés dans le phénomène de la perception.

Sur la même ligne se trouve l'organe des *tons*. — Quelle que puisse être d'ailleurs la sphère d'activité de la perception de la mélodie, nous savons qu'elle est indispensable à la conception plus élevée de l'harmonie, et rien ne nous prouve que la conception de l'harmonie musicale ne soit pas une des faces de la conception abstraite d'un principe absolu d'harmonie. Quoi qu'il en soit, toute harmonie, en tant que mouvement, est impossible sans la conception du temps ou de la mesure.

La construction se rapporte à la fois aux deux ordres de perception — statique et dynamique. La construction ou le mécanisme est une harmonie en repos, ou

une harmonie en mouvement. Aussi l'organe qui représente cette faculté perceptivo-intellectuelle est-il placé
à peu près sur le plan moyen entre la ligne où se trouve
la perception des choses statiques, et celle où se trouve
la perception des choses dynamiques.

Jusqu'ici l'esprit est en rapport principalement avec
la phénoménalité extérieure ; il tend cependant à passer
graduellement de la perception simple au mode mixte
de perception et de conception. — Pas plus ici que par
rapport à d'autres phénomènes de l'esprit, nous n'es-
sayerons de saisir la ligne de démarcation entre un ordre
de facultés et un autre. Nous constatons simplement
que l'on perçoit d'abord les existences comme statiques, ensuite comme dynamiques, puis enfin qu'on
conçoit les principes, les causes, la loi des choses — qui
ne sont pas simplement du ressort de la perception.
Or, sur la troisième ligne du front, se trouvent les
organes qui correspondent à la conception des contrastes, à celle des causes et à celle des analogies,
conceptions qui embrassent le champ tout entier du
raisonnement.

Si haut cependant que nous porte le raisonnement,
nous avons toujours la conscience nette de ses limites,
et d'un besoin de les reculer incessamment. Des aspirations d'un autre ordre se présentent aux confins
de la raison : on a la conception du beau — conception
extrêmement difficile à communiquer, car elle échappe
à toute règle, elle se refuse à toute définition. Sur la
ligne qui est au-dessus des facultés réflectives nous

trouvons l'organe de l'*idéalité*, dont la fonction paraît être de raffiner, de rehausser, de vivifier l'action des autres facultés, soit morales, soit intellectuelles.

Mais l'amour du beau, pas plus que le besoin de connaître, ne s'affranchit jamais de son état d'aspiration ; il ne trouve de repos que dans le sentiment de l'infini, de cet absolu qui échappe à notre intelligence. C'est là le principe de la *foi*, et son organe (connu sous un autre nom, il est vrai) est situé aussi sur la ligne immédiatement supérieure à celle des organes du raisonnement.

Enfin, pour donner une forme à ces aspirations et à ces conceptions [1] — soit par la parole, par la musique ou par les arts plastiques — nous avons, à côté de ces facultés supérieures, l'organe qu'on a appelé *imitation* [2].

Je vais faire maintenant, pour les instincts et les sen-

---

1. Voir page 148, art. *Imitation*.

2. Le lecteur relèvera sans doute ici une lacune, car je n'ai point essayé d'expliquer la position de l'organe du langage sur le cerveau. Cela tient à la complexité même de cette faculté. Le langage, il est vrai, est un fait assez spontané pour qu'on lui reconnaisse tous les caractères d'une faculté primitive ; mais, pour rendre compte de sa position, il faudrait avoir observé un grand nombre de phénomènes de langage à travers toute la série zoologique ; il faudrait surtout connaître à fond l'histoire de la formation des langues chez un certain nombre de peuples, dont l'organisation cérébrale nous est connue. Or, ces observations nous font défaut, et cette histoire, bien qu'elle soit assez positive pour être acceptée par la science, n'est encore aujourd'hui que le fait du petit nombre. C'est pourquoi j'ai cru devoir m'abstenir de faire rentrer la faculté du langage dans l'essai de synthèse que je viens de présenter.

timents, ce que j'ai fait pour les facultés intellectuelles, et m'élever de la partie inférieure de la tête, pour rejoindre la région supérieure à laquelle nous venons d'arriver.

L'affection se manifeste sous trois formes : comme amitié, sans distinction de sexe; comme amour; comme amour des enfants. Tels sont les sentiments qui constituent la famille, et qui forment la base de toute association. Aussi, les organes de l'*adhésivité*, de l'*amativité* et de l'*amour des enfants* forment-ils un groupe sur la partie postérieure du crâne [1] — le second de ces organes occupant, il est vrai, une place distincte dans la structure du cerveau [2].

Que nous contemplions l'homme dans la phase actuelle de son existence, ou dans un état social supérieur, il est évident qu'il lui faut de l'énergie et de la résistance, soit pour se défendre, soit pour surmonter les difficultés matérielles attachées à la poursuite de ce qui lui est nécessaire. Aussi, tout à côté de ce groupe d'organes des affections fondamentales, viennent se placer ceux de la *combativité* et de la *destructivité* [3].

Mais l'homme n'est pas seulement poussé à pourvoir à ses besoins actuels et à ceux des siens, il lui faut encore prévoir les éventualités futures. Or, contiguë à la combativité et à l'adhésivité, se trouve la *circonspection*, qui fait pressentir ce qui peut arriver;

1. Voir la Planche, fig. 2.
2. Voir, dans l'*Appendice*, la note K.
3. Voir la Planche, fig. 3.

et immédiatement au-dessus de la destructivité est placée la *secrétivité*, qui donne le pouvoir de voiler ses pensées, et devient ainsi un élément essentiel de conservation ; enfin le groupe est complété par l'*acquisivité*, qui porte à accumuler et à conserver.

Il est à remarquer que cet instinct de conservation va joindre, au bord de la région intellectuelle, l'organe de la *constructivité*.

Une société fondée sur les simples éléments de conservation que nous avons considérés, serait cependant très-restreinte, et l'élément égoïste y dominerait presque exclusivement. Mais si, prenant de nouveau pour point de départ l'organe de l'adhésivité, nous remontons vers le sommet de la tête, nous trouvons une suite de facultés qui engendrent une sociabilité et un ordre moral bien supérieurs. D'abord, et immédiatement au-dessus de l'adhésivité, se présente l'organe de l'*approbativité*, qui relie l'homme à un nombre indéfini de ses semblables, même indépendamment de tout rapport personnel avec eux. L'action de cette faculté s'étend à l'avenir aussi bien qu'au présent, donnant lieu à l'amour de la renommée pendant la vie, et de la gloire après la mort.

Puis vient l'*estime de soi*, qui, limitée de part et d'autre par l'approbativité, nous donne confiance dans nos moyens, nous fait trouver bonnes toutes les puissances qui sont en nous, nous inspire le désir de les faire valoir, et nous porte à l'ambition du pouvoir.

Immédiatement au devant, nous voyons la *fermeté*, si

nécessaire pour mener à bonne fin une ambition quelconque, et pour donner à tous les actes affectifs, moraux et intellectuels, un caractère de stabilité et de persistance.

L'ambition de la gloire et celle du pouvoir ne deviennent cependant des éléments de sociabilité que lorsqu'elles sont tempérées par la *vénération* et la *conscience* — par la vénération, qui efface toute personnalité devant le mérite des autres et surtout devant la conception de puissances supérieures à l'homme — par la conscience, qui pèse les droits et les obligations, et fait sentir l'équité comme un principe absolu, indépendant de tout intérêt et de toute sympathie personnels. Les organes de ces deux facultés sont contigus à la fermeté — celui de la vénération placé en avant, et celui de la conscience de chaque côté, à droite et à gauche. La conscience confine aussi à l'approbativité, et précède immédiatement l'*espoir*, qui donne un élan, ouvre un horizon à toutes nos facultés, et fait pressentir, dans un lointain inconnu, la satisfaction de vœux qui renaissent incessamment.

Si élevés cependant que soient les éléments psychiques que nous avons énumérés, ils ne complètent point encore la somme des puissances nécessaires pour produire le véritable ordre social, que nous croyons être la destinée de l'homme sur cette terre; il lui faut encore la *bienveillance*, ce sentiment d'un amour non moins absolu dans sa nature que la conscience, et qui, tandis que cette dernière pèse rigoureusement le bien et le mal, éveille au contraire la tolérance, donne le pouvoir de pardonner, et nous fait sentir le besoin d'une concorde universelle.

Il est très-digne de remarque que l'organe de ce sentiment éminemment unitaire vient joindre la *comparaison*, qui donne naissance à la conception intellectuelle de la loi d'harmonie qui existe entre toutes choses.

A côté de la bienveillance sont localisées les facultés que nous avons nommées les dernières, en décrivant la position relative des organes intellectuels ; ce sont l'*imitation*, la *foi* et l'*idéalité*, facultés qui donnent le sentiment du beau, l'intuition de l'existence de choses que ni le sens, ni l'intelligence ne sauraient percevoir, et le besoin de tout reproduire sous une forme saisissable — facultés qui paraîtraient, en définitive, réunir notre vie instinctive et morale à notre vie intellectuelle. En effet, tous les sentiments, non moins que toutes les facultés intellectuelles, sont leurs tributaires. La conception du beau trouve à s'exercer dans le domaine moral aussi bien que dans le domaine de la perception et de la pensée. Tout désir, non moins que toute conviction intellectuelle, implique la foi. Enfin, le sentiment veut son expression aussi bien que l'idée.

On peut se représenter ces trois facultés comme les intermédiaires par lesquels la chaleur du sentiment se transmet à l'intelligence, et la lumière de l'intelligence se répand sur le sentiment. De leur action collective naît l'esthétique, qui aspire à donner une forme à toute émo-

tion, et qui veut un écho de l'âme dans toutes les formes
de la matière.

Un phénomène de l'esprit humain reste encore à
noter, c'est le sentiment religieux. L'observation ne
nous autorise à le rapporter à aucune partie déterminée du cerveau, et l'analyse psychologique montre-
rait plutôt que, dans chaque homme, il n'est que la
suprême évolution des facultés. Aussi comporte-t-il des
nuances infinies, selon la diversité de la nature psychique des hommes.

Sa source première est, pour tous, dans le besoin de
conservation. Mais on ne veut pas seulement vivre toujours — on veut vivre heureux ; et quelque idée qu'on
se fasse du bonheur, cette idée est rarement séparée
des sentiments affectueux. C'est ainsi que le besoin
de conservation ne reste pas purement personnel, mais
s'étend, tout comme nos premiers besoins de sociabilité, à un certain nombre de nos semblables.

Puis viennent les éléments supérieurs de sociabilité,
qui sont les sentiments moraux les plus élevés : la Vénération porte à adorer; l'Espoir lie le présent à l'a-
venir; et, une fois que l'intelligence nous donne la
présomption de l'existence d'un Être supérieur, la Conscience réveille en nous l'idée de sa justice absolue et de
notre responsabilité, tandis que la Bienveillance le fait
concevoir comme infiniment bon.

L'intelligence voit partout les indices d'un pouvoir
inconnu, régulateur ; elle admet, par la seule force du

raisonnement, qu'il doit exister une puissance supérieure à l'homme, et elle la personnifie à l'aide de l'imagination, qui elle-même porte l'empreinte des sentiments dominants chez les hommes.

Le sentiment religieux est donc ce qu'il y a de plus
complexe dans notre système psychique. Il est le dernier et le plus harmonieux effet des facultés instinctives, morales et intellectuelles, la plus haute expression du désir de conservation et de sociabilité ; car, par
la foi dans l'immortalité, il nous lie — nous, ceux que
nous aimons et l'humanité tout entière — à une existence
ultérieure. Par lui, le fait de notre vie éternelle devient
aussi certain que celui de l'existence présente.

FIN.

APPENDICE

APPENDICE

Note A (page 35).

Voici le passage tout entier tiré de l'ouvrage de
Bonnet :

« J'ai pensé que les fibres sensibles sont construites
de manière que l'action plus ou moins continuée des
objets, produit des déterminations plus ou moins dura-
bles qui constituent la physique du souvenir. Je n'ai pu
dire quelles sont ces déterminations, parce que la structure des fibres sensibles m'est inconnue; mais, si chaque
sens a sa mécanique, j'ai cru que chaque espèce de fibres
pourrait avoir la sienne ; ayant considéré les fibres comme
de très-petits organes, il ne m'a pas été difficile de
concevoir que les parties constituantes de ces organes
pouvaient revêtir, les unes à l'égard des autres, de nouvelles positions, de nouveaux rapports, auxquels était
attachée la physique du souvenir. J'ai donc considéré
chaque fibre sensible *comme un très-petit organe qui a
ses fonctions propres, comme une très-petite machine
que l'action des objets monte sur le ton qui lui est approprié ;* j'ai jugé que le jeu de la fibre doit résulter essen-

tiellement de sa structure primordiale, et celle-ci de la nature et de l'arrangement des éléments. Je ne me suis pas représenté ces éléments comme des corps simples, et je les ai envisagés *comme les parties constituantes d'un petit organe, comme des différentes pièces d'une petite machine destinée à recevoir, à transmettre et à reproduire l'impression de l'objet auquel elle a été appropriée.* Il suit de là qu'une intelligence qui connaîtrait à fond la mécanique du cerveau, verrait dans le plus grand détail tout ce qui s'y passe, lirait comme dans un livre ce nombre prodigieux d'organes infiniment petits, appropriés au sentiment et à la pensée, lesquels seraient pour cette intelligence ce que sont pour nous les caractères de l'imprimerie. Nous feuilletons des livres, nous les étudions ; cette intelligence se bornerait à contempler les cerveaux. »

Note B (page 74).

Dans son ouvrage intitulé *Psychologie et Phrénologie comparées*, M. Adolphe Garnier fait un parallèle des théories psychologiques de Gall, de Spurzheim et des philosophes écossais. Après quelques paroles empreintes de bienveillance et d'impartialité sur Gall et Spurzheim, il dit :

« Lorsque six ans après le dernier cours, professé par le docteur Gall, à l'Athénée royal de Paris, j'entendis, au même lieu, son continuateur le docteur Spurzheim, je

fus frappé du dédain qu'il affichait pour la psychologie,
quoique la doctrine qu'il professait ne pût évidemment
se passer du secours de cette science, et que la partie
psychologique de la phrénologie offrît les plus frap-
pantes ressemblances avec une psychologie déjà célèbre
alors en France, celle de l'école écossaise. Je fis passer
sous les yeux du professeur le tableau de ces rapports,
afin de le faire revenir d'un préjugé qui non-seulement
était injuste, mais pouvait l'empêcher de profiter des lumières de ses prédécesseurs, et lui donner d'ailleurs une
apparence défavorable d'ignorance et d'orgueil.

« Comme il a transmis ses préventions à ses succes-
seurs, je recommencerai ici ce parallèle ; d'autant plus,
que les points nombreux sur lesquels se sont rencontrées
deux théories encore imparfaites et entreprises à l'insu
l'une de l'autre, ne peuvent que faire reconnaître la valeur
de l'observation morale, et le droit de la psychologie à
figurer à son tour parmi les sciences positives ·

Doctrine de Gall.	Doctrine de Spurzheim.	Doctrine écossaise ¹
. . . .	. . . .	Respiration. (*Reid*, t. 6, p. 9, 10.)
. . . .	Alimentivité.	Appétit de la faim et de la soif. (*Reid*, t. 6, p. 32-4.)

1. Pour la théorie écossaise, nous renvoyons aux ouvrages
suivants : Reid, traduction française de ses *Œuvres complètes*,
6 vol. in-8°, par M. Jouffroy ; D. Stewart, *Esquisses*, traduit par
le même, première édition. *Philosophie de l'esprit humain*, traduction par Prévost et Farcy. *Facultés actives*, traduction par Léon
Simon.

Doctrine de Gall.	Doctrine de Spurzheim.	Doctrine écossaise.
....	....	Succion, déglutition, (*Reid*, p. 9-10.
....	....	Effroi instinctif de la solitude, des ténèbres; tressaillement lors de la perte de l'équilibre; appréhension d'une figure sévère, d'un ton de voix menaçant [1].
Amour physique.	Amativité.	Appétit du sexe. (*Reid*, t. 6, p. 32-4.)
Amour de la progéniture.	Philogéniture.	Amour des enfants. (*Reid*, t. 6, p. 55.)
....	....	Amour filial. (*Reid*, t. 6, p. 55.)
....	Habitativité.	Choix instinctif de l'habitation [2].
Attachement individuel.	Attachement.	Amitié. (*Reid*, t. 6, p. 69.)
Instinct du mariage.	Mariage.	Amour spécial, distinct de l'appétit du sexe et de l'amitié. (*Reid*, t. 6, p. 69.)
Instinct de société.	Sociabilité.	Désir de société. (*Reid*, t. 6, p. 56; *Stewart, Esquiss.*, p. 61.)
....	....	Penchant naturel à dire la vérité, besoin de s'épancher. (*Reid*, t. 2, p. 346; *Stewart, Facultés actives*, t. 1, p. 92.)
Instinct de propre défense.	Combativité.	Ressentiment animal et usage naturel des armes de défense et d'attaque. (*Reid*, t. 6, p. 11, 83-90.)
Instinct carnassier.	Destructivité.	Reid aurait fait dépen-

1. M. Vimont a comblé la lacune laissée ici par ses devanciers, en indiquant un principe analogue au précédent, sous le nom inexact de *sentiment de la conservation.* (*Traité de phrénologie,* 2ᵉ vol., p. 551.)

2. « C'est sans doute une variété du sens du beau qui détermine chaque animal à fixer sa demeure parmi certains objets plutôt que parmi d'autres. » (Reid, 5ᵉ vol., p. 285.) « Instinct de la position du nid. » (Reid, 6ᵉ vol., p. 11.)

Doctrine de Gall.	Doctrine de Spurzheim.	Doctrine écossaise.
		dre l'instinct carnassier de l'appétit, et l'instinct de destruction du principe d'activité physique [1].
Ruse finesse, savoir-faire.	Secrétivité.	. . . .
Sentiment de la propriété.	Acquisivité.	. . . . [2]
Sens de la mécanique ou des constructions.	Constructivité.	Instinct de construction. Principe mécanique et variété du goût intellectuel. (*Reid*, t. 5, p. 285: t. 9, p. 11.)
Instinct des hauteurs et orgueil.	Estime de soi.	Confiance en soi-même. (*Reid*, t. 6, p. 108.)
Amour de l'approbation.	Approbativité.	Désir d'estime. (*Reid*, t. 6, p. 42-5.)
. . . .	. . . .	Désir de la supériorité ou émulation. (*Reid*, t. 6, p. 69.)
Fermeté.	Fermeté.	Amour du pouvoir. (*Idem*, p. 41.)
Circonspection.	Circonspection [3].	Défiance de soi-même. Mélancolie. (*Reid*, t. 6, p. 109-10.)
Bonté, second degré du sens moral.	Bienveillance.	Bienveillance, pitié, sympathie. (*Reid*, t. 6, p. 66 et 64. D. Stewart, *Facultés actives*. t. 1, p. 111-12.)
Sentiment religieux.	Vénération.	Estime, respect, vénération, dévotion, 4 degrés d'une même affection (*Reid*, t. 6, p. 68: *Stewart, Esq.*, 145-6.)

1. 2e vol., p. 360; 6e vol., p. 36. Et l'on verra plus loin que cette vue psychologique se fût très-bien accordée avec l'organologie de Gall et de M. Fossati.

2. Reid considère la propriété comme le résultat de la prévoyance (6e vol., p. 365), et Stewart comme l'effet du désir de pouvoir (Esq. 63-7). Ils n'ont donc pas saisi le caractère instinctif du sentiment de la propriété.

3. « Ce sentiment très-actif donne de l'incertitude, de l'inquiétude, de l'irrésolution, de la mélancolie, de l'hypocondrie. » (*Manuel*, p. 43.)

Doctrine de Gall.	Doctrine de Spurzheim.	Doctrine écossaise.
—	—	—
Sens moral, premier degré de la bonté.	Conscienciosité.	Conscience morale, sens du devoir. (*Reid*, t. 5, p 134; t. 6, p. 136 *et suiv.*)
. . . .	Espérance.	Disposition à l'espérance. (*Reid*, t. 6, p. 107.)
Disposition aux visions.	Merveillosité.	Vision, résultat de l'extrême activité d'une conception [1]. (*Stewart, Phil. de l'esprit humain*, t. 1, p. 214-7.)
Talent poétique.	Idéalité.	Imagination, conceptions originales des romanciers et des poëtes [2]. (*Reid*, t. 4, p. 122, 181-1.)
Esprit de saillie.	Gaieté [3].	Goût pour les similitudes imprévues et les contrastes piquants. (*Reid*, t, 4, p. 192.) Sentiment du ridicule. (*Stewart, Esq.*, p.113-4.)
. . . .	. . . .	
Faculté d'imiter. Mimique.	Imitation.	Instinct d'imitation. (*Reid*, t. 4, p. 182; t. 6, p. 19-27.)
Sens extérieurs. Gall les regarde comme capables de donner des perceptions ou des connaissances sans le concours du cerveau.	Sens extérieurs. Spurzheim les dépouille en théorie de la faculté de perception, qu'il rapporte à une partie du cerveau; mais en fait il leur attribue des perceptions ou	Sens extérieurs. Reid les regarde comme des sources de pures sensations ou de plaisirs et peines, et transporte les perceptions ou connaissances à une faculté distincte des sens.

1. Théorie conforme à l'opinion définitive de Gall sur les visions, t. 4, p. 242.

2. Les exemples de talent poétique cités par Gall sont conformes à ceux de Reid, mais ni l'un ni l'autre n'ont réussi à les faire dériver d'une faculté spéciale. Quant à l'*idéalité* de Spurzheim, il n'a pu donner une bonne définition de ce qu'il entendait par ce terme. Il y a donc ici entre les trois doctrines ce rapport qu'elles ont échoué toutes les trois sur le même point.

3. L'expression de gaieté ne convient pas à la disposition que Spurzheim a en vue, et Gall lui en avait déjà fait le reproche.

Doctrine de Gall.	Doctrine de Spurzheim.	Doctrine écossaise.
		(*Le* 2e t. *tout entier et le* 3e *passim*.)
. . . .	connaissances distinctes de celles dont le cerveau est l'organe.	
	Individualité.	Faculté de perception. Elle entre en jeu à propos de l'exercice des sens extérieurs, et produit la connaissance des choses externes.
	« Faculté moyennant « laquelle l'esprit connaît « les objets extérieurs et « leur existence indivi- « duelle. » (Voy. *Manuel*, « p. 53.)	(T. 2, p. 302 *et suiv.;* t. 3, p. 23 *et suiv.;* t. 4, p. 26 *et suiv.*)
Mémoire des personnes.	Configuration.	Notion de figure.
. . . .	Étendue.	Notion d'étendue.
. . . .	Pesanteur.	Notion de dureté.
		« Ce ne sont point les « sens qui nous font con- « naître la dureté, la figure « et l'étendue. La sensa- « tion est fort simple, et « n'a pas la moindre res- « semblance avec ces qua- « lités. » (*Reid*, t. 2, p. 111.)
Sentiment des couleurs.	Coloris.	Mémoire spéciale des couleurs. (*Stewart*, *Philos.*, *de l'esprit humain*, t. 1, p. 211.)
. . . .	. . . .	Sentiment instinctif de la beauté des couleurs ; variété du goût intellectuel. (*Reid*, t. 5, p. 131 *et* 297.)
Sens des localités ou des rapports de l'espace.	Localité.	Notion de position et d'espace [1].
Sens des rapports des nombres.	Calcul.	. . . .

1. « La nature de notre intelligence, à l'occasion de la sensation, nous révèle l'espace dans lequel les corps sont placés (Reid, 2e vol., p. 320). L'idée de la position de l'objet coloré n'est point une sensation ; mais, en vertu des lois de ma constitution, elle s'introduit dans mon esprit avec la couleur. » (Reid, 2e volume, p. 179-80.)

2. Les philosophes écossais rapportent l'idée de nombre à une faculté générale d'abstraction, et non à une faculté spéciale de

Doctrine de Gall.	Doctrine de Spurzheim.	Doctrine écossaise.
. . . .	Ordre.	Goût pour les formes régulières ; degré inférieur du goût intellectuel. (*Reid*, t. 5, p. 309.)
Sens des choses.	Éventualité. « Cette faculté désire « connaître tout. » (*Manuel*, p. 59.)	Désir de connaissance. (*Reid*, t. 6, p. 43-4.)
. . . .[1]	Temps.	Notions du temps [2].
Sens des tons.	Tons.	Faculté musicale [3].
Sens du langage.	Langage.	Faculté du langage naturel. (*Reid*, t. 2, p. 89, 342 ; t. 5, p. 118 *et suiv.*)
Mémoire des mots.	. . . .	Mémoire des mots. (*Stewart, Philosop. de l'esprit humain*, t. 2. p. 212 *et suiv.*; 233 *et suiv.*)
Sagacité comparative, faculté de trouver des analogies et des ressemblances.	Comparaison.	Principe d'induction ; jugement par analogie. (*Reid*, t. 2, p. 351 *et suiv.*)

l'esprit. (Reid, 4e vol., p. 221. Stew., *Philos. de l'esprit humain,* 1er vol., p. 238.)

1. Gall ne s'est pas prononcé définitivement pour une faculté spéciale de la mémoire du temps ; il en a traité seulement à propos de la mémoire des nombres. (3e vol., XXIV, et p. 80 ; et 4e vol., p. 140-3.)

2. « La notion de la durée est due à la mémoire ; celle du temps absolu doit être rapportée à une autre faculté. » (Reid, 4e vol., p. 61.)

3. « Bien que ce soit l'ouïe qui nous rende capables de percevoir l'harmonie, la mélodie et tous les charmes de la musique, cependant toutes ces choses, pour être bien senties, paraissent exiger une faculté plus pure, plus élevée, qu'on appelle ordinairement une *oreille musicale*. Mais, comme cette faculté semble exister à des degrés très-différents chez ceux qui possèdent au même degré la simple faculté de l'ouïe, nous ne la rangeons point au nombre des sens extérieurs : elle mérite une place plus distinguée. » (Reid, 2e vol., p. 87.)

Doctrine de Gall.	Doctrine de Spurzheim.	Doctrine écossaise.
Esprit métaphysique, faculté d'abstraire et de généraliser.	Causalité. Nous montrerons que sous ce titre Spurzheim ne comprend, comme Gall, sous le nom d'esprit métaphysique, qu'une faculté de généralisation.	Abstraction et généralisation. (*Reid*, t. 4, p. 214; *Stewart*, *Philosophie de l'esprit humain*, t. 1, p. 238 *et suiv.*)
. . . .	. . . .	Liberté ou pouvoir que l'homme possède de se décider par lui-même. Attention, délibération, plan de conduite. (*Reid*, t. 5, p. 379; t. 6, p. 186.)

NOTE C (page 204).

On trouve sur la face extérieure du crâne trois sortes de proéminences qui ne répondent pas à la structure du cerveau; il importe de les connaître pour éviter toute confusion, et quand on les connaît, l'erreur est presque impossible; ces proéminences sont des apophyses ou des éminences, des sutures, des sinus.

L'apophyse mastoïde est située au-dessous et en arrière du conduit auditif externe; c'est cet os que l'on rencontre en mettant le doigt derrière le lobe de l'oreille.

La protubérance occipitale est une éminence qui se trouve à la rencontre de la ligne courbe supérieure et de la crête occipitale; son développement diffère selon les individus; mais l'expérience démontre que, hors les cas de difformité pathologique, il n'y a point là de cause de confusion pour le phrénologiste.

Les sutures sont produites par la jonction des os du

crâne lorsque l'ossification en devient complète ; il faut considérer les suivantes :

1° La *fronto-pariétale*, suture demi-circulaire qui, entourant l'os frontal, part de l'angle externe d'un œil, s'élève jusqu'à la fontanelle antérieure et descend à l'angle de l'autre œil.

2° La *sagittale*, suture droite qui part du milieu de la précédente, à la fontanelle antérieure et au centre de la partie supérieure de la tête, réunit les deux pariétaux et se termine à la fontanelle postérieure, c'est-à-dire à la portion la plus élevée de l'occipital.

3° La *lambdoïde* ou occipito-pariétale qui, sous la forme d'un accent circonflexe, descend depuis la sagittale de chaque côté vers les apophyses mastoïdes.

4° La *squammeuse* ou temporo-pariétale qui réunit le temporal au pariétal; elle est demi-circulaire.

En outre, on est exposé à rencontrer chez les enfants et, dans des cas très-rares chez les adultes, les traces d'une division primitive de l'os du frontal depuis le nez jusqu'à la suture sagittale, et de l'os occipital depuis cette suture jusqu'au trou occipital. Les enfants présentent fréquemment aussi la trace des fontanelles ou espaces libres à la rencontre des sutures, savoir : l'*antérieure* à l'intersection de la suture fronto-pariétale et de la suture sagittale; et la *bregmatique* ou *postérieure*, à la rencontre de cette dernière suture et de la lambdoïde.

Le sinus frontal, le seul qui offre quelquefois une difficulté sérieuse au phrénologiste, est une cavité formée par l'écartement des deux tables du crâne, dans la

partie inférieure du frontal, à partir de la ligne médiane
qu'on tracerait du nez vers le milieu du front. Il est
produit soit par la convexité de la table extérieure seule,
soit par la concavité de la table intérieure seule et quelquefois par la réunion de ces particularités de conformation. Le sinus frontal varie quant aux dimensions ;
ordinairement il n'atteint qu'un demi-pouce de haut, et
deux pouces de largeur : il ne paraît que vers l'âge de
quatorze ans, et grand nombre d'adultes n'en ont pas
ou n'en ont que d'insignifiants.

Note D (page 244).

Convaincu de l'importance de proportionner le travail
intellectuel des enfants à la force de résistance de leur
cerveau, je fais, depuis quinze ans, un recueil d'observations, qui montent aujourd'hui à quinze ou seize cents.
Ces données me serviront plus tard pour un travail sur le
rapport du corps et du cerveau dans l'enfance — travail
qui, je crois, ne sera pas sans utilité au point de vue de
l'éducation et de la médecine. De ces observations il
résulte pour moi que, en thèse générale, vers la quatrième ou la cinquième année, une certaine somme de
travail intellectuel influe heureusement sur l'économie
générale, ainsi que sur le développement futur de tout
le caractère. Il a en outre le très-grand avantage d'ino-
culer, pour ainsi dire, à la première conscience de
l'enfant, l'idée de la *nécessité* du travail.

En admettant ceci en principe, je suis bien loin de

faire l'apologie, même dans le cas d'enfants plus âgés,
de ce travail continuel auquel ils sont quelquefois con-
damnés, à cause même de la précocité de leur intelligence, par l'ambition de leurs parents. Il faut éviter les
extrêmes, qui sont, d'un côté, l'absence entière de
travail intellectuel, et de l'autre, des études trop pro-
longées. Pourtant, comme règle générale, il vaut mieux,
pour l'intelligence future d'un enfant, qu'il arrive même
à l'âge de dix ans sans avoir rien appris, que d'avoir
eu son cerveau fatigué de bonne heure. Nombreuses
sont les intelligences qui, par cette cause, ne peuvent
se développer autant que paraissait le comporter leur
nature primitive. Nombreuses aussi les constitutions
florissantes qui deviennent étiolées ! Bien loin de sur-
mener les enfants qui montrent une intelligence précoce, c'est surtout à ceux-là qu'il faut éviter tout ce qui
est de nature à exciter trop fortement leur pensée.
Sauf de rares exceptions, on voit chez eux une prépondérance très-marquée du tempérament nerveux, et le
front primant les autres régions du crâne. L'observation
vulgaire assigne à de pareils enfants une courte existence, et cette prévision est trop souvent justifiée par
les faits. Il n'en serait pas ainsi, pourtant, si les lois
physiologiques étaient mieux comprises et appliquées,
non-seulement par les parents, mais par ceux qui font
de l'éducation une profession.

Note E (page 267).

L'extrait suivant, d'un ouvrage du docteur A. Combe [1], me paraît contenir des remarques qui, bien que fort simples, ont échappé à beaucoup d'observateurs.

« On fait valoir quelquefois, contre le siége cérébral de la folie, qu'une grande désorganisation du cerveau se présente fréquemment sans troubler ou désordonner, en aucune manière, les manifestations de l'esprit ; ce qui, allègue-t-on, ne pourrait probablement pas arriver si un désordre mental était toujours le résultat d'une affection du cerveau. Le docteur Abercrombie rapporte quelques cas de ce genre et, en particulier, il cite le suivant :

« Presque tout l'hémisphère gauche du cerveau fut trouvé désorganisé chez une dame qui, la veille de sa mort, passa joyeusement la soirée en compagnie chez une de ses amies, sans qu'il existât en elle aucune lésion très-frappante des facultés mentales.

« En même temps, il ne serait rien moins qu'absurde de prétendre qu'en de pareils cas, l'esprit se manifeste dans toute l'étendue de sa puissance originale et qu'il est capable, comme avant, d'une même et constante application. Car si cette dernière proposition était exactement vraie, la seule induction qu'il fût possible

1. *Observations on mental derangement,* by Andrew Combe. M. D., p. 292.

d'en tirer, serait, non pas que le cerveau n'est point le siége de la folie, *mais qu'il n'est pas le siége de l'esprit*. Je sais qu'une grande lésion peut affecter un des côtés du cerveau et que le malade peut non-seulement n'être ni en démence ni en délire, mais, au contraire, raisonnable et sérieux ; et cependant, le *degré* de pouvoir mental peut être bien au-dessous de celui qu'il possédait à l'état de santé, quoique, communément parlant, on puisse dire que cette personne possède son entière raison.

« En réalité, il existe une grande différence entre le minime degré d'entendement nécessaire, soit dans la vie privée d'un malade habituel, ou dans la sphère limitée d'une chambre de malade, et celui que déployait la même personne bien portante, dans le champ plus vaste de ses devoirs publics et privés.

« Il est hautement temps de mettre cette distinction en pratique, particulièrement là où d'importantes conclusions dépendent de l'exactitude de nos observations.

« Rien n'est plus commun que d'entendre dire d'un patient, qui fait une réponse rationnelle à une question simple, que son esprit est parfaitement sain, et il est aussi ordinaire de trouver, en cherchant, en s'informant, que ce même malade est à la fois incapable ou de suivre une chaîne de raisonnements ou de comprendre une ligne de détails, lesquels, à l'état de santé, il eût été plus que capable d'apprécier ; ou, en d'autres termes, que son esprit, bien que non dérangé dans le sens habituel du mot, *est grandement affaibli en pouvoir*.

« Si quelqu'un nie ce fait, qu'il essaye de penser sérieusement ou d'étudier avec profit au sortir d'une maladie aiguë, d'un accès ordinaire de bile, et il sera convaincu de son erreur. Rien n'est plus habituel, dans la vie
journalière, que de voir une personne un peu souffrante
déposer son livre ou sa plume par conscience d'incapacité, ou demander peut-être un roman ou un livre de
contes pour passer le temps, et cela parce qu'elle ne
peut ni penser à des choses sérieuses, ni s'en occuper.

« Cet abaissement de vigueur morale se rencontre
chaque jour chez des personnes retenues à la maison
par un simple rhume; et cependant, le médecin, s'il y
était appelé, ne se ferait jamais un scrupule de certifier
que, dans telles circonstances, le malade était en parfaite
possession de toutes ses facultés; alors que, par le fait,
il donnait à tout moment, bien qu'il ne fût ni en démence, ni absolument stupide, des preuves démonstra-
tives d'un pouvoir de pensée altéré et certainement
au-dessous de sa force habituelle.

« Une autre circonstance importante est négligée souvent dans l'étude de tels cas : On s'occupe seulement de
l'état de l'intelligence, considérée comme l'esprit, sans
se préoccuper de l'état des tendances et des facultés morales; lesquelles sont, en réalité, aussi bien des parties de
l'esprit que l'intelligence elle-même; et à qui le Créateur a dédié, pour leurs manifestations, une portion
plus grande que celle qu'il a donnée à l'intelligence.

« La conséquence évidente de ce dernier arrangement, c'est que les parties du cerveau appartenant aux

sentiments, pouvant être malades ou lésées sans troubler nécessairement l'intelligence, les organes de cette
intelligence demeurent sains et complets. Un plus grand
soin dans les observations, une plus grande prudence
dans les inductions sont impérativement nécessaires,
avant que les conclusions auxquelles on arrive puissent
être utiles, soit pour corroborer ou pour rejeter les
opinions qui prévalent généralement au sujet de l'*esprit*
et de ses rapports avec le cerveau. »

NOTE G (page 274).

Dans le cours de ma pratique phrénologique, j'ai eu
bien des occasions de remarquer la négligence avec
laquelle on accueille, dans les familles, les symptômes
d'une folie graduellement croissante. S'il est vrai que,
dans le plus grand nombre des cas, cette négligence doive
être attribuée à l'ignorance, on ne saurait méconnaître
que souvent aussi la cause s'en trouve dans un amour-
propre coupable, dans la répugnance à admettre qu'un
membre de la famille a perdu la raison. Tout récemment
un ami m'a prié de lui faire une appréciation du caractère de sa fille, personne âgée de vingt-huit ans. La
conformation phrénologique de cette dame indiquait un
de ces caractères exaltés chez lesquels la folie peut facilement se déclarer sous le coup de fortes émotions morales. Elle avait perdu un enfant, et souffrait de chagrins
domestiques. Naturellement affectueuse, gaie, très-ex-
pansive, elle était devenue depuis quelques années mo-

rose, concentrée, colère, sujette à des jours d'abattement et d'apathie, interrompus par des accès d'enthousiasme hors de proportion avec leur objet. Outre ces symptômes moraux, elle souffrait fréquemment de maux de tête, de bruissements dans les oreilles et d'insomnies.

Certes il y avait là bien des motifs de soupçonner l'existence d'un état maladif, plutôt que de tout attribuer à des caprices de caractère ; et pourtant cette personne était regardée simplement comme une mauvaise tête. Aussi lui faisait-on continuellement des remontrances et des reproches qui l'irritaient chaque jour davantage.

On consentit à soumettre mes vues sur son état mental au médecin ordinaire de la famille, mais on ne le fit qu'un mois plus tard, et lorsque de nouveaux symptômes s'étaient déclarés : la personne était saisie d'accès de colère indomptables et de longue durée, dans lesquels elle essayait de se tuer et menaçait ceux qui l'entouraient. Cet état qui mit hors de doute la véritable nature des symptômes précédents, se calma au bout de quelques jours ; et alors on eut recours, dans l'espoir d'en prévenir le retour, aux moyens qui, selon toute probabilité, auraient empêché la maladie de s'établir si on les eût employés quelques mois plus tôt, ou même lorsque j'en avais d'abord indiqué la nécessité.

Il n'est pas douteux que si l'irritation mentale fût passée à l'état de *mélancolie,* au lieu de se transformer en *manie furieuse,* on eût continué à traiter la malade comme une mauvaise tête, une tête exaltée ; et, faute

de sympathie et de soins, l'affection serait devenue
chronique et, par autant, plus difficile à traiter.

« On a généralement observé, dit Spurzheim, dans
ses *Observations sur la folie* [1], que les maniaques
guérissent dans une plus grande proportion que les
mélancoliques. Les raisons me paraissent être les suivantes : D'abord, en manie, les symptômes sont alar-
mants, et ils font une grande impression sur les spec-
tateurs ; par conséquent, on fait plus d'attention au
malade et on cherche du secours de bonne heure. Les
mélancoliques, au contraire, sont abandonnés à eux-
mêmes pendant bien des années, et quelquefois on les
regarde comme des êtres contrariants et imaginatifs. »

NOTE H (page 311).

« Sur trente-six faits particuliers, cités par M. Louyer
Villermay (*Traité des maladies nerveuses*), nous avons
trouvé les causes suivantes : chez vingt-deux la maladie
a été causée par des affections morales pénibles ; chez
huit elle provenait d'excès d'étude ; chez deux elle était
le résultat du passage d'une vie active à l'oisiveté ; deux
autres avaient été saisis par une frayeur ; une dame avait
été saisie par le froid ; enfin une demoiselle était primitivement douée d'une grande vivacité d'esprit jointe à
une imagination ardente et très-mobile. Comme on le
voit, ce relevé ne s'accorde pas avec ces descriptions

1. Page 231 (1818).

générales, faites, le plus souvent, d'après des idées
préconçues, sur le siége et la nature de la maladie, ou
suivant la méthode ordinaire qui consiste à énumérer
un certain nombre de causes, presque toujours les
mêmes pour toutes les maladies [1]. »

Note 1 (page 318).

Tous les hommes possèdent, à doses inégales il est
vrai, une puissance qui peut être développée par
l'exercice, et dont quelques-unes des lois d'application
sont connues. Je veux parler d'un sujet fécond en dis-
putes — du magnétisme animal. Je ne vais pas essayer
ici d'offrir une démonstration de la réalité de cette
force; je me réserve de le faire ailleurs. Je dirai seulement qu'il est très-sérieusement à regretter que les
médecins ne s'adonnent pas plus généralement à des
recherches sur les propriétés de cet agent, au lieu de
l'abandonner à des hommes qui — tout sincères qu'ils
puissent être — sont généralement dépourvus de toute
habitude d'observation scientifique. Le magnétisme est
cependant un sujet dont l'étude exigerait éminemment
le calme d'une méthode rigoureuse.

Laissant de côté l'examen de ces phénomènes psychiques extraordinaires qu'on attribue au magnétisme,
j'appelle seulement l'attention sur sa puissance comme

1. Georget, art. *Hypocondrie* (*Encyclographie des sciences médicales*, tome XVI, page 150).

agent thérapeutique, comme modificateur de toutes les
fonctions du corps et du cerveau. La réalité de cette
force est parfaitement établie dans un ordre inférieur
de phénomènes, dans la production, par exemple,
de l'insensibilité et de la catalepsie. On fait continuellement, dans tous les pays, les opérations les plus
sérieuses, sans que le malade, placé sous l'influence
magnétique, ressente aucune douleur. Le premier fait
bien constaté de ce genre, en France, se trouve con-
signé dans les *Archives générales de médecine*, sous le
titre : *Ablation d'un cancer du sein pendant un sommeil magnétique* [1]. J'en cite les extraits suivants :

« M. Jules Cloquet fait verbalement à la section la
communication suivante :

« Le 8 avril il fut consulté par une dame (madame
Flandin, mère d'un riche négociant, rue Saint-Denis,
n° 151) âgée de 64 ans, pour un cancer ulcéré du sein
droit, compliqué d'un engorgement considérable des
ganglions axillaires correspondants. Ce chirurgien pensa
que le seul moyen de sauver la malade était de pratiquer
l'opération ; mais comme elle ne se trouvait pas dans
des conditions très-favorables, il l'engagea à prendre
l'avis de quelques-uns de ses confrères. M. le docteur
Chapelain, médecin ordinaire de la malade, appuya
près d'elle les motifs de M. Jules Cloquet, et chercha
à la décider à une opération qu'elle redoutait extrêmement et à laquelle elle se refusait. Cette dame, d'une

----

1. 1829, septième année, tome XX, page 131.

constitution éminemment nerveuse, très-irritable, était
très-facilement impressionnée par l'action du magnétisme animal, que M. Chapelain avait employé sur elle
depuis quelques mois, mais sans succès, dans le but de
dissoudre l'engorgement du sein. Celui-ci proposa donc
à M. Cloquet de pratiquer l'opération pendant que la
malade serait dans le sommeil magnétique, afin de lui
éviter, par la suspension de la sensibilité, les douleurs
de l'opération et les accidents qui en sont ordinairement la suite. M. Jules Cloquet n'y voyant pas d'inconvénient, bien que persuadé que la malade se ré-
veillerait au premier coup de bistouri, l'opération fut
fixée au dimanche 12 avril. La veille et l'avant-veille
la dame fut somnambulisée plusieurs fois par M. Chapelain, qui, dans cet état, la disposait à supporter sans
crainte l'opération, tandis qu'à son réveil elle en re-
poussait l'idée avec horreur.

« Le jour fixé, M. Cloquet, en arrivant à dix heures
et demie, trouva la malade habillée et assise sur un
fauteuil, dans l'attitude d'une personne paisiblement
livrée au sommeil naturel. Il y avait une heure à peu
près qu'elle était revenue de la messe, qu'elle entendait
habituellement à la même heure, et M. Chapelain
l'avait mise dans le sommeil magnétique depuis son
retour.

« La malade parla avec beaucoup de calme de l'opération qu'elle allait subir. Tout étant disposé pour
l'opérer, elle se déshabilla elle-même, s'assit sur une
chaise. »

Ici suivent les détails de l'opération, qui dura dix ou douze minutes.

« Pendant tout ce temps, la malade a continué à s'entretenir tranquillement de l'opération, et n'a pas donné le plus léger signe de sensibilité. Aucun mouvement dans les membres ou dans les traits, aucun changement dans la respiration ni dans la voix, aucune émotion, même dans le pouls, ne se sont manifestés; la malade n'a cessé de présenter l'état d'abandon et d'impassibilité automatique qu'elle offrait à l'arrivée de M. Jules Cloquet; on n'a pas été obligé de la contenir, mais seulement de la soutenir.

. . . .

L'opérée fut mise au lit, toujours dans l'état de somnambulisme, dans lequel on la laissa pendant quarante-huit heures. . . . .

« Le premier appareil fut levé le mardi suivant; la plaie fut nettoyée et pansée de nouveau; la malade ne manifesta aucune sensibilité ni douleur; le pouls conserva son rhythme habituel. Après ce pansement, M. Chapelain réveilla la malade, dont le sommeil magnétique durait depuis deux jours. Elle ne parut avoir aucune idée, aucun sentiment de ce qui s'était passé. »

On peut voir dans le *Zoist*[1] un recueil des applications thérapeutiques et chirurgicales faites en Angleterre, pendant une longue suite d'années, par le docteur Elliotson, ou vérifiées par lui. A juger par les comptes

1. Baillière. Londres et Paris.

rendus que renferme ce recueil, il existe à peine une maladie qui n'ait été soumise, avec un résultat plus ou moins heureux, à l'influence curative du magnétisme. Cependant, dans l'état actuel des observations sur ce sujet, bien que nous ne croyions pas devoir assigner des limites à la puissance de cet agent, nous avons toute raison de croire que ses propriétés curatives s'appliquent plus particulièrement aux maladies nerveuses. Mon expérience personnelle me permet de citer certaines affections où le magnétisme peut être d'une heureuse application. Dans deux cas de faiblesse générale de l'intelligence, paraissant résulter du manque de tonicité du cerveau, j'ai obtenu un effet très-sensible au bout de quelques mois. — Il arrive souvent que certaines parties du cerveau deviennent inactives chez les adultes, par suite de contention d'esprit trop prolongée ou d'autres causes mentales. Dans ces cas, l'effet bienfaisant du magnétisme est souvent ressenti très-promptement.

Il aussi est très-efficace dans l'épilepsie et la catalepsie, dans l'hystérie et l'hypocondrie, particulièrement au commencement de ces maladies, et, pour les trois premières, surtout dans les intervalles des attaques. Cependant, si le malade est depuis quelque temps sous l'influence du magnétisme, on peut même faire cesser les convulsions dans une ou deux minutes, par une forte pression sur la région épigastrique, accompagnée du procédé qu'on appelle démagnétisation ou dégagement.

Le traitement général à employer dans toutes ces
maladies consiste dans de grandes passes qui influent
sur tout le système, alternées avec une concentration
de la force sur une partie du corps ou sur le cerveau,
tantôt dans une région ou un hémisphère, tantôt dans
une autre. C'est surtout par des magnétisations de
l'encéphale qu'on parvient à établir l'équilibre moral,
et, par suite, l'harmonie dans l'économie tout entière.
Pour se convaincre de la véritable puissance de cet
agent—du moins dans l'étendue que je lui ai reconnue—
il suffirait qu'un comité de médecins employât des magné-
tiseurs exercés auprès de malades hystériques, épilep-
tiques, etc., et qu'on tînt des comptes rendus réguliers
des effets obtenus, ainsi qu'on fait dans d'autres recherches sur les forces naturelles.

Note K (page 369).

Le cervelet ou petit cerveau est formé de deux lobes.
Il est composé, comme le cerveau, d'une substance grise
et d'une substance blanche. Il est situé dans les fosses
inférieures de l'os occipital, et communique par la
moelle allongée avec le cerveau, dont il est séparé par
une forte membrane (repli transversal de la dure-mère),
appelée la tente du cervelet.

Les anatomistes et les physiologistes sont loin d'être
d'accord sur la structure intime et les fonctions du cervelet. Quant à ces dernières, l'opinion la plus accrédi-

tée est celle de M. Flourens, à savoir, que le cervelet est l'organe *coordinateur des mouvements.*

M. Flourens est arrivé à cette conclusion par suite d'expériences faites sur les animaux vivants. D'autres vivisecteurs ont également expérimenté sur le cervelet, et ont obtenu chacun un résultat différent ; ce qui ne doit pas nous étonner quand nous réfléchissons au rapport intime qui existe entre toutes les parties du cerveau. Comment serait-il possible, en effet, de tirer des conclusions exactes quant aux fonctions normales d'un organe, lorsqu'on commence par mettre le sujet qui sert à l'expérience dans un état anormal ?

M. Noble a très-bien représenté l'état de cette question dans son excellent ouvrage sur la physiologie du cerveau [1].

« Afin de pouvoir déterminer, dit-il, par la vivisection, les fonctions de telle ou telle partie de l'encéphale, il faudrait avoir un moyen de retrancher ou détruire une de ses divisions, sans causer de lésion sensible à aucune des autres. En l'absence de ce moyen, quelle valeur peut-on attribuer aux conclusions que la vivisection semble donner touchant les fonctions d'une partie quelconque, puisque les autres parties sont endommagées aussi ? Examinons ce qui se passe dans la vivisection de l'encéphale. D'abord les enveloppes du

[1]. The Brain and its physiology; a critical disquisition on the methods of determining the relations subsisting between the structure and functions of the Encephalon, by Daniel Noble, member of the Royal College of Surgeons of England. 1848, p. 19.

crâne sont blessées, ce qui peut facilement produire chez l'animal des mouvements musculaires qui compliquent les effets ultérieurs. Ensuite, les membranes cérébrales sont lésées, ce qui ne peut avoir lieu sans un certain degré d'irritation et d'extravasion. Lorsque, enfin, on coupe la substance même du cerveau, la lacération des fibres, l'infiltration de sang et de sérum doivent être prodigieuses. Et cependant on nous dit qu'après une pareille opération, nous pouvons apprendre à connaître les fonctions spéciales des parties qu'on retranche et de celles qui restent, en observant l'effet qui résulte de ces retranchements successifs.

« Quand nous considérons les fonctions innombrables du système nerveux, et la sympathie qui en unit toutes les parties, chez les animaux supérieurs qui sont le sujet de ces opérations, il nous est impossible de regarder la mutilation du cerveau vivant comme un moyen propre à conduire à aucune conclusion satisfaisante. C'est un fait reconnu que chaque division du système nerveux est en communication avec les autres ; que les fibres nerveuses d'une partie se continuent et s'entre-croisent avec celles d'autres parties dont les fonctions sont distinctes, et qu'ainsi la lésion de tel ou tel nerf peut non-seulement produire une altération dans ses fonctions spéciales, mais aussi dans celles des nerfs qui sont en communication avec elle, jusqu'aux parties les plus éloignées du système. Il en est ainsi quelquefois dans le tétanos. Quelques fibres du bout d'un doigt sont lacérées ; l'irritation se transmet, à travers toute leur longueur, jusqu'à leur origine dans la moelle épinière; celle-ci en est atteinte aussi; le système nerveux presque entier se trouve plus ou moins impliqué dans la lésion; l'influence morbide produit des convulsions par tout le corps, et souvent le patient meurt. »

M. Noble donne d'autres exemples de la sympathie entre elles des différentes parties du système nerveux, exemples qui conduisent tous également à la conclusion que la méthode de vivisection est insuffisante pour déterminer quelles en sont les fonctions normales. En fait, les résultats obtenus par différents vivisecteurs varient trop entre eux pour qu'on puisse en accepter aucun comme concluant. Le cervelet, étant en quelque sorte isolé du reste du cerveau, a été le plus fréquemment l'objet de ces expériences; et lorsqu'on voit que les résultats obtenus par la mutilation de cet organe ne s'accordent point entre eux, il est bien permis de se demander si les conclusions qu'on a tirées de la vivisection du cerveau proprement dit ont un caractère de certitude plus grand.

M. Noble passe en revue d'une manière très-détaillée les résultats des vivisections du cervelet faites par Rolando de Turin, par Magendie, par Fodera, par M. Flourens et par M. Bouillaud. Son analyse est trop longue pour être rapportée. Voici comment il conclut, après avoir cité les passages où ces différens auteurs rendent compte des résultats de leurs expériences :

« Les vivisections de Rolando sur le cervelet produi-

sirent les convulsions et la paralysie ; celles de M. Flourens détruisirent l'harmonie d'action des muscles affectés aux mouvements volontaires ; les sujets opérés par
Bouillaud n'étaient pas paralysés, mais ils étaient privés du pouvoir d'équilibration et de progression, tout
en conservant la mobilité musculaire dans toutes les
directions ; Magendie obtint pour résultat une disposition invincible au mouvement rétrograde, et il dit que,
après la perte du cervelet, ses animaux étaient encore
capables d'exécuter des mouvements très-réguliers ;
enfin, les mutilations faites par Fodera étaient suivies,
dans quelques cas, par les convulsions et la mort ; dans
d'autres, par des soubresauts et des mouvements soit
progressifs, soit rétrogrades.

« On voit donc que, parmi les résultats obtenus par
ces différentes expériences, il n'y en a pas deux qui se
ressemblent en tous points, et que plusieurs sont, au
contraire, directement opposés. La paralysie de Rolando
est en opposition avec l'absence de paralysie de M. Bouillaud ; l'inaptitude à régler les mouvements, produite
par M. Flourens, est contre-balancée par la conservation de ce pouvoir observée par Magendie et Fodera.
Dans l'histoire de la vivisection, on rencontre partout
des contradictions semblables ; il n'y a pas un seul fait
affirmé par un opérateur qui ne soit invalidé plus ou
moins par des faits décrits par d'autres opérateurs.

« Ces résultats si divers obtenus par la vivisection du
cervelet ont amené naturellement à des conclusions
tout aussi peu en accord sur les fonctions de cet or-

gane. Rolando croit qu'il est la source du pouvoir de locomotion ; M. Flourens, au contraire, dit qu'il sert seulement à coordonner les mouvements volontaires et à les équilibrer ; M. Bouillaud soutient qu'il sert à équilibrer le corps seulement à l'état de repos ou de progression ; et Magendie en restreint les fonctions aux mouvements en avant. Gall, qui observa avec attention la répétition de ces expériences, n'en tira aucune conclusion positive ; il croit que les résultats ainsi obtenus différeront toujours selon l'irritabilité et l'âge de l'animal, et selon que l'instrument dont on se sert est plus tranchant ou plus émoussé. »

Quel que puisse être le résultat définitif auquel on arrivera sur le rapport du cervelet avec le mouvement, il y a un fait qui est certain et que l'observation attentive ne cessera jamais d'appuyer, c'est qu'il existe un rapport direct entre cet organe et l'élément sensuel de l'amour. Il se peut cependant qu'une de ses parties seulement soit appropriée à la fonction qui lui fut attribuée dans sa totalité par Gall.

N. B. Lorsque nous avons écrit la note à la page 368, notre savant ami, M. Chavée, n'avait pas encore publié son mémoire sur *les Langues et les Races* (Paris, Charmerot, 1862). Nous renvoyons nos lecteurs à cette étude qui nous semble un acheminement à la solution de la question phrénologique sur cette grave matière.

FIN DE L'APPENDICE.

ERRATA

—

Page 18, ligne 3, au lieu de : *peut-être ;* lisez : *peut être.*

— » — 17, *au lieu de :* telle ou telle *pensée* du cerveau ; *lisez :* telle ou telle *partie* du cerveau.

— 35 — 6, *au lieu de :* il dit également, avec un grand sens ; *lisez :* avec un grand sens, il ajoute.

— 74, note 1, *au lieu de :* Voir à l'*Appendice* la note ; *lisez :* Voir à l'*Appendice* la note B.

— 76, ligne 9, *au lieu de :* chacune *de ces* trois facultés produisant *des* effets divers ; *lisez :* chacune *des* facultés produisant *ces* effets divers.

— 78, note 1, *ajoutez :* page 226, Bruxelles, 1840.

— 90 — 1, *au lieu de :* physiologie et notions préliminaires ; *lisez :* physiologie *humaine,* notions préliminaires.

— 97, ligne 16, au lieu de : *partout ;* lisez : *partant.*

— 125 — 23, *au lieu de :* les facultés sont de simples *effets* de la substance cérébrale, *de l'organologie du cerveau* — conception qui rappelle, etc.; *lisez :* les facultés sont de simples *propriétés* de la substance cérébrale — conception qui rappelle, etc.

— 125 — 28, au lieu de : *l'organologie cérébrale est l'effet* ; lisez : *les organes cérébraux sont le produit.*

— 163 — 9, *au lieu de :* qu'il *fait* éprouver du plaisir ; *lisez :* qu'il *peut* éprouver du plaisir.

— 215 — 13, *au lieu de :* toutes *les* facultés supérieures ; *lisez :* toutes *ses* facultés supérieures.

— 216 — 27, *au lieu de :* observation *de* volume ; *lisez :* observation *du* volume.

— 286 — 12, au lieu de : *aliénation* aiguë ; lisez : *manie* aiguë.

Amativité
Philogénitume
Adhésivité
Approbativité
Vénération
Bienveillance
Combativité
Destructivité
Fermeté
Estime de soi
Acquisivité
Concentrativité
Secrétivité
Circonspection
Conscienciosité
Espérance
Idéalité
Merveillosité
Constructivité
Imitation
Ordre
Individualité
Localité
Éventualité
Configuration
Étendue
Pesanteur
Couleurs
Nombres
Langage
Tons
Temps
Esprit de saillie
Comparaison
Causalité

1ᵉ Fig. 2ᵉ Fig. 3ᵉ Fig.

Conf . Conspiration
Étend . Étendue
Pes . Pesanteur

TABLE DES MATIÈRES

PRÉFACE.

CHAP. I. — CRITIQUE DES PRINCIPES
DE LA PHRÉNOLOGIE.

Système de Gall. — Examen des principes fondamentaux de la
phrénologie. — Modifications que lui ont fait subir Spurzheim
et quelques autres phrénologistes. — Nécessité d'une nouvelle
méthode en phrénologie............................ 1

CHAP. II. — SUITE DU CHAPITRE PRÉCÉDENT. 30

CHAP. III. — DE LA MÉTHODE.

De l'observation pure et simple des faits. — De l'analyse. — De la
synthèse. — De la série. — De l'analogie. — De la méthode
subjective et objective dans l'étude de l'homme. — Mesure dans
laquelle cette méthode a été employée par l'école écossaise et les
phrénologistes................................. 59

CHAP. IV. — DE L'INSTINCT.

De la vie, de la sensibilité, de l'instinct. — De l'instinct dans l'intelligence et de l'intelligence dans l'instinct. — Du *moi* sentant
et du *moi* pensant............................. 85

CHAP. V. — DE L'HOMME.

Type idéal de l'homme. — Évolution consécutive des facultés depuis la naissance jusqu'à la caducité. — Mort naturelle....... 107

CHAP. VI. — DES FACULTÉS.

Méthode pour distinguer les facultés primitives des facultés déri-

vées. — De l'influence des circonstances sur les facultés. — Analyse sommaire des facultés reconnues par la phrénologie...... 123

CHAP. VII. — SUITE DU CHAPITRE PRÉCÉDENT.   162

CHAP. VIII. — DU VICE ET DE LA VERTU.   175

CHAP. IX. — DE LA FATALITÉ ET DU LIBRE ARBITRE.   189

CHAP. X. — APPLICATIONS DE LA THÉORIE.
De la portée de la phrénologie comme science et comme art. —
Des tempéraments. — De l'action puissantielle des facultés, par
suite de leur combinaison hiérarchique et de la structure intime
du cerveau. — Du génie. — Des difficultés de la phrénologie
appliquée et des réserves qu'elle comporte. — De la mesure de
son utilité. 201

CHAP. XI. — DE L'ÉDUCATION.
Des lois simples auxquelles toute éducation doit se rapporter. —
De la nécessité de modifier la méthode générale selon les exigences des caractères particuliers. — Du secours que peut apporter une bonne psychologie à l'éducation individuelle. — De
la discipline personnelle.. 235

CHAP. XII. — DE LA FOLIE.   262

CHAP. XIII. — DE L'IDIOTISME, DE LA MONOMANIE, DE
L'HYPOCHONDRIE, DE L'HYSTÉRIE ET DU SUICIDE.   288

CHAP. XIV. — RÉSUMÉ.   336

APPENDICE.   377

FIN DE LA TABLE.

Paris. — Imprimerie P.-A. BOURDIER et Cᵉ, rue Mazarine, 30.

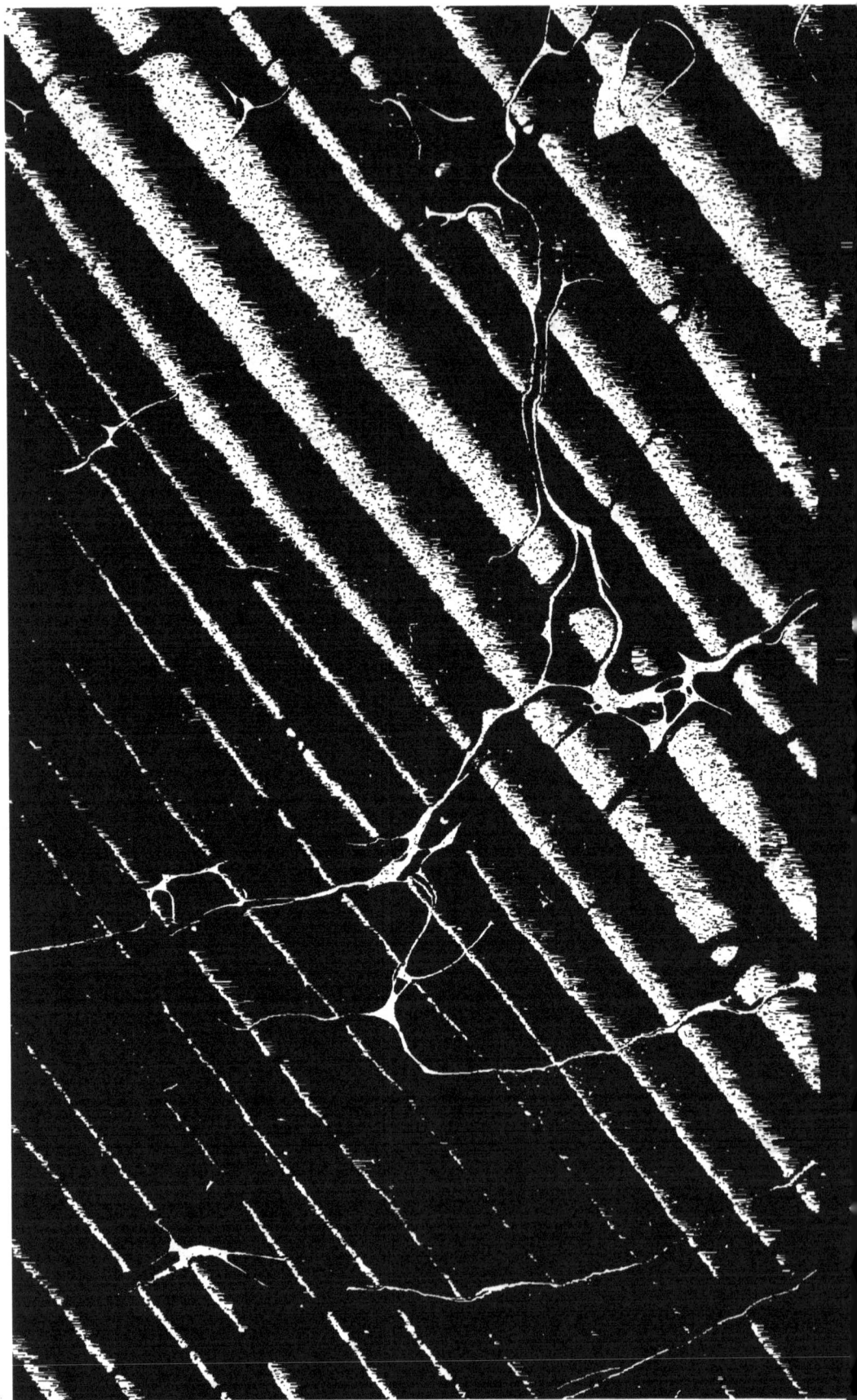